Elisabeth Bumiller, geboren 1956 in Dänemark, wuchs in den USA auf. Sie studierte Journalistik und arbeitet seit 1979 für die »Washington Post«, zunächst in Washington, anschließend in Neu-Delhi und in Tokio, wo sie mit ihrem Mann und ihrer Tochter heute lebt.

Dieses Buch wurde auf chlor- und
säurefreiem Papier gedruckt.

Vollständige Taschenbuchausgabe April 1994
Droemersche Verlagsanstalt Th. Knaur Nachf., München

Aus dem Amerikanischen von Franziska Sperr

Originalverlag Random House, New York
Titel der Originalausgabe »May You Be
the Mother of a Hundred Sons«
Umschlaggestaltung Adolf Bachmann, Reischach
Umschlagfoto TCL/Silvestris, Kastl
Druck und Bindung Ebner Ulm
Printed in Germany
ISBN 3-426-77069-5

5 4 3 2 1

Elisabeth Bumiller

Hundert Söhne sollst du haben

Frauenleben in Indien

Knaur

Für meine Mutter

Inhalt

1 Ankunft und Einführung

Dieses Buch erzählt die Geschichte einer Reise, die eine Amerikanerin in eine ihr unbekannte Welt unternimmt, die Welt der Frauen in Indien. Die Reise dauerte fast vier Jahre, führte mich in die meisten Staaten dieses Kontinents und zwang mich, Tausende von Jahren in der Geschichte zurückzugehen. Ich traf mich mit Hunderten von Frauen und befragte sie und weiß doch, daß diese Zahl gar nichts bedeutet. Das meiste lernte ich von einer Handvoll indischer Frauen, die ich zu meinen Freundinnen zählte, und durch die intensive Beschäftigung mit individuellen Lebensläufen. Viele der indischen Frauen, denen ich begegnete, führten ein erbärmliches Leben, kaum besser als das eines Lasttiers. Andere wiederum waren reich und gebildet und lebten in einem Luxus, wie ich ihn nie zuvor erlebt hatte. Fast alle haben mich beeindruckt. Die Geschichte über indische Frauen führt weit zurück in alte Zeit, aber es ist auch die Geschichte von den tiefen Veränderungen und Widersprüchen der heutigen Zeit.

Im Januar 1985 landeten mein Mann und ich mitten in der Nacht zum erstenmal in Neu-Delhi, und es schien uns damals, als hätten uns die neunzehn Flugstunden von unserem Zuhause in Washington D.C. in ein Land gebracht, das sich auf einem anderen Planeten befand. Die rußgetränkten Nebelschwaden, typisch für den Winter in Neu-Delhi, hingen schwer über der Landebahn und verbargen das wenige, das außer Gestrüpp und

Felsboden noch zu sehen war. Später fand ich es, wann immer ich daran dachte, sehr passend, daß mein erster Blick auf Indien nicht weiter als die zehn Meter vor mir reichte.

Ich war achtundzwanzig Jahre alt und von den Vereinigten Staaten noch nie weiter weg gereist als bis nach Europa. Um mich auf Indien vorzubereiten, hatte ich pflichtbewußt die empfohlenen Bücher gelesen und mit zahllosen alten Indienkennern gesprochen. Die bekannte, auf Paul Scott basierende Fernsehserie *Das Juwel in der Krone* brachte damals märchenhafte Szenen vom Dal-See in Kaschmir und der goldenen Wüste Rajasthans in die amerikanischen Wohnzimmer; der Film *Gandhi* hatte mich einige Jahre zuvor sehr bewegt. Nichts von alledem schien zunächst irgend etwas mit jenem Indien zu tun zu haben, dem ich zuerst begegnete, und kein Buch und kein Mensch hätten je beschreiben können, wie aufregend es ist, einfach nur die Luft zu atmen. Dies war vor der Vollendung des Indira Gandhi International Airport, also führte uns unser Weg nach der Ankunft nicht über eine abgeschlossene Fußgängerbrücke in ein hellerleuchtetes und vollklimatisiertes Terminalgebäude. Statt dessen traten wir aus dem Flugzeug ins Freie und wurden sofort von dem übermächtigen Geruch einer Winternacht in Neu-Delhi angefallen – rauchig und süßlich und ein wenig faulig und im höchsten Maße fremd. Er schien künftige Abenteuer zu verheißen. Später entdeckte ich, daß dieser Geruch von den Kuhdungfeuern stammte, mit denen die Menschen hier ihr Essen kochen und an denen sie sich wärmen.

Ich zitterte, als ich die Stufen hinunter auf die Rollbahn trat, und fühlte mich wie ein Einfaltspinsel, der dessen, was vor ihm lag, nicht wert war. Als wir unter dem Bauch des Flugzeugs auf unseren Zubringerbus zum Terminal warteten, starrte ich durch den Nebel hindurch auf die arabischen Buchstaben einer geparkten Boeing 747, die in derselben Nacht vom Golf gekommen war. Auf unserem Weg waren wir über Saudi-Arabien geflogen, und ich brauchte einen Moment, um mich auf meinen neuen Platz in der Welt einzustellen; der Nahe Osten lag jetzt im Westen. Durch den Nebel und meine Erschöpfung hatte ich den Eindruck, alles um mich herum sei formlos, unwirklich, so, als ob Indien keine Konturen hätte, ganz und gar unzugänglich wäre. Damals fühlte ich mich – und das sollte mir noch viele Male widerfahren –, als ob ich mich frei fallend im Raum befände, ohne Möglichkeit, mich festzuhalten, ohne Orientierungspunkt.

Ich war nach Indien wegen meines Mannes gekommen. Mir fällt es immer noch schwer, das zuzugeben, aber es ist wohl einer der Gründe, warum ich gerade dieses Buch und kein anderes über Indien geschrieben habe. In den letzten fünfeinhalb Jahren war ich Reporterin für Gesellschaftsnachrichten und Trends für die *Washington Post* gewesen, und mein Mann Steve berichtete aus dem Weißen Haus für die *New York Times*. Wir hatten 1983 geheiratet. Nach etwas mehr als einem Jahr ging Steve in die Auslandsredaktion der *New York Times* und nahm Neu-Delhi als ersten Korrespondentenposten an.

Schon immer hatte ich aus Übersee berichten wollen, und nachdem ich mich an den Gedanken gewöhnt hatte, nach Indien zu gehen, machte ich mir in meiner Aufregung viele romantische Vorstellungen über die vor mir liegende Überfahrt. Unser erster Tag in Delhi wies uns nicht gerade als unerschrockene Reisende aus. Wir ließen uns im Taj-Mahal-Hotel in Delhi, einem Luxusturm mit weißer Marmorhalle, verwöhnen, wo sich der Duft der Nachthyazinthen mit einem starken Desinfektionsmittel vermischte. Obwohl wir erst um fünf Uhr früh angekommen waren, lagen wir bereits um acht Uhr morgens schon wieder wach. Ängstlich zog Steve die Vorhänge auf, um auf Indien hinauszuspähen. Unter uns lag eine vom Nebel umhüllte, riesige Fläche von Bäumen und Laubwerk, die wie ein ominöser südostasiatischer Wald wirkte. Darüber segelten riesige Vögel träge in der Morgenluft. »Über dieses Land soll ich nun berichten«, sagte Steve und meinte es nur halb im Scherz,

»aber ich habe Angst hinauszugehen.« Später erfuhr ich, daß wir auf die Gärten des Regierungsviertels geblickt hatten, die zu den teuersten Grundstücken im ganzen Land gehören.

In der ersten Woche zogen wir in ein Haus an der Prithvi-Raj-Straße. Die Adresse klingt heute noch genauso blumig in meinen Ohren wie damals. Sie befand sich mitten in dem ›Wald‹, den wir von unserem Hotelzimmer aus gesehen hatten. Unsere Nachbarn waren Diplomaten, Kabinettsmitglieder des Premierministers Rajiv Gandhi und indische Industrielle. Unser Haus, das die *New York Times* für zwölf Jahre gemietet hatte, war ein unscheinbares, weiß verputztes, einstöckiges Haus mit einem hübschen Garten und vier Schlafzimmern. Alle Zimmer waren mit Deckenventilatoren ausgestattet, und fast alle gingen auf eine Veranda in der Mitte hinaus, auf die ich später einen großen Vogelkäfig aus Messing mit zwei lärmenden grünen Papageien hängte. Ich legte Strohmatten und *dhurrie*-Teppiche auf den Boden und bezog die Möbel mit indischen handgewebten Stoffen. Zum Haus gehörten ein Koch, ein Hausdiener, ein Teilzeitgärtner und einer, der sich um die Wäsche kümmerte – ein absurdes Aufgebot an Personal für einen Zwei-Personen-Haushalt, aber es gehörte zur Standardausrüstung der wohlhabenden indischen Familie.

Mit der Zeit begann sich eine relative Normalität in unserem Leben herauszubilden. Morgens hatte ich Hindi-Unterricht, und dann machte ich mich an die Arbeit. Die *Washington Post* hatte bereits einen Korrespondenten in Delhi, ich aber hatte mit meinen Herausgebern eine Abmachung getroffen, daß ich ausführlichere Berichte über soziale und kulturelle Themen schreiben würde. Ich wollte auch versuchen, ein Buch zu schreiben, obwohl ich noch gar nicht wußte, worüber. Verschiedene Leute hatten ein Buch über indische Frauen angeregt, aber ich konnte mich nicht dazu entschließen, denn dieses Thema schien mir nur am Rande wichtig zu sein, verglichen mit den wichtigeren Problemen, die Indien zu bewältigen hatte, wie Armut, Überbevölkerung, Gefahren für die nationale Einheit und Gewalt aus religiösen Motiven. Außerdem hatte ich Probleme mit meinem Status als ›Ehefrau‹, die ihrem Mann um die halbe Welt gefolgt war. Auf jeden Fall wollte ich nicht das ›Frauenbuch‹ schreiben, das man von mir erwartete.

Das heißt nicht, daß ich mich selbst nicht als Feministin betrachtet habe, aber mein feministischer Ansatz von damals war eher ein diffuser, konventioneller Glaube an die Gleichberechtigung und meine persönliche Entscheidung, Karriere zu machen. Ich bin 1956 in Dänemark geboren – meine Mutter ist Dänin, und mein Vater, ein Amerikaner, traf sie auf der Fähre nach Kopenhagen während seiner Weltreise per Jeep –, aber meine Jugend verlebte ich in den siebziger Jahren in Cincinnati. Die Frauenbewegung hatte viele von meinen Kämpfen für mich gefochten, und ich brauchte, jedenfalls in vieler Hinsicht, die Früchte nur zu ernten. Natürlich setzte meine Familie voraus, daß ich einmal einen Beruf ausüben würde. Ich ging auf die Journalistenschule der Northwestern University, dann zur Graduate School of Journalism der Columbia University, und weder hier noch dort bin ich jemals offenkundiger Diskriminierung begegnet. In meinem ersten Jahr an der Northwestern University hatte ich einen Kurs über die Geschichte der Frauen belegt, in dem auch Betty Friedans *Der Weiblichkeitswahn* und Simone de Beauvoirs *Das andere Geschlecht* behandelt wurden, aber ich hatte mich niemals einer Frauenorganisation angeschlossen oder mich mit speziellen Frauenthemen beschäftigt. Washington ist eine Stadt, die von Männern geführt und dominiert wird, aber dort kreisten meine leidenschaftlichsten feministischen Gefühle um die Küche und entluden sich in Streitereien mit meinem Mann darüber, wer von uns das Abendessen kochen oder den Tisch abdecken sollte.

Bevor ich nach Indien zog, hatte ich wenig mit armen Menschen zu tun. Ich hatte für den *Miami Herald* Geschichten über Saisonarbeiter an der Golfküste in Florida geschrieben und in

Washington jede zweite Woche an Obdachlose Essen ausgegeben. Diese Aktivitäten dienten hauptsächlich dazu, mein Gewissen zu beruhigen. Ich war Mitglied der Demokratischen Partei und hatte das Gefühl, daß ich mich für die Armen und Obdachlosen engagieren müßte, aber mit Massenarmut war ich nie konfrontiert worden, und so war es für mich auch nie notwendig gewesen, über das System, das solche Armut hervorbrachte, nachzudenken. In Wahrheit hatte ich weitaus mehr Zeit damit verbracht, über die Reichen zu schreiben als über die Armen. Als Ronald Reagan Präsident wurde, hatte ich mich bei der *Washington Post* so weit hochgearbeitet, daß ich Portraits über einige Mitglieder seines engsten Stabes schreiben durfte, und ich berichtete über die ersten Exzesse von Nancy Reagan und über die Neureichen aus Kalifornien, die mit den Reagans in die Stadt gekommen waren. In Wahrheit zögerte ich, ein Buch über indische Frauen zu schreiben, weil mir das Thema angst machte.

So kümmerte ich mich also während meiner ersten beiden Jahre in Indien nicht besonders um ›Frauenthemen‹. Statt dessen schrieb ich über Schriftsteller, Maler und Filmemacher in Kalkutta und wie sich in ihrer Arbeit diese zugleich ungeheuer verrottete und kreative Stadt widerspiegelte. Und trotzdem berührten mich meine Geschichten über Frauen am tiefsten.

Über die Frauen, so wurde mir langsam klar, konnte ich mir ein Fenster ins Innere der indischen Welt öffnen, und sie verschafften mir Einblick in Probleme der Familie, Kultur, Geschichte, Religion, Armut, Überbevölkerung und nationale Einheit – also genau die Probleme, von denen ich bisher angenommen hatte, daß sie mit den Belangen der Frauen nichts zu tun hätten. Gerade in dieser Zeit schloß ich auch Freundschaft mit einigen indischen Frauen. Zuerst hatte ich den Eindruck, daß sie mir sehr ähnlich waren. Aber gerade die Erkenntnis der Unterschiede trug dazu bei, das Fenster zur indischen Welt ein wenig weiter zu öffnen.

Ich kann nicht behaupten, jeden Typ der indischen Frau in

diesem Buch erfaßt zu haben, noch daß die von mir ausgewählten Frauen eine repräsentative Auswahl für ein so mannigfaltiges Land wie Indien darstellen. Die meisten Frauen, die in diesem Buch vorkommen, sind Hindus und gehören damit zur größten religiösen Gruppe des Landes, aber ich habe auch Moslem-, Sikh- und Christenfrauen mit einbezogen. Ich wählte die Frauen aus, weil sie mich interessierten, und sie treten in diesem Buch auf. Alle, aus welcher Schicht sie auch kamen, hatten mit den gleichen Erwartungen und Vorurteilen zu kämpfen. Meist wurde in Indien die Geburt eines Mädchens als ein Unglück angesehen. Jeder Frau war die Redewendung vertraut: »Hundert Söhne sollst du haben.« Dies war ein bekannter Segenswunsch, der jeder Hindu-Frau bei ihrer Hochzeit mit auf den Weg gegeben wurde, ich betrachtete ihn schließlich eher als einen Fluch.

Oft wird von ähnlich komplexen Ländern wie Indien behauptet, daß für jede Aussage, die man über sie macht, das Gegenteil genauso richtig ist. Natürlich hat man immer mit widersprüchlichen Erfahrungen zu tun. Wirtschaftsexperten, ganz gleich ob der Regierung angehörig oder nicht, glauben zum Beispiel, daß die Kluft zwischen Arm und Reich wächst. Aber sie wissen auch, daß Indien das alte Schreckgespenst Hungersnot bewältigt hat und daß es den meisten Indern besser geht als zur Zeit der Unabhängigkeitserklärung vor vierzig Jahren. Die Frauen befinden sich in einer ganz besonders paradoxen Situation. Das Land, in dem einige hundert Millionen armer und ungebildeter Frauen in Dörfern leben, hat auch Indira Gandhi, eine der mächtigsten Frauen der Welt, hervorgebracht. Die meisten indischen Frauen gehören wahrscheinlich zu denen, die ein Regierungsbericht die »größte Gruppe rückständiger Bürger« nennt. Sie leiden unter doppelter Diskriminierung, weil sie nämlich arm sind *und* weil sie Frauen sind; aber in den größeren Städten beginnen gebildetere Frauen damit, die moderne indische Gesellschaft zu verändern. Manche indischen Männer schlagen vielleicht ihre

Frauen, aber sie beten auch Göttinnen an; einige der mächtigsten Gottheiten im Pantheon der Hindus sind Frauen wie etwa Durga und die besonders furchterregende Kali, die ihre Opfer ermordete und sich dann an ihrem Fleisch und Blut labte. Die Lebensbedingungen vieler indischer Frauen sind so erbärmlich, daß Menschenrechtsgruppen sich ihres Falles annehmen würden, würde ihrer Misere so viel Aufmerksamkeit zuteil wie den ethnischen und rassischen Minderheiten in anderen Teilen der Welt. Und doch gibt es in der Tradition der großen Visionäre wie Mohandas K. Gandhis, des ›Mahatma‹ oder der ›Großen Seele‹, dessen Prinzipien der Gewaltlosigkeit überall auf der Welt politische Veränderungen in Gang setzten, auch indische Frauen, die innovative Arbeit bei den Armen leisten – und es sind ganz besonders Frauen, die radikale Veränderungen auf friedlichem Wege voranbringen.

Die ›typische‹ indische Frau, die etwa 75 Prozent der vierhundert Millionen Frauen und weiblichen Kinder in Indien repräsentiert, lebt in einem Dorf. Sie stammt entweder aus einer kleinen bäuerlichen Familie, die weniger als ein Morgen Land besitzt, oder aus einer Familie ohne jeglichen Landbesitz, die in ihren sporadischen Verdienstmöglichkeiten völlig von den Launen der Großbauern abhängig ist. Sie kann weder lesen noch schreiben, obwohl sie es gerne können würde, und hat sich selten weiter als dreißig Kilometer von ihrem Geburtsort wegbewegt. Wahrscheinlich weiß sie nicht, wer Premierminister von Indien ist, und kann ihr eigenes Land auf einer Landkarte nicht identifizieren. Meist weiß sie auch nicht, daß es in ihrem Dorf einen ›Rat‹ gibt, wo sie ihre Stimme erheben könnte, denn zu den Versammlungen gehen nur Männer. Sie besitzt kein eigenes Land, nicht einmal zusammen mit ihrem Ehemann. Sie glaubt daran, daß Erkältungen oder Fieber von bösen, in den Bäumen lauernden Geistern angehext werden. Sie arbeitet auf dem Feld, hilft beim Ernten, Pflanzen und Jäten und bekommt dafür oftmals weniger als fünfzig Cent am Tag – in vielen Fällen ist das die Hälfte des Lohns, den ein Mann für dieselbe Arbeit erhält. Diese Arbeit muß sie nebenher leisten, denn ihr eigentlicher Beruf ist, sich um das Haus und die Kinder zu kümmern. Ihr Ehemann ist ein Gott für sie, und sie sagt, daß sie ihn liebt. Ich fragte die Frauen aus den Dörfern immer ganz genau danach, warum sie ihre Männer liebten; diese Frage machte sie häufig ratlos. »Ich liebe ihn, weil er mir Essen und Kleider gibt«, war gewöhnlich die Antwort. Die Antwort, die mich am meisten beeindruckte, kam von einer dreißigjährigen Dorfbewohnerin, die mir mit verblüffender Logik erklärte, daß sie ihren Mann liebte, »denn, wenn ich ihn nicht liebe, dann schlägt er mich«.

Obwohl die indische Regierung im laufenden Fünfjahresplan drei Milliarden Dollar für Familienplanung vorgesehen hat, haben Frauen selten Kontrolle über ihre Fruchtbarkeit. Während ihrer Menstruation werden sie als unrein angesehen, und in einem entlegenen Teil Indiens habe ich sogar herausgefunden, daß die Frauen außerhalb ihres Hauses schlafen müssen, bis die Blutung vorüber ist. Das traf auch für das Dorf Malapatti zu, das im südlichen Bundesstaat Tamil Nadu liegt und wo ich eines Nachts die dreißigjährige Feldarbeiterin Bommakka sah, wie sie sich gerade auf einen Haufen aus Wurzeln und Erde – das war der auserwählte Platz, wo die Frauen während ihrer Periode schlafen mußten – niederlegen wollte. Bommakka war davon überzeugt, daß sie erblinden oder auf andere Weise bestraft würde – ihr Mann oder ihr Sohn könnten krank werden oder die Ernte ausfallen –, wenn sie nach Hause zurückkehrte. »Und wer uns erzählen will, daß das nicht wahr ist«, sagte sie und meinte dabei mich, »dem hören wir nicht zu.«

Frauen wie sie bekommen ihre Kinder sehr früh, oft schon im Alter von vierzehn. Sie bringen ihre Babys auf dem Fußboden in ihren Hütten zur Welt, gewöhnlich mit Hilfe der Schwiegermutter oder einer *dai*, einer ungelernten Hebamme aus dem Dorf. Die Chancen sind gering, daß das Kind gut ernährt wird, genügend Eisen und Vitamin A erhält und gegen Polio, Diphtherie und Tetanus geimpft wird. Eines von zehn Kindern in Indien wird nicht einmal ein Jahr alt. Ist das Kind ein Mädchen, so ist die Chance, daß es überlebt, sogar noch geringer, obwohl Mädchen bei der Geburt biologisch kräftiger sind als Jungen. Aber ein Mädchen bekommt oft weniger zu essen und wird nicht so umsorgt wie seine Brüder. Bleibt das Mädchen am Leben, so wird es unregelmäßig zu der einklassigen Dorfschule gehen, und wann immer die Mutter für die anderen Geschwister oder die anfallende Hausarbeit seine Hilfe braucht, wird sie es aus der Schule herausnehmen.

Das Problem der Frauen ist so brisant, daß selbst die Weltbank eine der dringlichsten Aufgaben darin sieht, den Frauen zu helfen. Wie Barber Conable, der Präsident der Weltbank, es 1986 in seiner Antrittsrede formulierte: »Frauen verrichten zwei Drittel der Arbeit auf der Welt. Sie produzieren sechzig bis achtzig Prozent der Nahrungsmittel in Afrika und Asien, vierzig Prozent in Lateinamerika. Trotzdem verdienen sie nur ein Zehntel des gesamten Welteinkommens und besitzen nur ein Prozent des Gesamteigentums auf der Welt. Sie gehören zu den Ärmsten der Armen.«

Trotz allem gibt es in Indien heute eine zwar zersplitterte, doch kraftvolle Frauenbewegung, und ihre Macht, ein gewisses Maß an Reformen durchzusetzen, wächst. Im Jahr 1988 betrug der Anteil der Frauen im indischen Parlament zehn Prozent, wohingegen im Congress der Vereinigten Staaten die Frauen nur fünf Prozent der Mitglieder in beiden Häusern stellen. In Indien gibt es Ärztinnen, Rechtsanwältinnen, Richterinnen, Wissenschaftlerinnen, Managerinnen und Flugzeugpilotinnen. Viele verheiratete Frauen mit Kindern sind beruflich sehr in Anspruch genommen, und ihre Lebenssituation und ihre Probleme unterscheiden sich nicht grundsätzlich – wenigstens oberflächlich gesehen – von denen vergleichbarer amerikanischer Frauen. Sie absolvieren ihre Magisterprüfung, arbeiten in Büros von Werbeagenturen und kümmern sich darum, daß ihre Kinder die richtigen Schulen besuchen. Sie besuchen einen Schönheitssalon, verfolgen die Politik ihres Staates, ärgern sich darüber, wenn Freunde ihrer Männer sie auf Partys nicht beachten. Die indische Verfassung garantiert ihnen vollständige Gleichheit vor dem Gesetz. Den Hindu-Frauen ist die Ehescheidung erlaubt; ihnen wird zugebilligt, daß sie fast so viel erben dürfen wie ihre Brüder. Die indischen Frauen haben ohne Kampf im Jahr 1971 das Recht auf Abtreibung bekommen, eineinhalb Jahre bevor die Abtreibung in den USA legalisiert wurde.

In Neu-Delhi investiert die indische Regierung Millionen Dollar in neue Programme, die speziell für die Frauen auf dem Land entwickelt wurden. Die Ergebnisse sind unterschiedlich. Das wichtigste aber ist, daß sich diese Programme in einer revolutionären Entwicklung von zehn Jahren von der bloßen Fürsorge auf wirkliche Ausbildung umstellten. Die Feministinnen haben die Regierung darin unterstützt, daß die arme Mutter vom Dorf nicht mehr als passive Almosenempfängerin angesehen wird, sondern als potentielle Kraft, der man eine Fertigkeit wie etwa die Viehzucht beibringen kann, wodurch Indien wiederum in seiner Entwicklung vorangetrieben wird. Untersuchungen in indischen Dörfern haben gezeigt, daß das Familieneinkommen steigt, wenn das Einkommen der Frau angehoben wird, während dies für die Männer nicht gilt. Frauen neigen dazu, ihren gesamten Lohn der Familie zugute kommen zu lassen, Männer dagegen kaufen Schnaps, Zigaretten oder andere Dinge zum persönlichen Verbrauch. Immer mehr wird von den Entwicklungspolitikern die Frau als Handelnde bei den Veränderungen im ländlichen Indien angesehen. Götz Schreiber, einer der älteren Wirtschaftsexperten bei der Weltbank, erklärte es mir einmal so: »Wenn wir es ernst meinen, der nächsten Generation ein besseres Leben zu ermöglichen, dann ist eines sicher: die Mütter müssen ausreichend über die finanziellen Mittel verfügen können.«

Natürlich ist die Geschichte der Frauen in Indien nicht nur

eine Aneinanderreihung von Elend und Verzweiflung. Man glaubt, daß sich der Status der Frau erst in jüngerer Zeit – etwa in den letzten zweitausend Jahren – verschlechtert habe. Davor, meinen einige Historiker, etwa tausend Jahre vor Christus, gab es ein ›goldenes Zeitalter‹, in dem die indischen Frauen den Männern gleichgestellt waren oder zumindest einen höheren Status innehatten als in den Jahrtausenden danach. Forscher gründeten diesen Glauben auf Zeugnisse von den Ariern, den halbnomadischen Stämmen, die etwa 1500 Jahre vor Christus von Mitteleuropa nach Indien einwanderten und den Boden für die indische Kultur legten, wie wir sie heute kennen. (Obwohl angenommen wird, daß die Arier etwas hellhäutiger waren als die Urstämme, die bereits in Indien lebten, ist ›Arier‹ eher eine linguistische als ethnische Bezeichnung. Die arischen Stämme sprachen eine Sprache, die neben anderen als Vorläufer von Latein, Griechisch, Persisch, Sanskrit, Englisch, Deutsch und Italienisch gilt. Sie alle gehören den indoeuropäischen oder arischen Sprachfamilien an. Die Arier wollten sich von den indischen Urstämmen separieren, und die Wissenschaftler glauben, daß dadurch eigentlich das Kastensystem der Hindus entstanden ist, das alle Hindus streng in soziale Klassen einteilt.)

Durch die Arier ist uns der erste geschriebene Bericht über das Leben auf dem indischen Subkontinent, die *Rig Veda*, eine Sammlung von 1017 Sanskrit-Poemen, überliefert. Sie bildet zusammen mit der später folgenden Literatur die Basis für eine historische Rekonstruktion jener Zeit. Die Schriftstücke beschreiben eine Gesellschaft, in der die Frauen relativ spät, nämlich erst mit sechzehn oder siebzehn heirateten und nicht in *purdah* lebten. Sie nahmen an den Stammesversammlungen teil und hatten eine herausragende Stellung bei den religiösen Riten. Es war auch höchst wichtig, daß sie mit der Aufgabe der Rinderzucht betraut waren, der Hauptbeschäftigung der Arier, außerdem fertigten sie Bogen, Pfeile und andere Waffen für die Männer, wenn diese in den Krieg zogen.

Während der folgenden zweitausend Jahre – keiner weiß genau warum – wurde die Position der Frauen allmählich untergraben. Die Mädchen wurden früher verheiratet und waren von den religiösen Riten ausgeschlossen. Witwen war es nicht erlaubt, sich wieder zu verheiraten. Irgendwann zwischen 200 vor Christus und 200 nach Christus, wurde durch den Gesetzeskodifizierer der oberen Kaste, bekannt als Manu, die erste Sammlung von Hindugesetzen aufgeschrieben, in der den Frauen der Status von Leibeigenen zugeschrieben wird. »Die Frau ist so falsch wie die Falschheit selbst«, schrieb Manu. »Als er sie erschuf, teilte der Gott aller Kreaturen den Frauen die Liebe zu ihrem Bett, ihrem Stuhl und Tand zu, ebenso unreine Gedanken, Zorn, Unehrlichkeit, Gehässigkeit und schlechtes Betragen.« Eine Frau hatte keine Hoffnung auf ein eigenständiges Leben. Manu schrieb weiter: »Von der Wiege bis zum Grab ist eine Frau von einem Mann abhängig: in der Kindheit von ihrem Vater, in der Jugend von ihrem Gatten, im Alter von ihrem Sohn.«

Von manchen Feministinnen wird Manu heute als der Hauptschuldige in der Geschichte der Unterdrückung der indischen Frauen betrachtet, aber Manus Gesetzessammlung erklärt nicht den stetigen Verfall des Status der Frauen, der lange vor dieser Zeit begonnen hatte. Viele Historiker glauben, daß das, was mit den Frauen in Indien geschah, mit allen Frauen geschieht, wenn eine Gesellschaft sich vom umherziehenden Hirtenvolk zu einem seßhaften Volk entwickelt, das von der Landwirtschaft lebt. In einer Stammesgesellschaft sind die Frauen stärker in die Fertigungsabläufe mit einbezogen. In einer seßhaften Gesellschaft, in der relativ mehr Muße und weniger Angst vor Feinden herrscht, ist die Rolle des Mannes und die der Frau stärker voneinander abgegrenzt. Männer neigen dazu, eine übergeordnete Stellung einzunehmen und Frauen die untergeordnete. Das ›goldene Zeitalter‹ der Frauen – ein Begriff, von dem viele Historiker glauben, daß er von indischen Nationalisten des neunzehnten Jahrhunderts aufgegriffen wurde, weil sie eine utopische Vergangenheit entdecken wollten – war wahrscheinlich nichts weiter als ein Abschnitt in der Entwicklung der indischen Gesellschaft. Sicherlich war Manu ein Frauenfeind, aber die Entwicklung der Gesellschaft wurde im Grunde wohl durch andere Kräfte vorangetrieben. Als sich die Arier geographisch ausbreiteten, kamen sie mit anderen Kulturen in Kontakt, besonders mit den dunkelhäutigen Draviden-Stämmen im Süden. Nach Meinung von Romila Thapar, einer allseits anerkannten Historikerin, die die Frauenbelange in Indien immer unterstützte, entwickelte sich die Unterdrückung der Frau Hand in Hand mit dem Gedanken, die Kastenunterschiede beizubehalten. Der Gesetzeskodex von Manu, wo zuallererst die Kastenregeln in Indien festgelegt wurden, illustriert Romila Thapa Meinung nach »die Notwendigkeit, die Kastengesellschaft streng zu definieren«, um Regeln zu schaffen, die Außenseiter, die als ›Verunreiniger‹ angesehen wurden, draußen zu halten. Folglich gibt es in Manus Gesetzestext genaue Regeln, die festlegten, wer sich mit wem verheiraten durfte. »Um die Verunreinigung des Volkes zu vermeiden, muß man die Geburten kontrollieren«, erklärt Romila Thapar. »Jedoch verliert man die Kontrolle über die Geburten, wenn man die Kontrolle über die Frauen verliert.«

Die nächste historische Stufe im Verfall des Status der Frau kam, so wird allgemein angenommen, mit der Invasion der Mogulen im sechzehnten Jahrhundert. Obwohl es schon früher Invasionen von Moslems gegeben hatte, trugen erst die Mogulen den Islam weit nach Indien hinein und damit, wenigstens nach Meinung vieler Hindus, die regressive Haltung gegenüber Frauen und die weite Verbreitung von Praktiken wie *purdah* (abgeschiedenes Witwen-Dasein) und *sati* (Selbstverbrennung). Andere wiederum sind sich nicht so sicher, welche Rolle die Moslems beim Verfall des Status der Frau wirklich gespielt haben. Romila Thapar behauptet, es gebe Zeugnisse, die beweisen, daß *purdah* und *sati* von Frauen der Oberschicht bereits vor der Invasion der Moslems praktiziert wurden. Wie auch immer, erst im neunzehnten Jahrhundert, also zu einer Zeit, als *purdah* und *sati* immer noch weithin praktiziert wurden, kamen die ersten Anstöße zur Reform aus der Mittelschicht in Kalkutta, der damaligen Hauptstadt von Britisch-Indien. Die Reformer bekämpften *sati*, *purdah* und die Kinderehe. Sie propagierten die Ausbildung für Frauen, ein eingeschränktes Recht auf Eigentum für die Frauen und das Recht von Witwen, sich wieder zu verheiraten. Diese Bewegung, die später auf die westlichen Bundesstaaten Maharashtra und Gujarat überschwappte, wurde von weitblickenden männlichen Reformern wie etwa Rammohan Roy, der die Hindusekte Brahmo Samaj gründete, und anderen Männern, die sich aufrichtig um die Lage der Frauen sorgten, inspiriert. In jüngster Zeit haben Historiker allerdings herausgefunden, daß ein anderer wichtiger Impetus für die sogenannte erste Phase der indischen Frauenbewegung darin liegt, daß die Männer aus der indischen Mittelschicht, die den britischen Kolonialherren in der Verwaltung und der Ostindischen Kompanie dienten, für ihre Herren sozial akzeptabler sein wollten. Die Frau in einem bengalischen Haushalt der Mittelschicht – unsichtbar, ohne Ausbildung, isoliert – paßte natürlich nicht zu dem damals vorherrschenden englischen Modell einer normalen Ehefrau. Sie war zum Beispiel nicht so gebildet wie die Frauen der britischen Kolonialherren, die wenigstens kompetent ihren Haushalt führen und bei gesellschaftlichen, für die Karriere des Mannes wichtigen Ereignissen zugegen sein konnten.

Doch war die Reformbewegung, wenigstens zu Anfang des neunzehnten Jahrhunderts, eher eine theoretische Reform, die jeglicher revolutionären Veränderungen entbehrte, eine »sichere Angelegenheit«, wie die Wissenschaftlerin Meredith Borthwick geschrieben hat, »bei der nicht die Gefahr bestand, ins soziale Chaos zu versinken«. Die Frauen sollten nur dazu erzogen werden, ihrer Rolle als Ehefrau und Mutter besser gerecht zu werden. Während die Männer über die strittigen Fragen der Reform diskutierten, blieben die Frauen zu Hause, und die meisten waren sich gar nicht bewußt, daß sie selbst das Thema der ständigen Debatten waren. Erst in der zweiten Hälfte des neunzehnten Jahrhunderts wurden einige der Reformen zu Gesetzen – seit 1856 war es Witwen erlaubt, sich wieder zu verheiraten, 1859 wurde *sati* verboten –, aber die Wirkung der Gesetze blieb beschränkt. Was sich wirklich veränderte, waren die Maßstäbe, nach denen bengalische Frauen aus der Mittelschicht beurteilt wurden. Zu Beginn des zwanzigsten Jahrhunderts trat eine neue Frau in Erscheinung, eine, die, um es mit Borthwicks Worten zu sagen, »in sozial gemischten Versammlungen auftauchte, Mitglied verschiedener philanthropischer, sozialer und Frauenorganisationen war«. Diese Frau »hatte eine Grundausbildung erhalten und bildende Literatur gelesen – praktische Handbücher für den Haushalt und ›gehobene‹ Unterhaltungsliteratur«. Die neue Frau repräsentierte Tugenden wie »Sauberkeit, Ordnung, Sparsamkeit, Verantwortung, Intelligenz« und hatte »ein bescheidenes Interesse an und Wissen von der öffentlichen Welt der Männer. Diese neuen Tugenden kamen zu den traditionellen Tugenden der Selbstaufopferung, Mildtätigkeit, Hingabe an den Ehemann, Respekt vor den Älteren und Kompetenz im Haushalt hinzu, ersetzten sie aber nicht.«

Diese neuen Frauen aus der Mittelschicht reagierten positiv auf die Aufstände, die in Indien mit der nationalistischen Bewegung am Ende des neunzehnten Jahrhunderts begannen. Die Emanzipation der Frauen war eines der Ziele der Nationalisten, und im Jahr 1905 ermutigten die Männer sogar die Frauen, an der Swadeshi-Bewegung teilzunehmen und ausländische Waren zu boykottieren. Während der folgenden fünfundzwanzig Jahre wurden drei große Frauenorganisationen gegründet: die erste hatte Verbindung mit der englischen Suffragettenbewegung.

Die Organisation mit dem größten Einfluß, die *All India Women's Conference*, begann 1927 und diskutierte über die Ausbildung der Frauen; bald aber erweiterte sie sich zu einer Gruppe, die sich gegen Mißstände wie *purdah*, Kinderheirat und andere von den Reformern des neunzehnten Jahrhunderts aufgedeckte Probleme wandte. Aber dieses Mal waren es Frauen, die Frauenthemen diskutierten, und es waren auch Frauen, die festlegten, daß diese Themen nicht von dem größeren Problem der Abhängigkeit Indiens vom englischen Königreich getrennt behandelt wurden.

Als Mahatma Gandhi im Jahr 1930 seine erste Kampagne des zivilen Ungehorsams in Gang setzte, hatten die Frauen zum erstenmal die Chance, sich in großer Zahl in einem Konflikt zu bewähren. Die Engländer reagierten, indem sie die meisten der Anführer der Nationalisten verhafteten und ins Gefängnis warfen. Jawaharlal Nehru, der erste Premierminister Indiens und einer der Anführer in der Kampagne des zivilen Ungehorsams, berichtete in seinem größtenteils im Gefängnis geschriebenen Buch *The Discovery of India* (Die Entdeckung Indiens), wie die Frauen dazu beitrugen, die Bewegung am Leben zu halten: »Die meisten von uns Männern waren im Gefängnis«, erklärte Nehru. »Und dann geschah etwas Bemerkenswertes. Unsere Frauen kamen an die Front und mischten sich in die Kämpfe ein. Frauen waren natürlich immer dagewesen, aber jetzt kamen sie in solchen Scharen, daß nicht nur die englische Regierung, sondern auch ihre Männer überrascht waren. Da waren sie nun, die Frauen aus der Ober- oder Mittelschicht, die zu Hause ein behütetes Leben führten – Bauersfrauen, Arbeiterfrauen, reiche Frauen –, zu Zehntausenden kamen sie, um den Anordnungen der Regierung zu trotzen … Es war nicht nur der Mut und die Entschlossenheit der Frauen, die alle überraschte, mehr noch verblüffte die organisatorische Kraft, die sie an den Tag legten.«

Die Frauen waren zum großen Teil von Mahatma Gandhi inspiriert, der sie als autonome und unabhängige Personen und als wichtige Basis für die Bewegung anerkannte. Kein Mann hat zuvor oder danach so viel für die Rechte der Frauen in Indien getan. Als er die Masse der Frauen zum Freiheitskampf aufrief, sagte Gandhi ihnen, sie sollten nicht mehr »Püppchen und willfährige Dienerinnen«, sondern ihren Männern »Gefährtinnen im Dienst an der Gemeinschaft« sein. »Der Mann hat die Frau als sein Werkzeug gesehen«, schrieb Gandhi. »Sie hat gelernt, sein Werkzeug zu sein, und fand es schließlich einfach und angenehm, denn wenn einer den anderen beim Fallen mitzieht, ist der Absturz leicht.« Im Jahr 1925 hatte Gandhi Saojini Naidu, eine der führenden Kämpferinnen im Freiheitskampf, zur Präsidentin der nationalistischen Congress-Partei bestimmt. In Anerkennung der Verdienste der Frauen bei der Kampagne zum zivilen Ungehorsam verabschiedete die Congress-Partei im Jahre 1931 eine Resolution, in der sie sich für die politische Gleichstellung der Frauen unabhängig von ihrem Bildungsstand aussprach. Dies zu einer Zeit, da die Frauen in einigen europäischen Ländern noch nicht einmal das Wahlrecht besaßen.

Natürlich hatte auch Gandhi als Anwalt der Emanzipation seine Grenzen. Die Rolle der Frauen im Freiheitskampf war zumeist eine unterstützende und helfende: Sie spannen, waren Streikposten, verteilten Pamphlete und nahmen an Zusammenkünften teil. Gandhi selbst betrachtete die Frauen als von Natur aus leidensfähige und opferbereite Geschöpfe, die weder die Hauptverdiener in der Familie sein noch den familiären Frieden stören sollten. Dennoch machte er einen großen Schritt über die Reformer des neunzehnten Jahrhunderts hinaus, indem er den Frauen eine aktive Rolle bei ihrer eigenen Emanzipation zuschrieb und sie nicht, wie die Feministin Madhu Kishwar es ausdrückte, »als hilflose Kreaturen und Objekte karitativer Zuwendung« ansah.

Sicher ist, daß Gandhi auf die indischen Frauen eine Anziehung ausübte wie kein männlicher Führer zuvor, ein Phänomen, das Romila Thapar immer ungemein interessiert hat. Sie ist der Meinung, daß die psychologische Bindung zwischen Gandhi und den indischen Frauen noch immer nicht genügend erforscht ist. »Es gibt es etwas an ihm«, erklärte sie mir, »das ihn uns sehr ähnlich macht.« Erik Erikson unternimmt in seinem Buch *Die Wahrheit von Gandhi*, einer psychoanalytischen Studie über den indischen Führer, für die er den Pulitzer-Preis erhielt, den Versuch einer Deutung. Gandhi, so Erikson, glaubte an die »natürliche Überlegenheit« der opferbereiten Frau, aber konnte diese Vorstellung nicht hinnehmen, »ohne zu versuchen, selbst mütterlicher als die mütterlichsten Mütter zu werden«. Gandhi betrachtete sich also als »Mutter« seiner Mutter, seines Vaters und des ganzen indischen Volkes.

Die Geschichte der indischen Frauen bewegte sich erst Mitte der siebziger Jahre um einen weiteren Schritt vorwärts, nachdem die Regierung den Bericht *Auf dem Weg zur Gleichheit* veröffentlicht hatte, eine explosive, folgenreiche Untersuchung über die Lage der Frauen in Indien, aus der hervorging, daß sich die Bedingungen für viele von ihnen seit der Unabhängigkeit tatsächlich entscheidend verschlechtert hatten. Dieser Bericht ist die Basis für die heutige indische Frauenbewegung, wenn auch die Feministinnen lieber von einer »dritten Stufe« der Frauenbewegung nach den Reformversuchen im neunzehnten Jahrhundert und der Beteiligung der Frauen im Freiheitskampf sprechen. Eine solche Sicht ist historisch korrekt, aber sie hilft auch dieser indischen Frauenbewegung, sich von der westlichen zu unterscheiden. Es wird deutlich, was die indischen Feministinnen immer wieder betonen, daß für den Feminismus in Indien andere Zusammenhänge und andere Ziele bestehen.

Während meines ganzen Aufenthalts in Indien war ich mir stets der Tatsache bewußt, daß ich als Außenstehende zu diesem fremden Land nur begrenzt Zugang finden konnte. Tag für Tag schlug ich mich mit dem Problem herum, welche Maßstäbe ich anzulegen hätte. Manche westlichen Journalisten haben Indien romantisch verklärt, andere haben immer nur das wahrgenommen, was ihr eigenes Gefühl der kulturellen Überlegenheit bestätigte. Welcher Maßstab ist nun aber der richtige? Nehmen wir zum Beispiel die staatliche Gesundheitsversorgung auf den Dörfern. Sollen wir Indien kritisieren, weil die technische Ausrüstung und die Versorgung mit Medikamenten mangelhaft ist, oder sollen wir Indien loben, weil es immerhin ein umfassendes Netz medizinischer Versorgung auf dem Lande geschaffen hat? Wie sollen wir die Balance finden zwischen der Kritik, daß dieses Land mit seiner fünftausend Jahre alten Zivilisation und seiner erst vierzigjährigen Eigenstaatlichkeit ständig Gefahr läuft, in einem Prozeß gewaltsamer Auseinandersetzungen in religiöse und ethnische Gruppen zu zerfallen, und der Bewunderung davor, daß Indien zumindest eine Demokratie geblieben ist zu einer Zeit, als ein Nachbar, Pakistan, eine Militärdiktatur etablierte und das ebenfalls benachbarte Nepal eine Monarchie blieb?

Immer wieder stieß ich während meines Aufenthalts auf einige extreme und höchst beunruhigende Aspekte der indischen Gesellschaft – wie Kindesmord an Mädchen zum Beispiel –, aber die Absicht dieses Buches ist es nicht, zu schockieren. Die Anordnung der Themen des Buches entspricht in etwa der Reihenfolge, wie ich ihnen begegnete und Zugang zu ihnen fand. Eine Frau führte mich zur nächsten, von einem Thema wurde ich ins andere hineingezogen. Oft hatte ich das Gefühl, daß Dinge, die mir zunächst offenkundig erschienen waren, sich bei genauerem Hinsehen meinem Zugriff entzogen.

Zumindest hat mich meine Reise dazu gezwungen, meine Ansichten über Moral, Religion, Verantwortung, Schicksal, Gesellschaftsordnung und Rollenverständnis von Mann und Frau neu zu überdenken. Ich konnte meine feministischen Überzeugungen vertiefen und mußte immer wieder feststellen, daß die Erfahrungen jeder Frau zugleich individuell und universell sind. Am Anfang hatte ich manchmal das Gefühl, daß die

Dinge, die ich untersuchte, wenig mit den Lebensumständen meiner Welt zu tun hatten. Aber langsam machte ich mir klar, daß die große Mehrheit der Frauen auf der Welt so oder ähnlich leben wie die Frauen in Indien, und daß wir Frauen in Amerika die Ausnahme sind. Schließlich begriff ich, daß meine Reise nach Indien ein Privileg war. Ich war nicht an die Peripherie, sondern ins Zentrum der Welt gereist.

2 Erst Ehe, dann Liebe

Die ›arrangierte Ehe‹ in den gebildeten Schichten

In Neu-Delhi sieht man während der Hochzeitssaison manchmal vier- bis fünfmal am Tag einen nervösen Bräutigam auf einem weißen Pferd durch die Straßen reiten; er ist auf dem Weg zu einer Frau, die er kaum kennt, aber gleichwohl am Abend heiraten wird. Die kleinen Hochzeitszüge sind schwer zu übersehen: Der Bräutigam trägt einen mit Brokat kunstvoll bestickten Anzug und eine Kopfbedeckung mit flatternden Bändern, die die Verlegenheit auf seinem Gesicht gut verbergen helfen. Eskortiert wird er von einer Phalanx von Verwandten und einem abgerissenen Grüppchen, das sich hochtrabend ›disco band‹ nennt und ziemlich falsch und blechern Marschmusik spielt. Die Hindupriester haben diese Nacht als besonders glückbringend ausgemacht, und man läßt sich leicht mitreißen, wenn man mitten im Verkehr steckenbleibt, um eine solche Prozession vorbeizulassen, und man glaubt die dicke Delhi-Luft angefüllt von Hoffnung und von Fruchtbarkeit. Es dauert manchmal mehrere Stunden am Abend, bis die Prozessionen den Ort der Hochzeitsfeierlichkeit erreichen, normalerweise ein Privathaus oder – wenn die Familie kürzlich zu Geld gekommen ist – eine der großen Rasenflächen vor den neuen Luxushotels. Oft kommt der Bräutigam einige Stunden zu spät, was die Familie der Braut sehr verärgert, aber eine Katastrophe ist das nicht. Die Braut hat sich währenddessen mit ihrer Mutter, einigen Tanten und engen Freunden zurückgezogen; einsilbig sitzt sie da und ist fast nicht mehr in der Lage, sich zu bewegen unter dem prächtigen rotseidenen Sari, der, verschwenderisch mit Gold herausgeputzt, über zwanzig Kilo wiegen kann. Das ist durchaus angemessen, denn sie soll ja auch nur eine passive Rolle auf ihrer eigenen Hochzeit spielen, die Augen sittsam niedergeschlagen wie eine stumme Jungfrau auf einem indischen Miniaturbildchen. Ihre Vorbereitungen, die den ganzen Tag gedauert haben, sind ein Ritual für sich. In ihr Haar wurden Blumen eingeflochten, über ihren Augenbrauen kleine Edelsteine angebracht und ein verschlungenes Muster, das wie durchbrochene Spitze wirkt, hat man mit Henna auf ihre Hände und Füße gemalt. Später sagt sie meistens, sie könne sich nur an weniges erinnern, was an diesem Tag geschehen sei.

Für mich war es in Indien manchmal eine Art Zeitvertreib, auf Hochzeiten zu gehen. Ich wurde immer eingeladen, weil die Leute dachten, daß eine Amerikanerin an solch einem Schauspiel besondere Freude habe. In dreieinhalb Jahren war ich neunmal offizieller Gast auf einer Hochzeit. Die anderen Male stolperte ich eher zufällig in einem der großen Hotels in eine Hochzeit hinein, denn, wenn ich lange genug hingestarrt hatte, holten mich die Eltern und führten mich herein, damit ich dem Brautpaar gratulieren konnte. Eine Hochzeit ist in Indien eine ziemlich chaotische Pompveranstaltung und kann bis sechs Uhr früh dauern; sie dient immer mehr der öffentlichen Zurschaustellung von Status und Wohlstand einer Familie. Wenn eine Familie reich ist, sind tausend Gäste nichts Ungewöhnliches. Selbst eine Arbeiterfamilie gibt ein Fest für zweihundert Personen, auch wenn sie sich dafür die nächsten zehn Jahre tief verschuldet. (Bei einer Hochzeit auf der Straße hinter unserem Haus bezahlte der Brautvater – als Chauffeur bei der vietnamesischen Botschaft verdiente er 800 Dollar im Jahr – 3200 Dollar für das Hochzeitsessen und die Mitgift.) Ich war bei Hindu-Hochzeiten, Sikh-Hochzeiten und einer Muslim-Hochzeit. Zwei von diesen Hochzeiten wurden von adeligen Familien der ehemaligen Fürstentümer ausgerichtet. Bei einer erschien der Bräutigam in einem silberbeschlagenen, von Pferden gezogenen Triumphwagen und bei der anderen auf einem Elefanten. Bei einigen Feierlichkeiten, besonders einer, die zu mitternächtlicher Stunde in einem luxuriösen, üppig mit Pflanzen bewachsenen Innenhof während einer Unterbrechung des Sommer-Monsuns stattfand, war ich tief beeindruckt von den verschwitzten Gesichtern der Brautleute, die im Schneidersitz vor einem heiligen Feuer saßen, während der Priester Sanskrit-Gebete sang und Sandelholzpuder in die Flammen streute. Indische Hochzeiten können eine Sinnlichkeit ausstrahlen, die die kühlen Kirchen des Westens gar nicht aufkommen lassen. Viele Hochzeiten wurden mit großem Prunk in den besten Hotels von Delhi gefeiert und gehörten damit zu dem, was Indira Gandhi einmal spöttisch die »Fünf-Sterne-Kultur« nannte: Feste mit schmelzenden Eisskulpturen und unaufhörlich laufenden Videokameras, die ein Ereignis festhielten, das Delhis alten Familien allen Anlaß bot, sich über die Neureichen in der Stadt das Maul zu zerreißen. Eines allerdings bemerkte ich bei jeder Hochzeit, an der ich teilnahm: den Ausdruck steinerner Angst auf dem Gesicht der Braut, die von nun an mit einem Mann zusammenleben sollte, der für sie eigentlich ein Fremder war.

In Indien werden schätzungsweise 95 Prozent aller Hochzeiten immer noch von den Eltern arrangiert, auch die meisten in der gebildeten Mittelschicht. Wie bei vielen anderen Statistiken in Indien ist man sich auch hier nicht sicher, ob diese Schätzung stimmt, und tatsächlich glauben viele Soziologen und ein Großteil der Öffentlichkeit, daß der Prozentsatz der ›arrangierten Hochzeiten‹ noch höher ist. Als ich nach Indien kam, erstaunte mich das. Ich wußte, daß die Hochzeiten in den ländlichen Gebieten und unter der armen Landbevölkerung – also fast überall auf dem Kontinent – immer noch von den Eltern ›arrangiert‹ wurden, ich hatte aber nicht erwartet, daß ein Inder, der jahrelang in den Vereinigten Staaten gelebt und sich mit amerikanischen Frauen getroffen hatte, nach Hause kommen und eine Frau heiraten würde, die er nur dreimal gesehen hat. Ich hatte nicht erwartet, daß Studentinnen in den großen Städten mit Freuden ihren Eltern die Aufgabe überlassen, den richtigen Mann für sie zu finden. Noch mehr erstaunte es mich, wenn sie bereits nach einem halbstündigen Treffen mit dem zukünftigen Bräutigam ihr Ja-Wort gaben. »Ich könnte mich wohl in einem Tag entscheiden«, sagte mir eine zwanzigjährige Werbegraphikerin aus Neu-Delhi. Dann stutzte sie einen Moment. »Na ja, das ist ein bißchen überstürzt. Vielleicht in einer Woche.«

Die Liebesheirat existiert nur für eine ganz dünne Schicht in der indischen Großstadt-Elite. Rajiv Gandhi ist dafür ein Beispiel, ebenso die meisten aus der jüngeren Generation der vornehmen Kreise in Neu-Delhi. Fast alle unsere Freunde behaupten, daß ihre Heirat eine Liebesheirat war, obwohl ich doch manchmal annehmen mußte, daß die Hochzeit mehr ›arrangiert‹ war, als es das Paar zugeben wollte. (Oft ist es so, daß, wenn zwei sich ernsthaft häufiger verabreden und des Mädchens Ruf gefährdet ist – sie könnte deshalb später keinen passenden Mann mehr finden –, sich die Eltern ganz schnell einmischen und zur Hochzeit rüsten, allein um dem Getratsche der Nachbarn zu entgehen.) Aber auch außerhalb der großen Städte verändert sich das Verhalten. In einer Umfrage von 1973 unter Studenten und Studentinnen der südindischen Stadt Haiderabad fanden die beiden Soziologen Prakasa und Nandini Rao heraus, daß »die überwältigende Mehrheit der Studenten mehr Freiheit bei der Auswahl des späteren Ehepartners verlangte« und folgerten, daß »der Prozeß der Modernisierung eine liberalere Haltung gegenüber der Partnerwahl unter Universitätsstudenten nach sich ziehen würde«. In derselben Studie allerdings geben mehr als ein Drittel der Studenten an, daß sie es nicht für notwendig halten, den späteren Ehegatten vor der Hochzeit zu kennen.

Arrangierte Ehen gibt es nicht nur in Indien, vielmehr hat es sie tatsächlich in irgendeiner Form in den meisten Gesellschaften der Welt gegeben. Im Westen wurde die Liebe eigentlich erst in den letzten dreihundert Jahren als zur Ehe gehörig anerkannt – eine Entwicklung, die, wie uns Forscher belehren, auf die höfische Minne im Mittelalter und auf den starken Einfluß des Christentums zurückgeht, für das der Bund zwischen Mann und Frau das Abbild des Bundes zwischen Mensch und Gott war. Viel später kam dann die Industrialisierung, mit der eine größere Mobilität einherging und die die Großfamilie auseinanderbrechen ließ, ein Prozeß, der sich erst jetzt in Indien durchzusetzen beginnt.

Die arrangierte Ehe hat in der indischen Mittelschicht teilweise auch deshalb überlebt, weil sich ihre Erscheinungsform gewandelt hat. (Der Begriff Mittelschicht, wie er in Indien benutzt wird, bezieht sich nicht auf die Schicht mit mittlerem Einkommen, sondern auf die oberen zehn Prozent, deren Konsum- und Lebensstil dem entspricht, was im Westen als Mittelschichtexistenz klassifiziert würde.) Vor etwa einer Generation sprachen Braut und Bräutigam vor der Hochzeit fast überhaupt nicht miteinander. In vielen Fällen haben sie sich nicht einmal vorher in Augenschein genommen. Sie konnten sich der Wahl ihrer Eltern nicht widersetzen, und wenn die Ehe unglücklich war, dann war es eben so. Auch heute funktioniert ein Großteil der in Indien geschlossenen Ehen auf diese Weise.

Aber heutzutage ist es den Paaren aus der Mittelschicht erlaubt, sich mehrmals zu sehen, bevor die Entscheidung fällt, und einige können sogar ein- oder zweimal allein miteinander ausgehen. Obwohl die meisten Ehen innerhalb derselben Kaste arrangiert werden, kann die Verlobungszeit sechs Monate oder länger dauern, und die Frauen können die Wahl ihrer Eltern ablehnen. Dies wird als ein wesentlicher Durchbruch angesehen, und einige Familien behaupten, daß es sich unter diesen Bedingungen überhaupt nicht mehr um eine arrangierte Ehe handele. Leila Seth, eine ausgesprochen progressive Mutter und eine der nur zehn Frauen unter den vierhundert Richtern der obersten Instanz in Indien, sagte mir: »Ganz ehrlich, ich halte es nicht für ein so schlechtes Verfahren.« Die vorherrschende Meinung unter den Leuten, die zur Mittelschicht gehören, ist, daß diese Ehen nicht nur funktionieren, sondern daß sie besser funktionieren als die im Westen.

Im Sommer 1985 begann ich mit einer Geschichte über die ›arrangierten Ehen‹ in der Mittelschicht. Westliche Korrespondenten hatten schon zahlreiche Artikel über dieses Thema verfaßt, aber die meisten beschäftigten sich ausschließlich mit den unterhaltsamen Seiten der Heiratsannoncen in den Sonntagszeitungen. Und diese bieten tatsächlich amüsanten Lesestoff. Ein Beispiel aus der *Hindustan Times*: »Industrieller/Geschäftsmann aus Delhi sucht Ehemann für Tochter, 21, schlank, hellhäutig, gutaussehend, mit Hochschulabschluß, aus brahminischer Industriellen-Familie. Zuschriften an: Post Box No. 5729.« Oder aus der *Times of India*: »Intelligente, belesene, attraktive, häusliche, gut Englisch sprechende junge Frau, vorzugsweise aus liberaler christlicher Familie, gesucht für sehr vermögenden höheren Regierungsbeamten, gutaussehend, Ende Vierzig. Sie sollte nichts gegen eine Übersiedlung nach Nordamerika haben, Religion oder Kaste kein Hindernis.« Was mich allerdings mehr interessierte, war, zu entdecken, ob und in welcher Weise die arrangierten Ehen wirklich ›funktionierten‹. Das war zu Beginn meines Aufenthalts in Indien, als ich mit dem ganzen Enthusiasmus eines Neuankömmlings beschloß, meine westlichen Vorurteile über den Haufen zu werfen. Rückblickend glaube ich, daß mich etwas anderes bewegte. Meine Eltern und auch einige Freunde waren geschieden. Ich glaube, ich suchte nach einer Art ›Geheimnis‹ der Ehe, das die Inder zu kennen schienen und die Amerikaner nicht.

Arun und Manju Bharat Ram waren mir als ideales Paar empfohlen worden, als ein Beispiel dafür, sagten ihre Freunde, wie eine arrangierte Ehe bestens funktionieren kann. Es stellte sich allerdings heraus, daß sie weder typisch waren noch zur Mittelschicht gehörten: Arun Bharat Ram, ein alter Schulfreund Rajiv Gandhis, war Erbe eines der größten industriellen Vermögen in Indien. Indira Gandhi und fünfzehnhundert andere Gäste waren zu seiner Hochzeit gekommen. Vielleicht waren ja das Erfolgsgeheimnis dieser Ehe bloß Geld und Beziehungen. Andererseits waren ihre Familien Paradebeispiele für die stark verwestlichte Industriellengesellschaft, in der die Eltern noch immer – zumindest bei einigen ihrer Kinder – die Ehe als geschäftliche Verbindung ansehen. In Aruns Familie gab es auch Liebesehen, und er selbst hatte während seines Studiums in den USA Beziehungen zu amerikanischen Frauen. Schließlich erkannte ich, daß durch niemand anderen besser veranschaulicht wurde, wie Inder das, was für mich eine Beziehung zwischen Ehe und Liebe war, auf den Kopf stellen können.

Das Haus von Bharat Ram, marmorne Zimmerfluchten, mit moderner indischer Kunst an den Wänden und Wächtern vor den Toren, stand in einem der üppig-grünen Viertel von Delhi. Es war August und unerträglich heiß, aber in Bharat Rams von Fernsehern und Videogeräten beherrschten Arbeitszimmer sank ich ins Ledersofa und fröstelte selig im Luftstrom der Klimaanlage, einer der besten, die ich je in Indien vorgefunden habe. Ich hatte hier schon ein Gespräch mit Manju geführt, war aber noch einmal zurückgekommen, um Arun dieselben Fragen zu stellen. Ich kam mir seltsamerweise fast wie ein Eheberater vor. Er war fünfundvierzig Jahre alt, schlank und hatte gutgeschnittene, feine Gesichtszüge. Mit seinem Sporthemd und den weiten Hosen sah er aus, als ob er gerade einen angenehmen Morgen auf dem Golfplatz verbracht hätte. Er hatte die gesellschaftliche und doch distanzierte Leichtigkeit der Oberschicht, die mir bei vielen von Rajiv Gandhis Schulfreunden aufgefallen war. Manju zeigte sich traditionell und war leichter zugänglich. Sie hatte ein hübsches Gesicht, eine warme Ausstrahlung und trug einen teuren Seiden-Sari.

Das erste Mal trafen sie sich 1967, in dem Jahr, als Arun nach dem Examen an der Universität von Michigan in Ann Arbor nach Neu-Delhi zurückgekommen war. Er war sechsundzwanzig und wollte in den Textilbetrieb seiner Familie einsteigen – höchste Zeit, sagte seine Mutter, daß er sich eine Frau suche. Als sie sah, daß ihr Sohn dazu keine Anstalten machte, nahm sie die Angelegenheit in die Hand und machte sich auf die Suche. Aber Ann Arbor hatte Arun verändert. Obwohl er sich »wirklich ganz stark als Inder« fühlte, empfand er es als »Widerspruch, daß er, gerade aus dem Westen zurückgekehrt, sich auf eine arrangierte Ehe einlassen sollte«. Schließlich erklärte er sich bereit, sich eine in Frage kommende Braut anzusehen – »ohne Bedingungen«, nur damit seine Mutter aufhörte, ihn zu bedrängen.

Die Auserwählte war Manju, zweiundzwanzig Jahre alt, Absolventin einer Hauswirtschaftsschule, Tochter einer konservativen Kaufmannsfamilie der Mittelschicht, wo man normalerweise nicht einmal davon träumt, daß die Tochter einen Bharat Ram heiratet – auch wenn es durchaus Tradition ist, daß die Töchter in Familien einheiraten, die wirtschaftlich besser gestellt sind als sie selbst. (Soziologen behaupten, daß die Heirat mit einem Mädchen von geringerem sozialem Status der Familie des Bräutigams die Gewißheit gibt, daß die neue Schwiegertochter genügend von ihr abhängig ist.) Beide, Manju und Arun, gehörten zu der wohlhabenden Bania-Unterkaste, die unter die größere Vaisya- oder Kaufmanns-Kaste fällt. In Indien spiegeln die arrangierten Ehen das Kastensystem wider und zementieren es gleichzeitig; besonders starr bleibt es unter der armen Landbevölkerung. Jedoch beweisen gerade Verbindungen wie die zwischen Arun und Manju, daß das Kastenwesen für einige Bereiche der Oberschicht auch noch wichtig ist.

Ein Heiratsvermittler, der von Manjus Eltern angeheuert wurde, stellte die beiden Familien einander vor. Aber Manju zögerte nicht weniger als Arun, den nächsten Schritt zu tun.

Obwohl sie immer gewußt hatte, daß ihre Heirat arrangiert werden würde, schauderte sie, als sie sich erinnerte, wie sich einmal eine Verwandte vor ihren zukünftigen Schwiegereltern präsentieren und Shakespeare rezitieren mußte. »Sie diskutierten miteinander über ihren Auftritt, als wäre sie gar nicht anwesend«, erinnerte sich Manju. »Es war wirklich so, als würde ein Mädchen verkauft.«

Aruns und Manjus erste Begegnung fand in einem der großen Luxushotels im Beisein der Eltern statt. Man traf sich zum Tee. Manju war so verängstigt, daß sie ihre Tasse fallen ließ, aber sofort versicherten ihr alle, daß dies Glück bedeutete. Arun seinerseits hatte noch steife Beine,weil er gerade vom Sitarunterricht kam, wo er lang im Yogasitz hatte sitzen müssen, aber Manju deutete sein leichtes Hinken als Behinderung und glaubte, sie solle mit einem Mann verheiratet werden, der in ihren Augen nicht ganz »normal« war. Arun hatte keinen anderen Eindruck von ihr, als daß sie ein »hübsches Mädchen« und »sehr still« war. Nach dem Treffen sagte Arun zu seiner Mutter: »Ich habe dir einen Gefallen getan, und jetzt laß mich bitte in Ruhe.« Aber seine Mutter gab nicht nach, und Arun willigte ein, Manju noch einmal zu sehen.

Diesmal gingen die beiden ohne die Eltern zum Abendessen aus. »Da sprach ich das erste Mal mit ihr«, erinnerte sich Arun, »und ich merkte, daß sie ganz interessant war.« Für Manju war es ähnlich. »Wir hatten eine Menge Gemeinsamkeiten«, sagte sie. »Er sprach immer sanft und höflich. Niemals gab er mit seiner Familie oder seinem Status an. Er gab mir immer das Gefühl, eine eigenständige Person zu sein.«

Sie sahen sich noch zwei Male, allerdings im Beisein einer Anstandsperson. Nun hatte die Zeit des Werbens lange genug gedauert, und es mußte eine Entscheidung fallen. Manju hatte ihren Eltern schon gesagt, daß sie Arun heiraten würde, wenn seine Eltern das wünschten – sie hatte keine größeren Bedenken, sie mochte ihn, und das genügte. Einige Tage später kam Aruns

Mutter in das Haus ihrer Eltern. »Wir wollen sie«, sagte sie. Sofort begannen die gewaltigen Hochzeitsvorbereitungen.

»Natürlich, ich war nicht in sie verliebt«, berichtete Arun nüchtern, als es um die Tage nach der Bekanntgabe der Verlobung ging. »Aber wenn wir zusammen waren, fühlten wir uns wohl. Nach unserer Tradition sollte daraus Liebe werden. Ich war bereit, das zu akzeptieren.« Manju dachte genauso. »Damals habe ich ihn noch nicht geliebt«, sagte sie, »aber es war alles sehr aufregend für mich. Plötzlich war ich ganz wichtig. Alle Freunde meiner Eltern waren ein bißchen neidisch, daß ich in eine solche Familie einheiratete.« Sechs Monate später fand die Hochzeit statt. Danach gingen die beiden nach Südindien auf Hochzeitsreise, wo sie zum erstenmal längere Zeit miteinander allein waren. »Wir hatten immer jemanden um uns herum gehabt«, sagte Manju. »Diese ungewohnte Situation war peinlich und schwierig. Wir wußten beide nicht, wie weit wir uns einander öffnen sollten.« Sie sehnte sich nach ihren Eltern und rief sie jeden Tag an.

Danach begann sie langsam, sich auf das Leben in einer anspruchsvolleren Familie als der eigenen einzustellen. »Diese Leute wußten viel besser Bescheid über alles, was in der Welt passierte«, sagte sie. »Manchmal fühlte ich mich ganz dumm. Aber ich lernte damit umzugehen. Mein Mann half mir dabei.« Als sie fünf Jahre später in ihr eigenes Haus zogen, gab es wieder andere Anpassungsschwierigkeiten. »Die Erfahrung, allein auf uns gestellt zu sein, machte mir angst«, erinnerte sich Manju. »Es gab Zeiten, wo wir nicht wußten, was wir miteinander anfangen sollten.« Immer wieder mußte sie sich selbst daran erinnern, daß ihre Mutter ihr eingeschärft hatte, daß eine Frau viele Kompromisse eingehen müsse. »Und dann sagte sie immer: ›Wenn du unglücklich bist, erzähle es mir nicht, außer es ist wirklich ganz schlimm.‹«

Als ich sie kennenlernte – inzwischen waren zwanzig Jahre vergangen und die Bharat Rams hatten drei Kinder –, hatten sie sich längst an das Eheleben gewöhnt. Man weiß natürlich nie genau, was in anderen Ehen wirklich vorgeht, aber die Bharat Rams sagten, daß sie glücklich seien, und ich glaubte ihnen das. »Ich habe niemals an einen anderen Mann gedacht, seitdem ich ihn kennengelernt habe«, sagte mir Manju. »Und ich weiß, daß ich nicht ohne ihn leben könnte. Ich glaube nicht, daß ich meine Heirat jemals bedauert habe.« Arun sagte dasselbe. »Es war nicht etwas, das über Nacht passierte«, sagte er. »Es wuchs und wurde zu einer ganz starken Bindung. Es ist erstaunlich, aber in arrangierten Ehen geben sich die Leute richtig Mühe, sich ineinander zu verlieben.«

Es war eine seltsame Liebesgeschichte. Soweit ich es beurteilen konnte, geschah bei ihnen alles anders herum. Ich war mit einem der Lieblingsthemen der westlichen Literatur aufgewachsen, den Geschichten von unglücklicher Liebe wie der von Romeo und Julia, deren Liebe eine Kraft in sich ist, ein Zauber, der allen gesellschaftlichen Zwängen trotzt. Und nun erzählten mir die Bharat Rams, daß man Liebe einfach künstlich entfachen konnte, indem man eine Ehe zwischen Leuten mit gemeinsamen Interessen und demselben gesellschaftlichen Hintergrund arrangierte. In der indischen Mittelschicht, wo die Familie immer noch wichtiger ist als jedes ihrer einzelnen Mitglieder, ist man der Überzeugung, daß die Liebe aus gesellschaftlichen Arrangements erwächst und ihnen untergeordnet ist. »Wahre Liebe« ist nur nach der Hochzeit möglich, nicht vorher.

In der indischen Mittelschicht wird die Liebe als Bindung auf lange Zeit und Hingabe an die Familie definiert; sie kann nur mit viel Geduld und Zeit wachsen. Dagegen definieren die Amerikaner die Liebe als Leidenschaft – die unvermeidlich zur Enttäuschung in der Ehe führt, nachdem der Lack der ersten romantischen Jahre ab ist. Mir ist immer klar gewesen, daß die Inder hierin einen Beweis für die eigene moralische Überlegenheit gegenüber dem sehen, was viele als den dekadenten Westen mit seinen deprimierenden Scheidungsraten bezeichnen. Die Amerikaner geben einfach auf, die Inder bewahren sich eher die Hoffnung, wenn ihre Ehe in stürmische Gewässer gerät und weit hinter dem unerreichbaren Ideal zurückbleibt. Sudhir Kakar, einer der berühmtesten Psychoanalytiker Indiens, sah es so: »Die Amerikaner erwarten zu viel von der Ehe. Das Eigentümliche ist, daß man meint, eine von Menschen geschaffene Institution könne so viele Bedürfnisse befriedigen. Amerikaner fordern von ihrer Frau, daß sie ihnen romantische Liebe entgegenbringe, den Kindern eine gute Mutter sei und darüber hinaus auch noch intellektuelle Anregung biete. Für zwei Menschen ist das alles ein bißchen viel auf einmal.«

Viele der jungen Frauen, denen ich begegnet bin, taten das ›Sich-Verlieben‹ als etwas für Teenager oder schlechte indische Filme ab. Einige sagten, daß sie so eine solche ›erste Liebe‹ mit einem Jungen aus ihrer Schule erlebt hatten, versicherten mir aber sofort, daß sie sich für so etwas jetzt zu erwachsen fühlten. Eine dieser Frauen war Meeta Sawhney. Sie war zwanzig und Wirtschaftsstudentin an der Universität von Delhi und überzeugte mich davon, daß Frauen für mich zu einem Fenster ins Innere der indischen Welt werden würden. Einmal erklärte sie mir: »Wenn Freunde von mir, die gerade verliebt sind, mit mir reden, wirken sie auf mich albern.« In jenem Sommer war sie mit einem Freund aus ihrer Kindheit, den ihre Eltern für sie ausgesucht hatten, verlobt worden. Wir hatten uns etwa eine Stunde in ihrem Schlafzimmer unterhalten, als ich sie schließlich fragte, ob sie ihn liebte. »Das ist eine sehr schwierige Frage«, sagte sie. »Ich weiß es nicht. Diese ganze europäische Auffassung von Liebe ist uns sehr fremd. Da denken wir eher praktisch. Ich sehe keine Sterne, höre keine Glöckchen. Aber er ist sehr nett, und ich glaube, ich werde gerne mein Leben mit ihm teilen. Ist das Liebe?« Sie zuckte mit den Achseln und deutete mir damit an, daß ich mir über ihre Zukunft keine Sorgen machen sollte. »Ich weiß, daß es gehen wird. Ich weiß alles über ihn. Ich kenne seine Familie. Wäre ich aber verliebt in ihn, müßte ich mir Sorgen machen, daß ich vielleicht blindlings in die Ehe stolpern würde.«

Zuerst hielt ich dies für verrückt oder für das Ergebnis einer gelungenen Gehirnwäsche, aber später machte ich mir klar, daß Meeta Sawhney einfach nur das, was das Leben ihr zu bieten hatte, vernunftgemäß erklärte. Welche Wahl hatte sie denn? Nur Frauen aus westlich orientierten Familien leisten sich den Luxus, sich zu verlieben, bevor sie heiraten, und auch sie tun gut daran, es bei einem einzigen Mal zu belassen. In Amerika kann eine junge Frau, deren erste intensive Liebesaffäre eine Pleite war, ganz normal weiterleben. Aber eine Inderin riskiert, daß so viel über sie getratscht wird, daß ihre Chancen schwinden, danach noch einen guten Mann zu finden. Ein sehr westlich orientiertes Paar, das ich kannte, traf sich heimlich seit mehr als eineinhalb Jahren. Endlich nahm die Mutter des Mannes ihren Sohn beiseite und sagte ihm, er könne das Mädchen nicht länger hinhalten, denn sie sei aus gutem Hause und ihr Ruf stehe auf dem Spiel. Er hatte nur die Wahl, die Beziehung entweder sofort abzubrechen oder sie zu seiner Frau zu machen. Er war ein Ehrenmann und heiratete sie.

Die meisten Teenager dürfen immer noch keine festen Verabredungen eingehen, und deshalb meinen die Eltern, ihren Kindern fehle jegliche Erfahrung, um eine intelligente Wahl eines Partners für das ganze Leben zu treffen. Eine der größten Ängste der Mütter ist deshalb, daß ihre sorgsam behüteten Töchter eines Tages Reißaus nehmen und dem erstbesten Schurken in die Hände fallen. Ich kann mich an den Krach in einer mir bekannten indischen Familie erinnern, als sich die schöne Nichte in einen gutaussehenden mexikanischen Austauschstudenten verliebte. Ich versuchte, ihr den Rücken zu stärken, aber leider tauchte da eine alte Freundin des Eindringlings auf und entführte ihn kurzerhand nach Südindien. Das Herz der Nichte war gebrochen, aber die Familienkrise abgewendet. Die meisten Mädchen sind fügsamer und glauben an das, was man sie von Kindesbeinen an lehrt: nämlich daß sie den Mann, den ihre Eltern für sie aussuchen, lieben werden. »Ich hatte von Anfang keinerlei Zweifel daran, daß meine Eltern die richtige Person für mich wählen würden«, erklärte mir Rama Rajakumar, eine vierunddreißigjährige Brahmanin aus dem südindischen Staat Tamil Nadu. Die Brahmanen sind die höchste indische Kaste. Ich sprach mit ihr in Delhi, wo sie sich gerade einen kleinen Urlaub von ihrer Tätigkeit als Abteilungsleiterin bei der Weltbank in Washington gönnte. Sie lebte seit sechzehn Jahren in den Vereinigten Staaten. An einem Abend im Jahr 1971 – sie hatte gerade bei der Weltbank als Schreibkraft angefangen – hatte sie bei Freunden zu Hause einen Mann getroffen, der, wie sich herausstellte, ein tamilischer Brahmane war und an der Universität von Texas studierte. Er beeindruckte sie nicht besonders. Sie hörte nichts weiter von ihm, bis er zwei Jahre später an den Freund einen Brief schickte, in dem stand, daß er Rama heiraten wolle. Sie war nicht in dem Maße vom Donner gerührt, wie wir uns das vielleicht vorstellen. Wichtig war für Rama, daß sie einen Mann aus ihrer eigenen Kaste heiratete, und für den Bräutigam war das wahrscheinlich nicht weniger wichtig. Tamilische Brahmaninnen laufen einem in den Vereinigten Staaten nicht so leicht über den Weg, und so war es weiter nichts Ungewöhnliches, daß ein Mann, der alle Voraussetzungen erfüllte, sich für Rama interessierte. Der Freund schlüpfte schnell in die Rolle eines Heiratsvermittlers und schrieb den jeweiligen Eltern in Indien.

Zuerst wurden die Horoskope des zukünftigen Paares ausgetauscht. »Sie paßten perfekt zusammen«, erzählte mir Rama. Die Eltern tauschten weitere Details über familiären Hintergrund und Erziehung aus, dann wurden Photos verschickt. Einige Monate später erklärten sich Ramas Eltern einverstanden. Rama war damals zweiundzwanzig und hatte sich in den vier Jahren, die sie in Amerika lebte, nicht einmal mit einem jungen Mann getroffen. Sie erklärte ihren Eltern, daß sie diesen Mann heiraten wolle. »Ich kannte ihn überhaupt nicht«, sagte sie. Seit jenem Treffen vor zwei Jahren hatte sie ihn nicht mehr gesehen, aber sie war sicher, daß ihre Eltern es schon am besten wüßten.

Die Hochzeit fand 1973 in Indien statt. Als ich Rama fragte, ob sie befürchtet habe, sich nicht in diesen Mann verlieben zu können, sah sie mich verdutzt an. »Nein«, sagte sie, »ich dachte bloß, er ist mein Ehemann und ich liebe ihn. Von nun an wird er mir alles bedeuten.« Offensichtlich war es dann auch so. Nach zwölf Jahren »sehr glücklicher« Ehe sagte sie: »Ich glaube immer noch, er ist ein besserer Ehemann als einer, für den ich mich vielleicht selbst entschieden hätte.«

Ich erinnere mich, daß ich von diesen Interviews immer sehr verwirrt nach Hause kam und mir das, was in den Köpfen dieser Frauen vorging, doch recht fremd war. Dabei hatten sie zunächst gar nicht anders als ich gewirkt. Was ich aber damals nicht verstehen konnte, war der starke Fatalismus der indischen Frauen. Die strengen Hindus glauben, daß ihr jetziges Leben vorherbestimmt sei durch ihr Karma, der Summe aller guten und schlechten Taten aus ihren vorangegangenen Leben. Dieser Glaube ist so beherrschend in dieser Religion, daß sich heute selbst die nicht besonders gläubigen Hindus ihm nicht entziehen können. Immer wieder haben mir die Frauen gesagt, daß sie sich bereits eine halbe Stunde nach der ersten Begegnung entschieden hatten, den Mann zu heiraten, weil sie fühlten, daß es so sein »sollte«. »Es ist das größte Glücksspiel im Leben«, sagte Ritu Nanda, siebenunddreißig Jahre alt und Direktorin einer der erfolgreichsten indischen Firmen für Haushaltsgeräte. »Warum sollte man es also nicht dem Schicksal überlassen?« Eine traditionell denkende Frau glaubt, daß sie mit ihrem Mann schon im vorigen Leben verheiratet war und daß sie im nächsten Leben wieder mit ihm verheiratet sein werde. Die Frauen, die ich interviewt habe, waren zu differenziert, als daß sie diese Sicht hätten teilen können, aber dennoch wurde sie von keiner als Unsinn abgetan.

Dies bringt mich zu Meena, deren Namen ich aus Gründen, die später klarwerden, geändert habe. Auch sie fühlte, daß ihre Heirat vorherbestimmt war – aber jetzt greife ich der Geschichte vor. Ich traf sie zum erstenmal im Haus von Freunden im Sommer. Sie war fünfundzwanzig, hübsch und modisch und stolz darauf, ein »modernes« Mädchen zu sein, das im väterlichen Unternehmen für Laborausstattung arbeitete. Sie kam aus einer Mittelschichtfamilie, war ehrgeizig, selbstbewußt und sprach ein flüssiges und gutes Englisch. Sie und ihre Eltern waren emsig dabei, einen Mann für sie zu finden. »Meine Eltern gingen richtig wissenschaftlich zu Werke«, sagte sie. Das sollte heißen, daß sie die Heiratsannoncen studierten, die Verwandtschaft und einen Kreis von eingeweihten Freunden in Alarmbereitschaft versetzten, um geeignete ›Zukünftige‹ auszuspähen. »Ich bin schon mehreren Jungen vorgeführt worden«, erzählte sie mir. (Wenn es um Heiratsarrangements geht, spricht man nicht von Männern und Frauen, sondern von »Jungen« und »Mädchen«. Bei den familiären Zusammenkünften in der Vorstellungsphase spricht man nicht davon, daß Jungen und Mädchen sich treffen, sondern eher, daß sie einander »vorgeführt« werden. Dies ist in der Tat der akkurate Ausdruck für diese entsetzliche Veranstaltung.)

Keiner der Jungen hatte Meenas Ansprüchen entsprochen, und sie hatte alle abgewiesen. »Einer von ihnen hatte nicht einmal den Schneid, sein Stück Kuchen aufzuessen«, sagte sie. »Er mußte erst seine Mutter fragen. Also habe ich ihn nach Hause geschickt.« Den ›Jungen‹, alles Geschäftsleute, hatte sie detaillierte Fragen über ihre Geschäftsabschlüsse gestellt, denn »als Geschäftsfrau will ich es genau wissen«. Sie schien eher nach einem leitenden Angestellten zu suchen als nach einem Ehemann. Ich hatte keine große Hoffnung, daß sie weder noch finden würde.

Ich irrte mich. Sieben Monate später bekam ich eine Einladung zu ihrer Hochzeit. Sie hatte selbst einen jungen Arzt gefunden, den Schwager ihrer Schwägerin, einen plumpen Achtundzwanzigjährigen mit einem weichlichen Gesicht. Zuerst hatte sie ihn bei sich zu Haus getroffen, wo beide Elternpaare sich beim Tee angestrengt unterhielten. Dann gingen sie und der ›Junge‹ für fast eine halbe Stunde auf ihr Zimmer. Sie fand, daß man »sehr nett mit ihm reden« konnte, und sein Aussehen war ihr gleichgültig. Verglichen mit den bisherigen Kandidaten erschien er ihr als starke Verbesserung. »Es gab ein oder zwei Fälle, wo ich die ›Jungen‹ physisch wirklich abstoßend fand«, sagte sie. Am Abend riefen die Eltern bei ihr an und sagten, daß der ›Junge‹ sie wiedersehen wolle, und so trafen sich dann die beiden am nächsten Tag zum Kaffee. Danach war für einen Monat Funkstille. Eines Tages rief dann die Mutter des ›Jungen‹ Meenas Mutter an, und die beiden Frauen kamen zum Geschäftlichen. Die Mutter des ›Jungen‹ wollte wissen, ob Meena früher schon mit einem anderen verlobt gewesen sei, und als die Frage verneint wurde, sagte sie, daß die Familie um Meenas Hand anhalte. Meenas Mutter sagte, sie wolle herausfinden, ob ihre Tochter immer noch interessiert sei, und werde zurückrufen.

Meena dachte einen Moment nach und gab dann ihr Ja-Wort. »Ehrlich gesagt, war es mir ziemlich egal«, erklärte sie mir später. »Ich war es gewöhnt, jedes Angebot, das mir gemacht wurde, auf die besonderen Vor- und Nachteile hin zu prüfen.« Da der ›Junge‹ gute Referenzen aufwies und sie sonst eigentlich nichts gegen ihn einzuwenden hatte, hielt sie instinktiv die Heirat für richtig. Sie wußte, daß seine Familie konservativer war als ihre, aber sie glaubte nicht, daß das jemals ein Problem sein könnte. »Ich war sehr fatalistisch«, sagte sie.

Das Paar traf sich noch dreimal vor der Hochzeit – einmal zum Einkaufen mit anschließendem Mittagessen beim ›Pizza King‹, dann einmal zu einem Kinobesuch und schließlich zu einem teuren Abendessen im Taj-Mahal-Hotel. Nach dem Essen saßen sie in der Hotelhalle und beobachteten die ausländischen Touristen. Das war alles ganz wunderbar. Meena verbrachte danach ihre Zeit damit, Saris und Wäsche zu kaufen, half bei der Gästeliste und sprach über das neue Auto, einen Maruti, den ihr ihre Eltern zur Hochzeit schenken wollten. Der Maruti war der wesentliche Teil der Mitgift, die ihre Eltern den Schwiegereltern bei den Verhandlungen vor der Hochzeit zugesagt hatten. Glücklicherweise entdeckte Meena in dieser Zeit auch, daß sie den ›Jungen‹ »wahnsinnig« gern hatte. Die Vorstellung, einen Ehemann zu haben, faszinierte sie. »Ich war begeistert von der Idee, einen Mann um mich zu haben, mit ihm zu leben und das ganze Drum und Dran zu genießen«, sagte sie.

Ihre Hochzeit begann »pünktlich«, das heißt mit nur zweistündiger Verspätung. Ich kam nur eine halbe Stunde zu spät, weil ich dachte, das sei gesellschaftlich korrekt, und war prompt mit dem Traiteur allein. Das gab mir Gelegenheit, mich umzusehen. Die Feierlichkeiten sollten sich auf einer großen Rasenfläche abspielen, die nicht überdacht, aber an vier Seiten mit Segeltuch im Stil eines Zirkuszeltes umzäunt war. Innen waren Metallstühle vor einem Podium aufgereiht, wo zwei mit rotem Plüsch bezogene Thronsessel für das Brautpaar standen. Die Kellner waren noch damit beschäftigt, das Buffet mit deftigen Lamm- und Hühnercurry in einem Zelt mit fluoreszierendem Licht herzurichten. Dürre Männer schmückten den Baldachin, unter dem die religiöse Zeremonie stattfinden sollte, mit Ketten aus Dotterblumen. Es herrschte Jahrmarktstimmung. Während ich den Vorbereitungen zusah, verfärbte sich der Himmel allmählich orange, und aus dem heißen Nachmittag wurde ein kühler Märzabend. Das Gras roch frisch, und der Stadtverkehr rauschte im Hintergrund.

Als Meena endlich eintraf und – wie vorauszusehen war – ein wenig verwirrt dreinblickte, wurde sie sofort in einen Raum in einem kleinen Gebäude in der Nähe der Hochzeitsumzäunung geleitet. Die Frauen der Familie standen um sie herum und gaben ihr kleine Ratschläge. Ihr Brautkleid war aus schwerer grellrosa Seide, ihr Nasenring, einem enormen, mit Juwelen besetzten Ohrring ähnlich, hing von einem Nasenflügel bis zu den Lippen herab. Das behinderte sie beim Sprechen, trotzdem kicherte sie viel. Ich gab ihr einen Strauß Wicken und wünschte ihr viel Glück.

Schließlich kreuzte der Bräutigam auf seinem weißen Pferd auf, und die Dinge nahmen sozusagen ihren Lauf. Auf indischen Hochzeiten herrscht eine gewisse Ziellosigkeit, die zunächst verwirrend ist. Die meisten Gäste ignorierten die religiöse Zeremonie, unterhielten sich miteinander und wanderten herum, während die Kinder auf dem Rasen Fangen spielten. Eine Reihe von Tanten hatte sich in der Nähe des Essens aufgestellt und stand unbeweglich da. All dies wurde nicht als unhöflich angesehen. Hochzeitszeremonien schleppen sich gewöhnlich stundenlang dahin, und nur von Verwandten ersten Grades wird erwartet, daß sie ohne Unterbrechung daran teilnehmen. Aber vieles von dem, was ich sah, gefiel mir. Während ein Priester Sanskrit-Gebete sang, saßen Meena und der Bräutigam mehrere Stunden unter dem Baldachin vor dem heiligen Feuer, den Widerschein der Flammen auf ihren Gesichtern. Gegen Ende, nachdem Meenas Vater, wie unter indischen Brautvätern üblich, dem Priester ein paar Rupien in die Tasche gesteckt hatte, damit er die Sache etwas beschleunigte, erhob sich das Hochzeitspaar, und Meena wurde von ihrem Bräutigam im Uhrzeigersinn langsam um das Feuer herumgeführt. Das Paar machte sieben Schritte, von denen jeder einen Segenswunsch symbolisierte: Nahrung, Kraft, Wohlstand, Glück, Nachkommenschaft, Vieh und Frömmigkeit. Nach dem siebten Schritt war die Ehe unwiderrufbar geschlossen. Der Priester bespritzte das Paar mit geweihtem Wasser, und daraufhin nahmen die beiden auf den Thronsesseln Platz, während die Blitzlichter der von den Gästen mitgebrachten Kameras über ihre Gesichter zuckten. Meena sagte später, daß ihr Kopf dabei ganz leer gewesen sei.

Als gegen Mitternacht alles vorüber war, verabschiedete sie sich von ihrer Familie und brach, wie die meisten Bräute in Indien, in Tränen aus. Ich war schon lange vorher nach Hause gegangen, aber derlei Melodramen hatte ich schon oft erlebt. Sie gehören einfach zu dem etwas hysterischen Abschluß jeder indischen Hochzeit. Von dieser Nacht an gilt die Braut nicht mehr als Tochter im Hause ihrer Eltern. Statt dessen zieht sie zu ihrem Mann und den Schwiegereltern und beginnt ihr neues Leben. Indische Bräute begehen diesen Abschied mit großer Theatralik, unkontrolliertem Heulen und Wehklagen, was mir angesichts dessen, was sie zu erwarten hatten, eigentlich als die einzig vernünftige Reaktion erschien. Die Mutter und die Schwestern, sogar der Vater der Braut stimmen in die Klage ein, während die Braut langsam durch die Menge der Umstehenden zu dem Auto geführt wird, das sie wegbringt. Als ich das zum erstenmal sah, kannte ich nicht einmal die Familie, aber ich fand es so herzzerreißend, daß auch ich weinen mußte.

Ihre Hochzeitsnacht verbrachte Meena, sich ruhelos von einer auf die andere Seite wälzend, in einem Schlafzimmer zusammen mit ihrer Schwiegermutter und mehreren anderen Frauen, die sie nicht kannte. In konservativen indischen Familien ist dies so Brauch; der frischgebackene Ehemann schläft zusammen mit den Männern in einem anderen Zimmer. Erst in der nächsten Nacht durfte Meena mit ihrem Ehemann in einem Bett schlafen und war erleichtert, als er nichts weiter von ihr wollte. »Das war ziemlich nett von ihm«, sagte sie. »Normalerweise fällt der ›Junge‹ über das ›Mädchen‹ einfach her.« Beide, sie und ihr Ehemann, waren noch unberührt. In der folgenden Nacht wurde die Ehe dann endlich vollzogen. Diese Erfahrung beschrieb mir Meena als schnell und körperlich »sehr schmerzhaft«. Weder er noch sie sprachen über das, was sich zwischen ihnen zutrug, dennoch stellte Meena am nächsten Morgen fest, daß ihr Ehemann offenbar froh darüber war, »daß er es hinter sich gebracht hatte, ohne daß ein Desaster passiert war«.

Zunächst hörte ich von Freunden, daß Meena begeistert von ihrem neuen Leben war. Später erst erfuhr ich, daß sie mit ihrer Schwiegermutter ständige Streitereien hatte. Das erschien mir nicht als etwas Ungewöhnliches, deshalb dachte ich nicht weiter darüber nach. Aber dann, ein knappes Jahr später, erzählte man mir, daß sie wieder zu ihren Eltern gezogen und die Ehe kaputt sei. Das überraschte mich – nicht, daß hier eine Ehe schiefgegangen, sondern daß Meena in ihr Elternhaus zurückgekehrt war. Vor zehn Jahren wäre das noch unmöglich für sie gewesen. Ihre Eltern hätten den Skandal nicht ertragen können, und sie hätte in einer schauderhaften Ehe für den Rest ihres Lebens ausharren müssen. Ich dachte, daß sich da etwas verändert hatte. Ich besuchte Meena ein paar Tage nach ihrem ersten Hochzeitstag. Es war ein drückender, schon recht heißer Nachmittag im März. Wir saßen zwei Stunden lang in einer abgedunkelten Wohnung im oberen Stock eines Hauses und sahen durch die heruntergelassenen Jalousien den Kindern zu, die im Staub eines verdorrten Parks spielten. Sie war abgemagert und wirkte ziemlich mitgenommen, und als sie mir sagte, daß es wahrscheinlich eine Scheidung geben würde, weinte sie. Es war schrecklich für sie. Ungeachtet dessen, was die indischen Zeitschriften über die zunehmende Scheidungrate in der Mittelschicht schrieben, wurde eine Scheidung doch immer noch als entehrend für die Frau angesehen. Meena würde Schwierigkeiten haben, sich wieder zu verheiraten. Ihr Mann nicht.

Anfänglich sei die Ehe »okay« gewesen, sagte Meena. Auf Drängen ihrer Schwiegereltern hatte sie ihren Job aufgegeben und half im Haus, hauptsächlich beim Putzen und Kochen. Sie behauptete, daß sie keine Probleme hatte, ihre Tage auszufüllen, wenn sie auch nicht mehr so freizügig wie vorher ausgehen und Freunde besuchen konnte. »Wenn man zuviel Zeit hat«, sagte sie, »macht man Dinge in der Küche, die überhaupt nicht notwendig sind, oder ißt aus lauter Langeweile.« Aber sie strengte sich an, eine gute indische Ehefrau zu sein und war zu Kompromissen bereit. Das bezog sich besonders auf ihr Sexualleben, das sich nach der ersten Nacht nicht gebessert hatte. Ihr Mann war oft impotent, und in den Nächten, in denen er es nicht war, fand sie, daß ihr »der Akt an sich« keinen Spaß machte. Ihre Schwiegermutter achtete währenddessen ganz genau darauf, wieviel Zeit die Neuvermählten allein in ihrem Zimmer verbrachten.

Nach dem ersten Monat hatte Meena das Gefühl, ihr Mann ziehe sich von ihr zurück. Dann redetete er überhaupt nicht mehr mit ihr. Zwei stumme Monate später gab er schließlich zu, er habe einen Fehler gemacht und seine Mutter habe ihn zu dieser Ehe gedrängt. Er kam nicht mehr in ihr gemeinsames Zimmer, sondern schlief statt dessen auf der Terrasse. »Es war fürchterlich«, sagte Meena. »Ich war am Boden zerstört.« Sie redete sich ein, er habe »homosexuelle Neigungen« oder andere »physische Probleme«. Sie glaubte, daß ihre Schwiegermutter »Lügen über sie verbreitete«. Außerdem war da noch das Problem mit dem Maruti. Die Lieferung des Autos verzögerte sich, und Meenas Schwiegermutter fragte unablässig, wo er bleibe. Im Hochsommer war Meena dann zu ihren Eltern zurückgekehrt – »ich hätte mich umgebracht, wenn ich nicht nach Hause hätte kommen können« – und nahm täglich Beruhigungspillen und Schlaftabletten, die ihr von einem Psychiater verschrieben worden waren. Diesen Arzt hat sie nur ein einziges Mal gesehen, weil er sie nicht hatte behandeln wollen, es sei denn, sie wäre mit ihrem Mann gemeinsam zu ihm gekommen. Dann, im Herbst desselben Jahres, rief ihre Schwiegermutter plötzlich an und bat sie, zurückzukommen. Mittlerweile hatte Meena einen guten Job in einer Werbefirma gefunden, und ihre Eltern rieten ihr, nicht zurückzugehen, denn sie sorgten sich mehr um das Glück ihrer Tochter als um das, was die Nachbarn dazu sagten. Aber sie ging trotzdem, entschlossen, einen letzten Versuch zu wagen. Die Versöhnung hielt eine Woche an, und nach einem Streit mit ihrer Schwiegerfamilie war Meena wieder zu Hause.

Wer weiß, was die andere Seite der Geschichte war. Ich

brachte es nicht fertig, Meenas Ehemann aufzuspüren und ihn, mit allem, was sie ihm zur Last legte, zu konfrontieren, jetzt, da die Familie die Scheidung in die Wege leitete. Wer weiß, vielleicht konnte man ja wirklich mit Meena nicht leben. Vielleicht war sie zu »modern« und aggressiv gewesen und hatte ihrem Mann das Gefühl gegeben, im Bett ein Versager zu sein. Ich vermutete, er hatte die Wahrheit gesagt, als er behauptete, seine Mutter habe ihn zu dieser Heirat getrieben. Er war wahrscheinlich gar nicht so schrecklich – ich hatte allerdings keinen Zweifel daran, daß seine Mutter es war. Wichtig ist hier, daß Meenas Erfahrungen – jedenfalls aus der Sicht der Braut – in keiner Weise ungewöhnlich waren. Ihre sexuellen Probleme waren es ebensowenig.

In der Theorie ist während der ersten Phase einer arrangierten Ehe die verführerische Macht einer Braut über ihren Mann gewaltig. Gemeinhin nimmt man an, daß die ersten Jahre in sexueller Leidenschaft verbracht werden, und wenn sich diese, wie erwartet, abkühlt, halten es die Eltern für ein Glück, so weitsichtig zu sein, daß sie zwei Menschen aussuchten, die zueinander passen und in der Lage sind, das Alltagsleben gemeinsam zu meistern. »Die Liebe ist etwas Schönes«, sagte mir Usha Seth, einundvierzig Jahre alt und Hausfrau in Neu-Delhi. »Aber nach den ersten paar Jahren erkennt man plötzlich, wie wichtig es ist, daß ein Mensch rücksichtsvoll und freundlich ist.« Eltern wissen auch von der verzehrenden Sinnenlust zwischen einem jungen Mann und einer Frau, die vorher keinen Sex gekannt hatten. Oft wird das als der Grund angeführt, warum die Braut während der ersten Ehejahre öfter für längere Zeit zu Besuch zu ihren Eltern fährt. Mahatma Gandhi sagt in seiner Autobiographie, daß ihn dieser Brauch davor gerettet habe, während des ersten Jahres seiner arrangierten Ehe von sexueller Besessenheit verschlungen zu werden. Er und seine Frau waren erst dreizehn. Alle paar Monate pflegten die Eltern seiner Frau ihre Tochter nach Hause zu zitieren. »Diese Pflichtbesuche kamen uns damals nicht gelegen«, schrieb Gandhi, »aber sie retteten uns beide.« Gandhis Biograph, der Psychoanalytiker Erik Erikson, sieht dagegen in Gandhis Eingeständnis noch etwas ganz anderes. »Wie ›leidenschaftlich‹ so ein Junge oder Mann wirklich ist, kann man schwer sagen, denn wir können nur wissen, daß ihn eine beträchtliche Bedrohung zu diesem Bekenntnis zwingt«, schreibt Erikson. »Aber eines ist bestürzend sicher: nirgendwo gibt es da auch nur die kleinste Andeutung von freudvoller Intimität.« Erikson kommt zu dem Schluß, daß Gandhi eine »gewisse Rachsucht« hegte, »besonders gegen die Frau als Verführerin.« Deshalb versuchte er in späteren Jahren, ein Leben im Zölibat zu führen – anfänglich mit gemischtem Erfolg.

Was auch immer auf Gandhi zutreffen mag, die Alltagswirklichkeit scheint eher bei dem zu liegen, was Meena erlebt hat. Der Psychoanalytiker Sudhir Kakar sprach in einem Vortrag, den er 1987 an der University of California in Berkeley gehalten hatte, von dem »weitverbreiteten sexuellen Elend« in allen Schichten Indiens. »Auch wenn man die sehr große Zahl von Mittel- und Oberschichtfrauen, die mit sexuellen Problemen zum Psychotherapeuten kommen, für nicht repräsentativ hält«, sagte er, »gibt es doch andere direkte Anzeichen dafür, daß in den untersten Kasten sexuelles Elend genauso weit verbreitet ist.« Die vorherrschende Meinung in Indien war immer, daß nur die sehr armen und die sehr reichen Frauen Freude am Sex haben, weil sie befreit von der repressiven Mittelschichtmoral leben. Kakar jedoch zitiert Gespräche mit Frauen aus der Kaste der Harijan, der »Unberührbaren« in Delhi – also mit Frauen der untersten Kaste –, die sexuellen Verkehr als »schmerzhaft oder widerlich oder beides« beschrieben, als »heimlichen Akt in einem völlig überfüllten Raum, der kaum ein paar Minuten dauert und ohne jegliche körperliche oder emotionale Liebkosung absolviert wird«.

Das überrascht die wachsende Anzahl der indischen »Sexologen«, die man dort »Sex-Therapeuten« nennt, nicht. Einem fremden Reisenden fällt überall auf Plakaten die Werbung für Aphrodisiaka, »Sex-Kuren« und spezielle Medikamente in Indien auf. »Die meisten indischen Männer, egal ob reich, arm oder der Mittelschicht angehörend, benutzen ihre Ehefrauen als Schlaftablette«, sagte mir Prakash Kothari. »Sie wissen nicht, daß Vor- und Nachspiel wichtige Bestandteile des Geschlechtsakts sind.« Kothari, bekanntester Sexologe im Land mit viel Sinn für Publicity, ein ausgebildeter Arzt, der nicht mit den ›Doktoren‹, die auf Plakatwänden werben, in einen Topf geworfen werden sollte, hat eine florierende, teure Praxis für die Mittelschicht in Bombay. Es gibt etliche seriöse Forschungsarbeiten von ihm, aber leider ist er manchmal im Umgangsstil nicht ganz geschickt. Einer mir bekannten indischen Journalistin gab er ein von ihm unterzeichnetes Exemplar eines amerikanischen Pornomagazins; für mich holte er seine Sammlung von kleinen, antiken Elfenbeinpenissen und -brüsten aus Rajasthan hervor. Weniger schillernd ist R. H. Dastur, ein anderer Sexologe aus Bombay und Autor des Bestsellers *Sex Power* (Sex-Macht), eines praktischen Ratgebers, der jetzt in der sechsten Auflage erscheint. In Gesprächen, die Dasturs Team von 1983 bis 1986 in Bombay mit 695 Frauen aus der Mittelschicht führten, fand Dastur heraus, daß nur zehn bis fünfzehn Prozent aussagten, sie erreichten während des Geschlechtsverkehrs den Höhepunkt. Alle anderen, so Dastur, »ließen den Geschlechtsakt nur über sich ergehen und brachten ihn mechanisch hinter sich mit der Vorstellung, es sei ihre Pflicht, um einen männlichen Nachkommen zu gebären«. Bezeichnenderweise gibt es in keiner der indischen Sprachen ein spezielles Wort für ›Orgasmus‹. Frauen, die nicht Englisch sprechen, benutzen Worte, die man frei mit ›Glückseligkeit‹ oder ›vollkommener Zufriedenheit‹ übersetzen könnte.

Dastur ist eigentlich Internist, geriet aber durch die Probleme, mit denen seine Patienten zu ihm kamen, immer mehr auf den

Nebenzweig Sexualtherapie. Meistens waren es junge Männer, von Schuldgefühlen wegen Masturbation heimgesucht, oder davon überzeugt, dies führe zum Wahnsinn. Andere wiederum waren unsicher, wie sie den Verkehr vollziehen sollten. Vor der Hochzeit, sagte Dastur, »hat die große Mehrheit der Mittelschicht keinerlei sexuelle Erfahrung gemacht«. Das häufigste Problem der verheirateten Paare, die bei Dastur in Behandlung sind, ist vorzeitiger Samenerguß oder Impotenz, wofür, so Dastur, der Ehemann oft der Frau die Schuld gibt. In einem Fall hielt die Impotenz sogar sieben Jahre an. Kothari behauptete, Fälle zu kennen, da die Impotenz zwanzig Jahre lang dauerte. Einen großen Schritt weiter geht Sudhir Kakar in seiner psychoanalytischen Studie über die Kindheit in Indien unter dem Titel *The Inner World* (Die innere Welt), wenn er von der »Allgegenwart« männlicher Impotenz in Indien spricht, die er einem »Teufelskreis« zuschreibt, in dem die indischen Männer unbewußt gefangenbleiben. Kakars Theorie ist, daß die Frau für den indischen Mann eine sexuelle Bedrohung darstelle. Dies führe zum »Vermeidungs-Verhalten« in sexuellen Beziehungen und dies wiederum bringe die frustrierten, einsamen Frauen dazu, »ihren Söhnen gegenüber eine sexuell provokative Präsenz zu entwickeln«. Mit Sicherheit bringen indische Mütter ihren Söhnen gegenüber emotional ungeheuer viel ein. Kakar hält dies für eine menschliche Reaktion auf die Distanz zu ihrem Mann, die eine Frau in einer typischen arrangierten Ehe empfindet. Ihr Sohn ist vielleicht sogar das erste männliche Wesen, zu dem sie je eine tiefe und befriedigende Beziehung aufbaut. Und schließlich, glaubt Kakar, haben deshalb männliche Erwachsene oft Angst, von ihrer Mutter überwältigt oder gar »verschlungen« zu werden. Folglich – und so schließt sich der Kreis – fürchten sie sich vor der Sexualität reifer Frauen. Mamas ›lieber Junge‹ und der Ödipus-Komplex sind sicherlich nicht einzigartig in Indien, aber Intensität und Allgegenwart dieses Phänomens sind in Indien ganz besonders auffällig.

In Indien schlafen Jungen im allgemeinen bis zu ihrem fünften Lebensjahr bei ihren Müttern. In Kalkutta berichtete man von einer Frau, deren siebzehnjähriger Sohn immer noch bei ihr schlief. Ein Psychoanalytiker sagte mir, dies sei nicht einmal ungewöhnlich. In einer Studie von 1961 über eine Angestelltensiedlung in der Nähe von Neu-Delhi heißt es, daß mehr als die Hälfte der Männer die Bindung an ihre Mutter enger empfanden als die Bindung an ihre Ehefrauen. Eine andere Frau, die ich befragte, eine Mitarbeiterin an einem staatlichen Forschungsinstitut, deren arrangierte Ehe zerbrochen war, sagte mir, daß ihre Ehe vielleicht hätte halten können, wenn sie darauf bestanden hätte, daß sie und ihr Mann nicht mit der Familie ihres Mannes zusammenlebten. »Aber das ist von einem ›Jungen‹ zuviel verlangt«, sagte sie. Wenn er seine Familie verläßt, um mit seiner Frau zu leben, dann ist das so was wie ein Verbrechen. »Seine Familie kennt er von Geburt an, mich aber erst seit drei Jahren.«

Soziologen sagen, daß Fortpflanzung und Ehepflicht in indischen Ehen traditionell wichtiger sind als sexuelle Befriedigung. Mann und Frau sind niemals als ebenbürtig angesehen worden. Vor 2000 Jahren schrieb der Gesetzgeber für die höheren Kasten, Manu, daß ein Ehemann, »auch wenn er nicht tugendsam lebt, sein Vergnügen anderswo sucht oder nicht viel taugt«, dennoch »fortwährend von seiner treuen Frau wie ein Gott verehrt werden muß«. Nur in den niederen Kasten wurde – nach Manu – wegen sexuellen Vergnügens geheiratet. Khushwant Singh, Historiker, Journalist und Gesellschaftskritiker, meint es in gewisser Weise durchaus ernst, wenn er sagt: »Alle Gewalttätigkeit in diesem Land hat ihre Ursache in sexueller Repression.«

Diese Ansichten sind nur schwer zu vereinbaren mit den außerordentlich reichen Schilderungen von Liebe und Leidenschaften in der indischen Überlieferung. Das *Kamasutra* ist wahrscheinlich das berühmteste Gedicht, das über die Feinheiten des Liebesaktes je verfaßt wurde, und die erotischen Tempelskulpturen in Khajuraho setzen die Menschen aus dem Westen noch immer in Erstaunen. Die indischen Götter kopulieren glückselig über viele Seiten der großen Epen hinweg, und jedes Schulkind kennt die Liebesgeschichte zwischen dem Gott Krishna und dem schönen Milchmädchen Radha. Sie war keine untertänige Sklavin, die ihren Herrn anbetete, sondern eine eher stolze, leidenschaftliche Frau, die Krishna zurief: »Mein schöner Schoß ist eine tiefe Höhle für die Stöße der Liebe.« Diese Worte finden sich in einem erotischen Liebesgedicht aus dem zwölften Jahrhundert namens *Gitagovinda*, das noch immer aufgeführt und in ganz Indien gesungen wird.

Heute ist die Legende von Krishna und Radha einer der Schlüssel zum Verständnis von Ehe und Liebe in Indien. Die *Gitagovinda* macht die beiden zum berühmtesten Paar im indischen Pantheon; das Gedicht stammt aus derselben Epoche wie die Bhakti-Bewegung im Hinduismus, welche die Beziehung des Gläubigen zu einem der Götter als intensives persönliches Liebesverhältnis deutete. Heutzutage wird, besonders von den Frauen auf dem Lande, Krishna fast wie ein Filmstar verehrt. Wer daran zweifelt, beobachte nur das wilde Treiben an seinem Geburtstag in Brindaban, einem Dorf im nordindischen Flachland, wo er vor 3500 Jahren Radha und eine Schar ähnlich entflammter Milchmädchen verführt haben soll. Jedes Jahr drängen sich Zehntausende Dorfbewohner und Pilger in den Tempeln beim Darshan-Ritus, bei dem Krishna als eine der typischen Plastikpuppen in Lebensgröße im hinteren Teil des Tempels, hinter Holztüren versteckt, betrachtet werden kann. Einmal beobachtete ich im September die ständig stärker werdende inbrünstige Raserei der schweißgebadeten Menge, die sich in vielen Stunden aufbaute, bis die Türen geöffnet wurden. Trommeln wurden geschlagen, und die Intensität der religiösen Musik schwoll langsam an. Endlich, als Krishna enthüllt wurde, stöhnten und schrien die Frauen und warfen Geld, indische Süßigkeiten und Jasminranken auf das Abbild des Gottes. Dieses Verlangen wird von der Autorin Ruth Prawer Jhabvala wunderschön in ihrer Kurzgeschichte über die Witwe Durga dargestellt, die in jungen Jahren an einen alten, impotenten Mann verheiratet wurde. Er hinterließ ihr Geld, aber auch das vage Gefühl, daß sie »irgendwie, irgendwo betrogen worden sei«. Eines Tages beginnt ihre alte Tante Bhuaji, Durga die Geschichten der Krishna-Legende zu erzählen, und bald darauf ändert sich Durgas Leben: »Manchmal, wenn sie nachts allein war oder an den heißen, stillen Nachmittagen auf ihrem Bett lag und mit ihren Gedanken bei Krishna verweilte, verspürte sie in sich eine eigenartige, unbekannte Erregung, ähnlich einem Unwohlsein, ein heftiges Ziehen im Becken und eine schmelzende Zartheit in den Schenkeln. Und sie zitterte und fragte sich, ob dies Krishna sei, der auf sie herabsteige, wie Bhuaji es ihr versprochen hatte.«

Hervorzuheben ist, daß die Krishna-Liebesgeschichte von einem Ehebruch, nicht von einer Ehe erzählt. Radha hatte einen Ehemann, zu dem sie zurückkehrte. Von Krishna wird behauptet, er habe 16 108 Frauen besessen, eine der amüsanteren Statistiken, die mir in Indien untergekommen sind. Aber keine dieser Ehefrauen konnte sich mit Radha messen. Wie auch das *Kamasutra* war diese Legende vor allem für die Aristokratie eine Enzyklopädie der erotischen Erziehung. Rätselhafter sind die Khajuraho-Tempel; niemand hat je herausgefunden, warum sie gebaut wurden, aber es scheint so, daß sich vor allem der König und sein Hof an ihnen erfreuten. Für die große Mehrheit der Inder sind Liebe und Leidenschaft niemals Synonyme für die Ehe gewesen.

In diesem Sinn bewirkte die relativ ›neue‹ Einrichtung der arrangierten Ehe in Indien so etwas wie einen Durchbruch. Die Mittelschicht hat im wesentlichen ein seltsames Zwitterding geschaffen, indem sie das westliche Ideal romantischer Liebe den Traditionen der Hindu-Gesellschaft aufpfropfte – vielleicht ein weiteres Beispiel für das Talent der Inder, sich der Kultur eines fremden Eindringlings zu assimilieren, so wie das Land auch die Kunst, Architektur und Sprache der alten Perser und der Mogulen in sich aufnahm. Eigentlich ist das Ergebnis etwas gänzlich und eigentümlich Indisches, einschließlich der Vorstellung, daß es ›funktioniert‹. Natürlich ist es möglich, zwei Leute mit demselben sozialen Hintergrund und denselben Interessen zusammenzubringen und sie dann dabei zu beobachten, wie sie sich ineinander verlieben. Was sind denn schließlich die amerikanischen Heirats- und Bekanntschaftsanzeigen anderes?

Die indische Vorstellung, daß man zwei Leute dazu bringen kann, sich ineinander zu verlieben, größtenteils deswegen, weil sie selbst daran glauben, erschien mir anfänglich interessant und auf ihre Weise romantisch. Dies war wahrscheinlich ein Teil des ›Geheimnisses‹, das ich suchte – daß Kompromisse und Beharrlichkeit für eine erfolgreiche Ehe ebenso wichtig sein können wie die Liebe. Bestimmt bleibt auch keine Ehe im Westen das, was sie einmal am Hochzeitstag war. Ich begriff zum Schluß, daß die Inder von Liebe und Ehe etliches verstehen. Und dennoch habe ich in Indien zu viele Paare erlebt, die miteinander nichts zu tun zu haben schienen, als ob das unsichtbare Band, das ein glückliches Paar zusammenhält, für sie niemals existiert hätte. Sie hatten nichts miteinander gemein als die soziale Schicht, in die sie hineingeboren worden waren. Zwar waren die meisten der Ehen, die ich kennenlernte, keine Katastrophe, aber bei vielen schien es, als seien die Ehepartner keine Freunde. Irgendwie fehlt dem Eheleben in der indischen Mittelschicht die Intimität, teilweise deswegen, weil sie gar nicht erwartet wird.

Und dann ist da Meena. »Weißt du«, versicherte sie mir, nachdem sie die Geschichte ihrer Heirat und der bevorstehenden Scheidung tränenreich beendet hatte, »arrangierte Ehen funktionieren wirklich.«

3 Flammen

Eine Braut-Verbrennung und *sati*

Wenn ein Hindu ins Feuer schaut, sieht er darin viel mehr als nur die Flammen. Die kleinen lodernden Feuer, die alle wichtigen religiösen Rituale und Riten begleiten, sind auch eine irdische Verkörperung Gottes, tröstlich und allmächtig zugleich. Zehn Tage nach der Geburt eines Kindes ist Gott in dem Feuer anwesend, das für die Zeremonie der Namensgebung entfacht wird. Bei der Hochzeit müssen Braut und Bräutigam sieben Schritte um ein Feuer gehen, und bei einem Todesfall wird die Leiche während der hinduistischen Verbrennungsriten von der heiligen, reinigenden Kraft der lebendigen Flamme verschlungen. Einmal, während des Holi-Erntefestes im Frühling, hielt ich mich mit Bhabhiji und ihrem Mann im Dorf Khajuron auf und ging zu dem traditionellen Freudenfeuer am Vorabend des Feiertages. In der Nähe des Dorftempels, unweit des Badebeckens, wo ich abends gerne spazierenging, hatte man Holz und Strohbündel aufeinandergehäuft. Es war früh im März, darum die Nächte noch kühl, und ein voller, blaßgelber Mond war hinter einer Wolke aufgetaucht. Ein Grüppchen von Frauen sang in hohen Tonlagen merkwürdige Liebeslieder von Radha und Krishna, während die Dorfbewohner sich mit Bündeln von Weizenähren näherten, um sie im Feuer anzusengen – das soll Glück bringen. Ein Mann brachte einen Bullen mit einem kranken Bein. Kurz bevor das Feuer angezündet wurde, führte er das Tier, in der Hoffnung, daß es geheilt werde, siebenmal um den

Holzhaufen herum und drehte sich dann zusammen mit den anderen mit dem Rücken zur Feuerstelle, während Pandit-ji, der heilige Mann des Dorfes, das Feuer anzündete. In die auflodernden Flammen zu sehen hätte Unheil gebracht, und so wandte auch ich dem Feuer den Rücken zu. Als das Hinsehen keine Gefahr mehr bedeutete, drehte ich mich um und sah, wie die Flammen zum Sternenhimmel emporbrausten, glühend, verlockend und beängstigend. Ich weiß noch, wie ich die Dorfleute mit ihren Ährenbündeln als Silhouette gegen das Feuer betrachtete und dabei das Gefühl hatte, als hätte ich mich tausend Jahre vorher auf ein Erntefest begeben.

Das Feuer spielt auch im Leben der Hindufrauen eine ganz besondere Rolle. Schon in frühester Kindheit wird kleinen Mädchen die Geschichte von Sita erzählt, der beispielhaft treu ergebenen, geduldig leidenden Ehefrau, die sich selbst auf einen brennenden Scheiterhaufen warf, um ihre Reinheit zu beweisen. Im klassischen Text des großen indischen Gedichts *Ramayana* war Sita das ergebene Weib des Helden und Gottes Rama. Eines Tages wurde Sita im Wald vom Dämonenkönig Ravana entführt und in sein Königreich, das heutige Sri Lanka, verschleppt. Nach einem großen Krieg besiegte Rama Ravana und rettete seine Frau Sita, nur, um sie als den beschmutzten Besitz eines anderen Mannes zu verstoßen, »ein heiliges Opfer, das von einem Hund besudelt wurde«. Als Sita dies mit Entsetzen vernahm, sagte ihr Rama: »Ich habe mich nur den Kriegsmühen unterworfen, weil ich meinen und meiner Familie Namen rein halten wollte. Ich ertrage deine Anwesenheit ebensowenig wie ein Mann mit empfindlichen Augen das Licht erträgt.«

Sita beteuerte, daß sie rein geblieben sei. »Ich bin nicht das, wofür du mich hältst«, beschwor sie ihn. »Ravanas Körper berührte den meinen, als er mich forttrug, aber willst du mich dafür verfluchen?« Sie forderte, daß man einen Scheiterhaufen errichtete, aber als sie sich in die Flammen warf, wurde sie auf geheimnisvolle Weise von den Göttern gerettet. Dies galt als göttlicher Beweis ihrer Unschuld. Sitas Prüfung hat das Verhältnis der indischen Frauen zum Feuer unauslöschlich geprägt; es ist ein wichtiger Teil ihres geistigen Lebens, eine lebensbedrohende Macht und zugleich ein Symbol für eine der grausamsten Arten der Unterdrückung. Was nun folgt, ist die Geschichte der indischen Frauen Surinder Kaur und Roop Kanwar, die beide dem Feuer und der Hindu-Tradition zum Opfer fielen. Die eine hat glücklich überlebt, die andere ist tot.

Surinder Kaur ist eine Sikh, Analphabetin, Mutter zweier Kinder und kommt aus einem Arbeiterviertel am Stadtrand von Neu-Delhi. Im Jahr 1983 wäre sie fast in ihrem eigenen Haus verbrannt; sie beschuldigte ihren Ehemann und ihre Schwägerin, sie absichtlich in Brand gesteckt zu haben. Als Überlebende konnte sie ihre Geschichte erzählen, aber, wie es oft mit persönlichen Tragödien in Indien ist, sie blieb weitgehend ungehört; kein berühmter Rechtsanwalt, keine empörte Frauenorganisation stand ihr bei. Auf ihren Wunsch hin habe ich ihren Namen geändert.

Roop Kanwar war Mitglied der traditionellen Kriegerkaste der Rajputs, hatte eine Hochschulausbildung genossen und kam aus einem kleinen Dorf in Rajasthan. Sie starb 1987 in den Flammen des Scheiterhaufens, der zur Bestattung ihres Ehemanns aufgebaut worden war. Ihr Tod schockierte die Nation, wurde gar vom Premierminister bedauert und war teilweise der Grund für die Amtsenthebung eines Bundesstaat-Ministers.

In beiden Fällen verbrachte ich Wochen damit, herauszufinden, was eigentlich zu derlei Gewalttaten hatte führen können, mußte mich aber schließlich damit zufriedengeben, daß die Wahrheit wohl nie ans Tageslicht gelangen würde. Surinder Kaur ist vielleicht von ihrem Ehemann und ihrer Schwägerin in Brand gesetzt worden, vielleicht hat sie sich aber auch selbst geopfert. Wer weiß schon, ob Roop Kanwar eventuell auf den Scheiterhaufen ihres Mannes gezwungen wurde, oder ob sie selbst beschlossen hatte zu sterben? Wie auch immer, beide waren Opfer einer Gesellschaft, in der Frauen nicht nur verbrannt werden, sondern auch so erzogen werden, daß sie die einzige Flucht aus einer schlechten Ehe darin sehen, sich selbst zu opfern – oder, noch schlimmer, die Selbstopferung als mutige, religiös inspirierte Tat verstehen.

Am 12. August 1983, einem grauen, drückend schwülen Tag gegen Ende des Monsun, wurde in Delhi die dreißigjährige Surinder Kaur, Frau eines Motorradtaxifahrers, mit Kerosin übergossen und angezündet. Das Ganze geschah bei ihr zu Hause, in einem schmalen, dunklen Eingangsflur, der von der Haustür zu einem Innenhof führte. Schreiend rannte sie mit brennenden Kleidern auf die Straße hinaus und warf sich in eine Wasserlache, die von den schweren Regenfällen rührte. Ihr Mann hob sie auf und fuhr sie mit seinem Motorradtaxi in das nächste Krankenhaus. Sie hatte Hautverbrennungen von über 60 Prozent. Menschen mit so starken Verbrennungen haben in Indien meistens keine Chance. Es war außergewöhnlich, daß Surinder überlebte, wenn sie auch tiefe Narben auf Beinen, Armen, Hals, Brust, Bauch und Rücken zurückbehielt. Nur ihre Brüste und ihr Gesicht blieben verschont. Diese Tatsachen wurden immerhin nicht bestritten. Ansonsten widersprachen sich die Geschichten beträchtlich.

Surinder behauptete, ihr Mann und ihre Schwägerin hätten versucht, sie zu verbrennen. Sie sagte, sie seien ärgerlich gewesen, weil sie nicht eine größere Mitgift in die Ehe eingebracht hätte. »Mein Gatte hielt mich an den Haaren, und meine Schwägerin goß das Kerosin über mich«, berichtete sie mir aufgebracht. Dann bewachte ihr Mann die Tür, und die Schwägerin zündete das Streichholz an. Auf diesen Bericht hin beschuldigte die Polizei Surinders Ehemann der Körperverletzung und ihre Schwägerin des versuchten Mordes. Der Fall schleppte sich am Schwurgericht in Neu-Delhi jahrelang hin.

Der Ehemann und die Schwägerin aber bestanden darauf, daß

Surinder sich die Verbrennungen selbst zugefügt und ihnen aus Rache die Schuld in die Schuhe geschoben habe, weil sie sich im Hause unglücklich fühlte. Die Schwägerin sagte aus, sie sei gerade oben beim Teetrinken gewesen, als sie von unten Schreie hörte. »Sie schrie, ›Ich verbrenne, ich sterbe‹«, berichtete mir die Schwägerin. Gemeinsam sagten Surinders Ehemann und die Schwägerin aus, daß die Familie niemals irgendeine Mitgift gefordert hätte, und außerdem hätte Surinder sowieso nichts in die Ehe eingebracht.

Meine Suche nach Surinder begann in meinem ersten Jahr in Indien. In jenem Sommer war ich zu eher wohlwollenden Schlußfolgerungen über arrangierte Eheschließungen gelangt, fragte mich jedoch manchmal, ob ich eine im Kern so repressive Tradition nicht vielleicht doch zu tolerant beurteilt hätte. Meine Verleger in Washington kannten die Reportagen der letzten Jahre über ›Braut-Verbrennungen‹ in Indien und gaben mir Gelegenheit, die dunklere Seite zu erforschen. Sie baten mich, eine Frau aufzutun, die eine solche ›Braut-Verbrennung‹ überlebt habe und bereit sei, ihre Geschichte zu erzählen. Ihr Auftrag war, so stellte sich bald heraus, schwieriger zu erfüllen, als ich erwartet hatte – einfach deshalb, weil die meisten Opfer von Braut-Verbrennungen normalerweise in Indien eben nicht überleben. Wenn eine Frau nicht gleich stirbt, so erliegt sie gewöhnlich einige Tage später einer Infektion, denn die Krankenhäuser sind schlecht ausgerüstet. Die Polizei behauptet, daß durch die geringe Zahl von Überlebenden die Braut-Verbrennung zu einer beliebten Tötungsart geworden sei. Braut-Verbrennungen sind außerdem auf makabre Weise rationell. Gewehre und Messer sind teuer, aber Kerosin gibt es in jedem indischen Haushalt und hinterläßt selten beweiskräftige Spuren. Die Staatsanwaltschaft hat Schwierigkeiten, den Gegenbeweis anzutreten, wenn die Schwiegerfamilie bezeugt, daß die Verbrennung ein Unfall am Herd oder Selbstmord war. Da die Angelegenheit hinter verschlossenen Türen vor sich gegangen ist, gibt es keine Zeugen. Normalerweise passiert eine solche Verbrennung im ersten Jahr einer arrangierten Ehe, nachdem sich nämlich herausgestellt hat, daß die Eltern der jungen Frau den Wünschen der Schwiegerfamilie nach weiteren Hochzeitsgeschenken nicht nachkommen werden. Ist die Frau erst einmal beiseite geschafft, wird eine neue Frau gefunden, von der angenommen wird, daß sie die Mitgiftforderungen erfüllen wird. Manchmal fordert die Schwiegerfamilie Autos, Videogeräte und mehrere tausend Dollar.

Erst Ende der siebziger Jahre kamen Begriffe wie ›Braut-Verbrennung‹ und ›Mitgift-Mord‹ in Indien in Umlauf, als nämlich eine kleine Gruppe von Feministinnen gegen einzelne Fälle, die der Öffentlichkeit bekannt wurden, protestierte. Eine dieser frühen Aktivistinnen war Subhadra Butalia, eine Dozentin für englische Literatur. Ihr Leben hatte sich verändert, nachdem sie im Oktober 1978 ganz in der Nähe ihres Hauses Zeugin einer Braut-Verbrennung geworden war. »Ich war gerade mit dem Mittagessen fertig, da hörte ich Schreie aus dem Haus gegenüber«, erzählte sie mir ruhig eines Abends, als wir in ihrem Wohnzimmer saßen. »Vorher hatte es Streit gegeben.« Sie hatte durch die großen Glasfenster des Hauses, das einem reichen Industriellen gehörte, die Flammen gesehen. »Es sah aus wie eine Feuerpyramide«, erinnerte sie sich. Die Frau wurde in ein Krankenhaus gebracht, wo sie aussagte, daß ihr Ehemann, ihre Schwiegermutter und die Großmutter ihres Mannes sie in Brand gesetzt hätten. Zwei Wochen später starb sie. Subhadra Butalia sagte als Zeugin der Anklage vor Gericht aus, aber die Verurteilung wegen Mordes in der ersten Instanz wurde in der Berufung wieder aufgehoben. »Die Sache hat mich sehr aufgewühlt«, sagte sie. »Ich hatte dieses Mädchen häufig gesehen. Manchmal baut man mit einem Menschen eine Beziehung auf, ohne jemals mit ihm gesprochen zu haben. Sie hatte ein kleines Baby. Ich hielt es für meine Pflicht, mit den anderen Leuten in der Siedlung darüber zu reden, weil ich dachte, daß man etwas unternehmen müsse. Aber niemand zeigte Interesse. Sie sagten, das sei eine Angelegenheit der Familie.« Butalia war verzweifelt und beschloß, einen Artikel zu schreiben, um den Fall der Öffentlichkeit zugänglich zu machen. Während sie alte Zeitungen durchsah, entdeckte sie, daß eine bedenklich hohe Anzahl von Frauen bei einem sogenannten ›Unfall am Herd‹ jährlich ums Leben kam – 1975 allein in Neu-Delhi fast jeden Tag eine. Die Mitgift, so schrieb Butalia in dem betreffenden Artikel, habe sich zu »einem sozialen Problem von alarmierendem Ausmaß entwickelt«. Im Jahr 1983 hatte sich die Anzahl der so zu Tode Gekommenen in Neu-Delhi mit 690 fast verdoppelt; dies zog die Aufmerksamkeit der westlichen Medien auf sich. Die Sendung *60 Minuten* des amerikanischen Nachrichtensenders CBS brachte darüber eine Reportage. 1987 gab die Regierung in einer Parlamentsdebatte Zahlen bekannt, aus denen hervorging, daß die registrierten Fälle von ›Mitgift-Morden‹ landesweit zugenommen hatten, und zwar: von 999 im Jahre 1985 auf 1319 im Jahr 1986 und 1786 im Jahr 1987. Diese Zahlen berücksichtigen aber noch nicht die erhebliche Dunkelziffer von ›Mitgift-Morden‹ in einem Land, in dem gewöhnlich von Gewalt in den eigenen vier Wänden nichts an die Öffentlichkeit gelangt. In Indien ist der gewaltsame Tod nichts Ungewöhnliches, aber die Statistiken zu ›Mitgift-Morden‹ sind besonders beunruhigend, denn die Zahlen liegen sogar höher als die der Toten, die jährlich den Terroranschlägen in Punjab zum Opfer fallen, nach allgemeiner Auffassung die größte Bedrohung der nationalen Einheit Indiens.

Die Feministinnen und die Polizei konnten nicht feststellen, ob nun die Zahl der ›Mitgift-Morde‹ zunahm, oder ob häufiger darüber berichtet wurde. Diskutiert wurde auch, ob denn immer die Mitgift allein der Grund für die Morde gewesen sei. Die Mitgift ist wohl schon seit alter Zeit indische Tradition, wenn auch in den religiösen Sanskrittexten nur vage Hinweise auf Eltern stehen, die ihre Töchter ›mit Ornamenten geschmückt‹

zur Hochzeit weggaben. Indische Historiker sagen, daß der Brauch der Mitgift neben dem des Brautpreises bestand, einer relativ kleinen Summe Geldes, die die Familie des Jungen an die Eltern des Mädchens bezahlte als Ausgleich für den Verlust der Tochter wie auch als Preis für ihre Arbeit im Haus und auf den Feldern. Der Brautpreis war eher in den niederen Kasten verbreitet, besonders im Norden Indiens, während die oberen Kasten die Mitgift als Verfahren vorzogen. Nach und nach setzte sich die Mitgift in allen Kasten durch, wohingegen der Brauch des Brautpreises mehr oder weniger auf einige Stämme begrenzt blieb. Indische Sozialhistoriker führen die Verbreitung der Mitgift darauf zurück, daß die unteren Kasten die oberen nachahmten und der Wohlstand wuchs. Wenn eine Familie auf dem Lande zu Wohlstand gelangte, gehörte es zum Prestige, die Frauen von der Feldarbeit fernzuhalten. In einer solchen Familie wurden Frauen, die früher, als sie noch bei der Erntearbeit gebraucht wurden, ein wertvolles Gut darstellten, eine Belastung, die man nur gegen Bezahlung loswerden konnte – wie Bhabhiji, die im wahrsten Sinne des Wortes ans Haus gefesselt war.

Seltsamerweise förderten Bildung oder Reichtum eher diese Praxis. Ein Student entwickelte im Laufe seines Studiums keine aufgeklärten Ansichten, wie wir es im Westen nennen würden, sondern er sah in seinem Diplom nur ein Zeichen der eigenen Wertsteigerung, und dies wiederum machte es seinen Eltern möglich, höhere Mitgift zu fordern. Für junge Männer der indischen Beamtenelite wurden im allgemeinen die höchsten Preise verlangt, ihnen folgten die Söhne reicher Geschäftsleute. Das Parlament erklärte im Jahre 1961 die Mitgift für ungesetzlich, aber das Gesetz vermochte an der Praxis kaum etwas zu ändern. In den letzten zwanzig Jahren hat sich die Mitgiftpraxis, begünstigt durch erhebliche Konsumsteigerung in der indischen Mittelschicht, auch in Kreisen ausgebreitet, wo diese Praxis vorher nicht üblich war. Außerdem hat sich der Sinn dieser

Praxis verändert. War sie früher eher dazu da, dem jungen Paar durch Hochzeitsgeschenke den Start in ein neues Leben zu erleichtern, ist sie heute vor allem eine Methode, um den ökonomischen Status der Familie des Bräutigams anzuheben. In meinen dreieinhalb Jahren in Indien befragte ich Frauen und Männer im ganzen Land zu dieser Praxis, und die Antwort lautete fast immer: »Nein, das gab es bei uns bis vor kurzem nicht.« In einem kleinen Dorf im Staat Tamil Nadu sagte mir der Weber Shanmugam: »Einige Leute in unserer Gegend haben sich als Geschäftsleute selbständig gemacht und stehen heute etwas besser da als die anderen. Dies sind die Leute, die eine Mitgift von den Brauteltern verlangen. Andere, die dies sehen, machen es nach.«

Mir lag daran, eine Frau zu finden, die eine Braut-Verbrennung überlebt hatte und die darüber zu reden bereit war. Also machte ich mich eines Morgens im Januar mit Renuka Singh, einer guten Freundin, die gerade an ihrer Doktorarbeit in Soziologie an der Jawaharlal-Nehru-Universität arbeitete, von Delhi aus auf den Weg. Ihre Dissertation behandelte den unterschiedlichen Status von Frauen in verschiedenen Kasten, Einkommens- und Religionsgruppen in Delhi, und Renuka hatte dadurch Kontakt zu etlichen Feministinnen und den Wohlfahrtsorganisationen der Stadt. Ein ihr bekannter Rechtsanwalt hatte ihr Namen und Adresse von Nirmala Kumari gegeben, einer jungen Frau, die eine Braut-Verbrennung überlebt habe. Die Frau, so sagte der Rechtsanwalt Ranuka, sei soeben aus dem Safdarjang- Krankenhaus zur weiteren Genesung nach Hause entlassen worden.

Wir folgten der Wegbeschreibung, gelangten zu einem Komplex dreier Betonhochhäuser des staatlichen Wohnungsbauprogramms, die in einer Landschaft von Staub und Gestrüpp aufragten, und machten uns auf die Suche nach Sektor IV, Wohnung 42. Bald merkten wir, daß die Adresse, die man uns gegeben hatte, so nicht stimmte, und beschlossen, in jedem der drei Hochhäuser an der Wohnung Nr. 42 anzuklopfen. Fast eine geschlagene Stunde irrten wir durch die Treppenhäuser. Wir mußten an aufgehängter Wäsche vorbei und atmeten Schwaden von Bratfett ein und scheuchten Kinder auf, die uns anstarrten, als kämen wir von der Fürsorge. Renuka, in ihrer dunkelroten Wollstola und der Tunika mit Hosen, der *salwar kameez* – alles vom feinsten Schneider –, erregte fast soviel Aufmerksamkeit wie ich, eine Fremde. Die erste der drei Wohnungen war dunkel, winzig und kalt. Nein, sagte die Frau, eine Nirmala Kumari gibt es hier nicht. Als wir uns in Richtung der zweiten Nr. 42 bewegten, überlegte ich, ob Nirmala Kumaris Gesicht wohl mit Narben übersät sei, und stellte mir vor, daß sie vielleicht mit einem Baby auf der Hüfte an die Tür kam. Ich sah sie als dünne und scheue Frau, mit einer *dupatta* auf dem Kopf. Aber nein, sagte die zweite Frau, hier gibt es keine Nirmala Kumari. Die Leute in der dritten Nr. 42 hatten den Namen auch noch nie gehört.

Mehr als diese drei Wohnungen kamen nicht in Frage. Da es noch früh am Vormittag war, fuhren Renuka und ich zum Safdarjang-Krankenhaus, um zu sehen, ob Nirmala Kumari vielleicht noch dort war. Das staatliche Krankenhaus mit einer der größten Spezialabteilungen der Stadt für Verbrennungen behandelte eine große Anzahl dieser Mitgift-Fälle. Ranuka und ich gingen zu der allgemeinen Station für Verbrennungen, die im trüben Licht der Neonlampen einen schäbigen Anblick bot, und fanden in allen Betten Männer und Frauen, aber hauptsächlich Frauen, mit grauenvoll geschwärzten, geschwollenen und bis zur Unkenntlichkeit entstellten Gesichtern. Bei manchen konnte man ein menschliches Gesicht kaum mehr erkennen, und einige waren ganz mit Bandagen umwickelt. Die schlimmsten Fälle lagen nackt unter einer Art umgedrehten Drahtwiege, über die ein Leintuch gelegt war. Menschen mit Verbrennungen dritten Grades können nicht einmal das Gewicht des Leintuchs ertragen. Ich fragte mich, wieviele dieser Frauen wohl Mitgift-

Fälle sein mochten, aber es ging ihnen viel zu schlecht, als daß ich ernsthaft hätte erwägen können, sie anzusprechen.

Renuka und ich fanden die diensthabende Schwester und fragten sie, warum denn so viele Frauen auf der Station lägen. »Es sind nicht alles ›Mitgift-Fälle‹«, sagte sie, »aber es gibt so viele, so viele.« Wir fragten nach Nirmala Kumari. »Ich erinnere mich an sie«, sagte die Schwester sofort. »Sie lag in Bett 48.« Renuka und ich waren überrascht. Nach unserer Jagd im Hochhauskomplex dachten wir schon, daß Nirmala Kumari vielleicht überhaupt nicht existierte. Es war gut möglich, daß uns Renukas Freund, der Rechtsanwalt, den falschen Namen gegeben hatte. Aber hier hatten wir nun den ersten Beweis. Die Schwester ging geschwind ihr Aufnahmebuch durch, ein großes Buch, in dem alle Neuaufnahmen handschriftlich registriert waren, und fand bald, wonach wir suchten. »Nirmala Kumari«, stand da. Sie war am 16. November 1985 eingeliefert worden: fünfundzwanzig Jahre alt, 55 Prozent der Haut verbrannt. Ich folgte den Eintragungen über die Seite hinweg bis zu einer Kolumne rechts unten, wo ich folgendes entdeckte: »Gestorben 25. 11. 86, 18 Uhr 20.« Renuka und ich hatten nach einer Frau gesucht, die seit fünf Wochen tot war.

Wir standen stumm da. Nirmala Kumari hatte nur neun Tage auf der Station überlebt. »Wie starb sie?« fragte ich schließlich die Schwester, die inzwischen ziemlich nervös geworden war. Sie verwies uns an die Oberschwester, und diese wiederum verwies uns an die Krankenhausverwaltung. Da beschlossen Renuka und ich, daß es an der Zeit sei, nach Hause zu gehen. »Ich hatte das Gefühl, sie zu kennen«, sagte Renuka auf dem Rückweg im Auto. Mir ging es genauso. Eine Verbindung, die vor allem in unserer Vorstellung existierte. Ich war ja nicht einmal sicher, daß Nirmala Kumari in den Hochhäusern, wo wir an die drei Türen geklopft hatten, wirklich gewohnt hatte. Aber wahrscheinlich hatte sie in einem ähnlichen Gebäude gelebt, und mir war klar, daß sie während der letzten neun Tage auf der Station schreckliche Schmerzen erduldet haben mußte. Der Vormittag hatte uns zumindest ahnen lassen, wie ihr Leben etwa ausgesehen hatte.

Renuka hatte von ihrem Rechtsanwaltsfreund noch einen zweiten Namen bekommen, Surinder Kaur, von der er allerdings nur wußte, daß sie eine junge Frau war, die zwei Jahre zuvor von ihrem Ehemann angezündet worden war. Diese Frau lebte in Raghubir Nagar, einer Siedlung der unteren Mittelschicht am Rande von Neu-Delhi. Renuka und ich fuhren einige Tage später dorthin. Die Gegend bestand aus planlos, aufs Geratewohl errichteten Bauten, wie sie sich an den äußersten Rändern von Delhi immer weiter vermehrt hatten. Hier konzentrierten sich die Hoffnungen Hunderttausender von Menschen, die ihre Dörfer verlassen hatten, um Arbeit in der großen Stadt zu suchen. Viele Motorradtaxifahrer lebten in Raghubir Nagar, und ihre kleinen dreirädrigen Taxis standen kreuz und quer an der schlammigen Straße geparkt. Die Häuser, kleine Quader aus Ziegeln und Zement, hatten alle einen Balkon und ein Flachdach, von denen man hervorragend in die Nachbarwohnungen gucken konnte. Das sorgte für Unterhaltung an den langen Nachmittagen, und jede Privatangelegenheit wurde zu einer Sache der ganzen Nachbarschaft. Die Adresse, die der Rechtsanwalt uns gegeben hatte, war unvollständig, aber Leute auf der Straße sagten uns, sie hätten davon gehört, daß eine junge Frau in der Gegend verbrannt worden sei, das liege aber schon einige Jahre zurück. Auch in der medizinischen Ambulanz kannte man sie, weil sie sich dort die Verbände hatte wechseln lassen. Nach einigem Hin und Her führte uns endlich ein alter Mann zu Surinders Haus, einer Betonschachtel wie alle anderen. Eine Frau, die vor der Haustür auf einer der schnurbespannten Liegen saß, wies uns den Weg nach oben. »Surinder ist sehr traurig«, sagte sie. »Sie läuft hin und her und weint die ganze Zeit.« Wir gingen das enge Treppenhaus hinauf, hinaus aufs Dach und fanden in dem langsam verblassenden Licht eines kalten Winternachmittags eine junge hübsche Frau vor. Zuerst dachte ich, das sei Surinder. »Ich bin ihre Schwester«, sagte die Frau scheu. »Surinder ist nicht zu Hause.« Die beiden lebten hier oben in einem kleinen, in eine Ecke eingebauten Verschlag. Dort war es dunkel und sehr eng, und es roch nach schlechtem Bratfett. Eine Liege verstellte fast den ganzen Raum, eine weitere lehnte hochkant an der Wand. Ein kleiner Brenner stand auf dem Boden, daneben waren Töpfe und Pfannen gestapelt, in einer Ecke befanden sich etwas Gemüse und einige Flaschen Milch. An der einen Seite des Raums stand ein Schwarzweiß-Fernsehapparat. Die Schwester erzählte uns, daß Surinder von den monatlichen fünfundzwanzig Dollar lebte, die der Ehemann verurteilt worden war, zu zahlen. Alles sah nach einem trostlosen, einsamen Leben aus. Wir erzählten der Schwester, aus welchem Grund wir Surinder sehen wollten und machten eine Zeit aus, zu der wir wiederkommen könnten. Als wir hinausgingen, fragte die Frau, die unten auf ihrer Liege saß – und es war, als hätte mein Gewissen zu mir gesprochen: »Was hilft es schon, darüber zu schreiben?«

Als wir zurückkamen, war Surinder wieder nicht da, und Renuka und ich nahmen an – und so war es auch –, daß sie uns aus dem Weg ging. Eine Woche später aber, als wir eines Morgens um acht Uhr früh unangemeldet erschienen, trafen wir sie an. Sie putzte sich gerade vor der Tür des Verschlages die Zähne. Sie war eine große, schmale, hübsche Frau, dreiunddreißig Jahre alt, hatte einen blaßbraunen Teint und große dunkle Augen. Ihr Haar war hinten zu einem Knoten zusammengesteckt, und sie trug einen *salwar kameez* aus Baumwolle, darüber eine alte Strickjacke gegen die Kälte. In ihrem Gesicht waren keine Narben, aber auf ihren Händen und im Nacken konnte ich vernarbte Haut sehen. Sie war ärgerlich, weil wir sie aufgespürt hatten, und man merkte ihr an, daß sie keine Lust hatte, vor zwei Fremden ihr Leben auszubreiten. Sie hatte ihre Geschichte Renukas Freund, dem Rechtsanwalt, bereits einmal erzählt, und auch das hatte nichts geändert. »Ich habe es satt, meine Geschichte zu erzählen«, fauchte sie uns an.

Aber Renuka begann, mit ihr in Punjabi, der Sprache des Staates Punjab und Surinders Muttersprache, zu reden. Renuka wirkte immer beruhigend auf Menschen. Sie konnte gut zuhören, und die Leute öffneten sich ihr. Wie Surinder war auch sie eine Sikh, und schon bald wurde Surinder aufgeschlossener. Wir sprachen miteinander an diesem ersten Vormittag und dann einige Tage später noch einmal, und saßen dabei auf dem Boden des Verschlages. Ich stellte die Fragen, Renuka übersetzte, und Surinder erzählte uns eine Geschichte, die in vielerlei Hinsicht wegen ihrer Alltäglichkeit bemerkenswert war. Die meisten indischen Frauen werden natürlich nicht von ihren Ehemännern in Brand gesetzt, aber wie Surinder ihr Leben beschrieb, das zu der Verbrennung führte, hätte es fast zu jedem Leben einer mittellosen indischen Frau gepaßt, die dazu erzogen wird, nichts weiter als eine Arbeitskraft im Haushalt ihrer Schwiegereltern zu sein. Surinder weinte, als ich sie fragte, wie sie dort behandelt worden sei, und ihr Weinen ging über in stumme Tränen, während sie teilnahmslos einem Hindu-Film im Fernsehen zusah. »Ich bin unglücklich, weil ich noch am Leben bin«, sagte sie. »Ich wünschte, ich wäre tot.«

Was jetzt folgt, ist ihre Sicht der Geschichte oder die Geschichte, wie sie sie sich inzwischen zurechtgelegt hatte. Ich habe die Namen ihres Mannes und ihrer Schwägerin geändert.

Surinder wurde als eines von mehreren Kindern – von wie vielen wurde niemals klar – in eine arme Bauernfamilie hineingeboren, die auf den dürren Feldern Nordindiens ums Überleben kämpfte. Ihre Eltern konnten es sich nicht leisten, sie bei sich zu behalten, und so wurde Surinder mit vier Jahren weggegeben, um bei einem Onkel in Delhi zu leben. Dieser hatte sich in einer dieser Betonschachteln in Raghubir Nagar niedergelassen und war wie seine Nachbarn Motorradtaxifahrer geworden. Wenn das Geschäft lief, brachte er hundert Dollar im Monat nach Hause. Der Onkel war bereit, die zusätzlichen Ausgaben, die er durch Surinder hatte, zu tragen, denn er brauchte jemanden, der sich um seinen verwitweten Vater, Surinders Großvater, kümmerte, der auch mit im Haus lebte. Surinder tat, was man von ihr verlangte. Ihre ganze Kindheit lang bereitete sie die Mahlzeiten, putzte das Haus, wusch die Kleider und war ihrem Großvater zu Diensten. Es blieb ihr keine Zeit, zur Schule zu gehen, und so lernte sie weder lesen noch schreiben. Das, so behauptete sie, habe ihr nichts ausgemacht. Sie lebte dort, weil der Großvater sie brauchte und nicht um zur Schule zu gehen und voranzukommen. Abends ging sie zum Sikh-Tempel in der Nachbarschaft und lauschte den frommen Liedern. Sie erzählte uns, dies sei die einzige Gelegenheit gewesen, das Haus zu verlassen. Sie hatte weder Freunde noch sonstige Kontakte zur Außenwelt.

Dennoch war Surinder mit diesem Leben durchaus zufrieden. Sie kannte ja schließlich nichts anderes. »Niemals war ich so glücklich in meinem Leben«, erzählte sie uns. »Mein Großvater paßte auf mich auf. Ich hatte keine Sorgen. Ich hatte zu essen, trug hübsche Kleider, mir ging es gut. Es war ein sehr beschütztes Leben.«

Ihr Glück ging zu Ende, als sie heiratete. Sie war gerade zwanzig, da kam eines Tages Manjit mit ein paar Freunden an die Tür, um die Familie für den nächsten Tag zu seiner Hochzeit einzuladen. Manjit war ein entfernter Verwandter, nämlich der Bruder der Frau eines ihrer Onkel, und sie war ihm vorher nie begegnet. Als aber Manjit und seine Freunde Surinder sahen, entschieden sie, daß sie eine bessere Frau sei als die Braut, mit der die Hochzeit verabredet war. Manjit trat schnell von der Hochzeit zurück und sprach am nächsten Tag mit dem Großvater darüber, Surinder zu heiraten. Zuerst dachte ich, diese Geschichte sei einfach zu bizarr, um wahr zu sein, aber wenn man bedenkt, daß eine Braut bloß eine Ware ist, die ganz schnell gegen eine bessere ausgetauscht werden kann, könnte es schon so gewesen sein. Es änderte nichts, daß Surinder protestierte und sagte, was den Bräutigam angehe, habe sie »ein ungutes Gefühl«. Die Familie bestand darauf, daß es höchste Zeit für eine zwanzigjährige Frau sei, verheiratet zu werden.

Die Hochzeit fand am 30. September 1979, zehn Tage nachdem Manjit zum erstenmal aufgetaucht war, im Hause von Surinders Großvater statt. Es gab ein Mittagsmahl für zweihundert Personen – mit Fleisch – in einem großen Zelt. Nach indischen Maßstäben war das bescheiden. Surinders Mitgift – Möbel, ein Fernsehapparat, ein Kühlschrank, Schmuck und Bargeld – wurde auf einen Bus geladen und noch in derselben Nacht zu ihren Schwiegereltern gebracht. Am nächsten Morgen, erzählte Surinder, »begann das ganze Drama. Als die Familie die Mitgift sah, sagte sie: »Du hast ja fast nichts eingebracht.«

Surinder wurde nun, erinnerte sie sich, Tag für Tag gepeinigt. Manchmal gingen sie zum Onkel und forderten größere Geldbeträge. Wenn sie nichts bekamen, wurde sie geschlagen. Sie wurde auch geschlagen, als das erste Kind geboren wurde und ein Mädchen, kein Junge war. Sie war hellhäutiger als die anderen Frauen in der weitverzweigten angeheirateten Familie. Das habe, meinte sie, die Ressentiments gegen sie erst recht geschürt. »Meine Hautfarbe spielte für sie eine große Rolle«, erzählte sie uns stolz. »Sie waren eifersüchtig, weil ich schön war.« Sie behandelten sie im Haus wie eine echte Sklavin, zwangen sie, ständig zu kochen und zu putzen. »Manchmal schlossen sie den Eisschrank ab, so daß ich nicht einmal etwas trinken konnte.« Zwei Jahre nach der Hochzeit wurde ihre Schwiegermutter von einem Lastwagen angefahren und getötet. Surinders Schwiegervater war schon längere Zeit vorher gestorben.

Obwohl die Todesfälle eigentlich eher hätten Frieden in Surinders Leben bringen können, wurde sie jetzt von den anderen Frauen im Haus sogar noch mehr terrorisiert. Sie war der Überzeugung, daß ihr Mann mit der Frau seines älteren Bruders ein

Verhältnis hatte. Er selbst hatte Surinder gesagt, es gebe andere Frauen. »Er sagte mir, er kommt nur zu mir, wenn andere Frauen gerade nicht verfügbar seien«, sagte sie. »Es machte mir keinen Spaß, mit ihm zu schlafen.« Ihr Zorn steigerte sich, als sie entdeckte, daß ihr Mann der Frau des älteren Bruders Geld gab und auch seine Schwester Amrita bezahlte. Die Schwester war erst kürzlich in das Haus zurückgekehrt, weil ihre Ehe im Begriff war auseinanderzubrechen und sie finanzielle und emotionale Unterstützung brauchte. Bald schon war Surinder sicher, daß ihr Mann auch noch mit seiner eigenen Schwester schlief. Obwohl sie vielleicht an dieser Stelle übertrieben haben mag, sind ihre Verdächtigungen nicht unbedingt aus der Luft gegriffen. In Indien, so sagen Psychologen, sind sexuelle Beziehungen mit Verwandten nicht ungewöhnlich. Der Psychoanalytiker Sudhir Kakar, der in seiner Praxis Patienten aus der Mittel- und und oberen Mittelschicht behandelt, erzählte mir einmal, daß von den Patienten, die sexuelle Affairen hätten, sich die meisten mit entfernteren Verwandten einließen.

Im August 1983 waren die Spannungen im Haus unerträglich geworden. Bei einem Streit hatten der Ehemann und seine Schwester Kerosin auf Surinder geschüttet, und ihrer Überzeugung nach wollten sie sie umbringen. In dieser Zeit wurde überall vom ›Mitgift-Tod‹ gesprochen. Einige Monate zuvor hatte ein Richter aus Neu-Delhi eine Sensation hervorgerufen, als er nämlich, was es noch nie gegeben hatte, einen Ehemann, dessen Mutter und Bruder wegen Mordes an Sudha Goel, einer jungen Frau, im neunten Monat schwanger, zum Tode verurteilte. Nachbarn hatten ausgesagt, daß Sudha Goels Eltern nach der Hochzeit nicht in der Lage gewesen waren, die Forderungen nach einem Kühlschrank, einem Motorroller oder Bargeld zu erfüllen, und daß die drei Angeklagten die schreiende Frau in den Garten gedrängt und in Brand gesetzt hatten. Noch bevor sie starb, gab Sudha Goel kund, die Schwiegermutter habe ihr noch schnell den Schmuck weggerissen, bevor sie das Streichholz anzündete. (Der Ehemann, die Schwiegermutter und der Schwager wurden in der Berufung freigesprochen.)

Am 12. August 1983 war Surinder mit ihrer zwei Jahre alten Tochter und ihrem ein Jahr alten Sohn zu Hause und fühlte sich schwach und fiebrig. Ihr Ehemann und seine Schwester waren auch da. Etwa um 14 Uhr 30 entbrannte einer neuer Streit, und der Mann und die Schwester fingen an, Surinder zu schlagen. Plötzlich umklammerte sie der Ehemann, damit sie stillhielt. Seine Schwester schüttete das Kerosin über sie, und Surinder fiel zu Boden. Ihr Mann bewachte indessen die Tür, und seine Schwester warf das brennende Streichholz. Surinder erzählte mir später, daß sie sich nicht erinnere, wo es hinfiel und wo sie zuerst Feuer fing. Alles, was sie noch wußte, war, daß sie brennend an ihrem Ehemann vorbei zur Haustür rannte. »Er hielt mich nicht zurück«, sagte sie. »Wenn man in Flammen steht, will einen keiner berühren.« Sie warf sich in den Rinnstein. Auf dem Weg zum Ram-Manohar-Lohia-Krankenhaus war sie noch bei Bewußtsein. »Mein Mann drohte mir, wenn ich ihn beschuldigte, würde er alle meine Onkel umbringen«, sagte sie.

Bald darauf gingen Renuka und ich zu Surinders Ehemann. Er wohnte noch immer in dem Haus, wo sich der Brand ereignet hatte, einem großen, heruntergekommenen, zweistöckigen Haus an einer staubigen Straße, nicht allzuweit vom Stadtzentrum. Manjit entpuppte sich als schmächtiger Mann mit traurigen Augen, ein Sikh mit Turban und mittellangem schwarzem Bart. Manchmal war er so passiv, daß wir das Gefühl hatten, es sei ihm alles gleichgültig, dann wieder fragte er mit Tränen in den Augen, warum das Schicksal ihm nur solch ein Leben bestimmt habe. »Mein Glaube ist völlig gebrochen«, sagte er. »Am liebsten würde ich sterben.« Seine Schwester Amrita war eine zierliche Frau mit Klein-Mädchen-Stimme, die aber doch energisch sein konnte; oftmals mischte sie sich in die Unterhaltung ein. Wir sprachen in einem dunklen Schlafzimmer miteinander, das nach einem Innenhof hinaus offen war und wo zwei Frauen der Familie auf dem Boden kauerten und ihr Mittagessen aus Reis und Linsen zu sich nahmen. Surinders beide Kinder lebten dort, waren aber ins Internat geschickt worden, von dem Manjit behauptete, es sich kaum leisten zu können. Er regte sich auch darüber auf, daß er niemanden habe, der für ihn kochte. Er und seine Schwester waren länger als einen Monat im Gefängnis gewesen, bevor sie gegen eine Kaution freigelassen worden waren. Als sie dann endlich wieder zu Hause waren, erzählten ihm die Nachbarn, seine Kinder hätten sich von Abfällen aus dem Rinnstein ernährt.

Und das war seine Version der Geschichte:

Die Probleme, sagte Manjit, fingen gleich nach der Hochzeit an. »Sie wurde wegen jeder Kleinigkeit böse«, berichtete er. Seine neue Frau habe keine Mitgift eingebracht, er habe sich darüber aber nicht beklagt. »Wir wußten, daß sie arm war«, sagte er. Er dachte, sie sei glücklich in dem Haus, wo er vor dreißig Jahren geboren worden war. Es war alt, aber viel größer als das Haus, in dem sie vorher gelebt hatte. Und es war unweit der großen Märkte von Karol Bagh gelegen, wohin die Frauen aus ganz Delhi zum Einkaufen kamen. Manjits Vater hatte auf diesen Märkten als Gemüsehändler gearbeitet; er hatte sich nach 1947 in Delhi angesiedelt, nachdem er infolge der Teilung des Subkontinents in Indien und Pakistan aus dem Grenzstaat Punjab vertrieben worden war. Seit dieser Zeit fühlten sich auch seine Nachkommen, wie Millionen andere, als Flüchtlinge im eigenen Land.

Manjits neue Frau beklagte sich bald über alles, obwohl sie nicht wie sonst die meisten jungen Frauen als Sklavin behandelt wurde. Nach dem Tod von Manjits Mutter mußte Surinder nur für ihren Mann und die beiden Kinder kochen. Seine beiden Brüder und ihre Frauen sorgten im oberen Stock für sich selbst; seine Schwester Amrita kam nur zu Besuch vorbei. Und trotzdem wurde seine Frau sehr eifersüchtig auf seine Beziehung zu seiner Schwester, dabei wollte er Amrita doch bloß helfen. Sie hatte nämlich ihren Mann verlassen und brauchte dringend Geld. Aber Surinder wollte nicht, daß ihr Mann seiner Schwester Geld gab. »Sie wollte meinen Bruder kontrollieren«, warf Amrita ein. Jedenfalls mußte Manjit Tag und Nacht arbeiten, um auf etwa hundert Dollar im Monat zu kommen, damit er seine Frau und die Kinder ernähren konnte. Er war niemals untreu. »Ich behandelte sie so gut wie möglich«, sagte er. Aber trotzdem wurde sie immer wieder böse. Eines Abends, als er gegen 23 Uhr zum Abendessen nach Hause kam, gab sie ihm kaltes Gemüse und Brot. Als er sie bat, es aufzuwärmen, wurde sie wütend. Was war das für eine Frau? Manchmal ging sie nach einem Streit zu ihrem Onkel. Manjit begann sich Gedanken über die beiden zu machen. Hatte sie es auf ihren Onkel abgesehen? War da etwa vor der Hochzeit etwas gewesen? Immer mußte er daran denken.

Im August 1983 gab es wieder einmal einen fürchterlichen Streit. Schon oft hatte sich Surinder merkwürdig benommen – wenn sie die kleine Tochter schlug oder sogar einmal damit drohte, das Kind anzuzünden. Aber diesmal schüttete Surinder Kerosin über sich selbst und sagte, sie wolle sich umbringen. »Dann rief sie ihren Onkel an«, sagte Manjit, »und sagte ihm, ich hätte sie mit Kerosin übergossen und wolle sie umbringen.« Einige Tage später, am 12. August, war Surinder zu Hause und fühlte sich nach einer Blutspende für einen Verwandten schwach und fiebrig. Manjit war zum Krankenhaus gefahren, um sie abzuholen, und fand sie im Angehörigen-Zimmer, wo sie gerade mit ihrem Onkel flüsterte. Als die beiden Manjit entdeckten, hörten sie sofort auf. »Warum hörten sie auf zu flüstern, als ich dazukam?« Das war der Beweis, den er brauchte. Er war nun fast ganz sicher, daß zwischen den beiden etwas war. Als sie an diesem Tag nach Hause kamen, war seine Frau noch schlechterer Laune als sonst. Manjit merkte, daß er nicht mehr auf sie aufpassen konnte, und machte sich Sorgen, daß sie versuchen könnte, sich umzubringen. Schließlich verließ er – in großer Verzweiflung – das Haus und ging ein paar Türen weiter zu einer alten Freundin der Familie. Er wollte sie fragen, was für seine Frau getan werden könnte. Dort hörte er dann die Schreie.

Als er mit seiner Frau im Krankenhaus ankam, wollten die Ärzte wissen, was geschehen war. »Was auch immer ich ihnen erzählte«, sagte er, »sie hätten mir nicht geglaubt.«

Ich hatte Manjit eigentlich nur aus einem gewissen Verantwortungsgefühl aufgesucht, denn ich wollte für die *Washington Post* eine faire Geschichte schreiben. Für mich hatte es keinen Zweifel darüber gegeben, daß er der Schuldige war, aber jetzt war ich doch verwirrt. Ich ging davon aus, daß Manjit an einigen Stellen der Geschichte log, aber ich wußte jetzt, daß Surinder auch nicht die ganze Wahrheit gesagt hatte. Erstens war sie jetzt gar nicht so mittellos, wie sie sagte; Renuka und ich fanden heraus, daß sie bis vor kurzem in einem Bekleidungshaus als Warenkontrolleurin arbeitete. Außerdem war mir nie ganz wohl bei ihrer Behauptung gewesen, ihr Fall sei ein Mitgift-Fall, schon deshalb, weil das Ganze erst vier Jahre nach der Hochzeit passiert war. Braut-Verbrennungen wegen Mitgiftstreitereien geschehen nomalerweise im ersten Jahr der Ehe, bevor Kinder da sind. Es war klar, daß es ernstere Probleme in Surinders Ehe gab als die fehlenden Hochzeitsgeschenke. Kanwaljit Deol, die in der Polizeidirektion in Neu-Delhi für Mitgift-Delikte zuständig war, erklärte mir, daß die Eltern von Frauen, die Verbrennungsopfer waren, jetzt häufig Mitgiftstreitereien als Grund angaben, weil sie wüßten, daß ihnen damit eine größere Aufmerksamkeit der Polizei zuteil würde. Ihre Statistik, sagt Deol, beweise, daß Selbstverbrennungen verbreiteter seien als der reine ›Mitgift-Mord‹ und daß manchmal Frauen, die in ihren angeheirateten Familien schlecht behandelt würden, sich selbst Verbrennungen zufügten, um es ihren Peinigern heimzuzahlen. »Frauen sind sehr schlau«, meinte sie. »Wir hatten Fälle, wo zum Beispiel eine Frau Kerosin über sich geschüttet hat und dann zur Polizeistation gerannt ist. Das ist wirklich verrückt. Manchmal, wenn ich mit den Frauen rede, sagen sie: ›Nun, wenn man nichts tun kann, dann bringe ich mich eben um.‹«

Nach Deols Meinung hatte Surinder die Geschichte der Sita und die *sati*-Tradition neu interpretiert und auf ihre eigene Situation angewandt. »Das Feuer hat immer diese fast magische Bedeutung gehabt«, sagte sie. »Geschichten wie die von Sati werden uns allen schon in frühester Kindheit erzählt.« Später berichtete ich Subhadra Butalia, der Frauenaktivistin, die selbst eine Braut-Verbrennung gesehen hatte, von Deols Bemerkung. »Warum sollte sich eine Frau, wenn sie Selbstmord begehen will, verbrennen?« antwortete sie wütend. »Warum sollte man sich so quälen?«

Was die Wahrheit auch sein mag, Surinder hatte in den beiden Aussagen, die sie unabhängig voneinander wenige Stunden nach der Verbrennung auf der Polizei zu Protokoll gegeben hatte, nirgends erwähnt, daß sie wegen der Mitgift von ihrer Schwiegerfamilie unter Druck gesetzt worden sei. Auch ihren Mann hatte sie nicht beschuldigt. In der ersten Nacht im Krankenhaus erzählte sie einem Polizeiinspektor und dann einem Untersuchungsrichter, daß ihr Mann sie zwar geschlagen, aber das Haus schon verlassen hatte, bevor die Verbrennung losging. Die Schwägerin, so sagte sie, hätte die Tat allein ausgeführt. Das war der Grund, warum der Ehemann wegen Körperverletzung und die Schwägerin wegen versuchten Mordes angeklagt worden waren. Renuka und ich fragten sie, warum sie uns eine andere Geschichte erzählt hatte. »Mein Mann sagte mir auf dem Weg zum Krankenhaus, daß er, wenn ich ihn beschuldigen würde, alle meine Onkel töten würde«, erzählte sie. Das paßte jedenfalls ins übliche Bild. Einer der Gründe, warum es bei ›Mitgift-Morden‹ so selten zu Verurteilungen kommt, ist, daß die Frauen oft Angst haben, ihre Männer in den Fall zu verwikkeln, dies jedenfalls nur sehr widerstrebend tun. Der Richter,

S. M. Aggarwal, der das Todesurteil in dem Sudha-Goel-Prozeß verkündet und Dutzende anderer Prozesse dieser Art geführt hatte, sagte mir, selbst wenn ein Ehemann versucht habe, seine Frau zu töten, sehe sie es selbst immer noch als ihre Pflicht an, »ihm zu dienen und ihm keinen Schaden zuzufügen«.

Der polizeiliche Untersuchungsbericht war mir keine große Hilfe. Nach den Aussageprotokollen, die ich zu Gesicht bekam, zu urteilen, gab es für keine der beiden Seiten einen schlagenden Beweis. Die Liste der Beweise war ohnehin dürftig: Stoffproben von den Kleidern, die Surinder an dem Tag getragen hatte, als das Unglück geschah, wurden in einem Polizeilabor untersucht. Das Ergebnis: Sie enthielten Kerosin. Und am 11. August, dem Tag vor der Tat, war Surinder zur Polizeistation ihres Viertels gegangen und hatte ihren Ehemann beschuldigt, sie zu schlagen und auszuhungern. Aus dem Bericht des untersuchenden Polizeibeamten ging hervor, daß die Polizei weder Nachbarn noch Zeugen des Vorfalls befragte, und aus den Gerichtsakten ersah ich, daß während der Untersuchung offenbar keinerlei Beweise im Hause sichergestellt worden waren. Ein Polizeiphotograph hatte allerdings einige Photos vom Innern des Hauses gemacht. Und doch dauerte die Untersuchung vier Monate – einen Monat länger als maximal zulässig. Subhadra Butalia hatte mir von diese Verzögerungen erzählt. »Die Polizei läßt sich Zeit und wartet darauf, daß die Angeklagten sie bestechen«, sagte sie. »Die Gerichte bestehen auf Beweisen, und wenn sie fehlen, muß nach dem Grundsatz ›im Zweifel für den Angeklagten‹ gehandelt werden.«

Das erste Verhör im Fall Surinders gegen ihren Ehemann und ihre Schwägerin fand fast zwei Jahre nach der Verbrennung statt, nämlich am 3. Juni 1985. Surinder sagte erst am 1. April des darauffolgenden Jahres aus. Der Prozeß war immer noch nicht zu Ende, als ich, über zwei Jahre später, Indien verließ. Es ist allgemein bekannt, daß Rechtsfälle in Indien endlos hinausgezögert werden. Bei der Zeugenanhörung gibt es immer Unterbrechungen: Zwei Zeugen sagen aus, aber da der dritte nicht erschienen ist, beendet der Richter das Verfahren und vertagt den Fall bis zum nächsten verfügbaren Gerichtstermin, manchmal sechs Wochen später. Die Richter verhängen meistens keine Haftstrafen, wenn ein Zeuge einer Vorladung nicht Folge leistet, jedenfalls nicht beim ersten oder zweiten Mal, und deshalb ist es nichts Ungewöhnliches, daß sich ein Fall wie dieser zehn Jahre lang hinzieht. Die Probleme bei Gerichtsverhandlungen in Indien sind legendär, sogar die von der indischen Regierung eingesetzten Rechtsanwälte, die den indischen Staat und die Opfer des Giftgasunglücks von Bhopal 1984 vertraten, sprachen sich dafür aus, daß der Prozeß gegen die Union Carbid besser in den Vereinigten Staaten geführt wurde, wo sie eine schnellere und großzügigere Entscheidung erwarteten. Die indische Regierung gab in einer eigenen Stellungnahme zu, daß selbst Routineverfahren bei indischen Gerichten »sich zu wahren Odysseen auswachsen können und es keineswegs ungewöhnlich ist, daß die streitenden Parteien längst verstorben sind, wenn der Rechtsstreit endlich entschieden wird«. Um ihrer Argumentation Nachdruck zu verleihen, zitierten die Rechtsanwälte eine Entscheidung des höchsten indischen Gerichtshofs von 1976, in der ein Richter sarkastisch feststellte, daß der Fall sein »silbernes Jubiläum« erlebt habe, aber »zu guter Letzt die unglückliche und heroische Saga dieses Rechtsstreits doch noch zu einem Ende kommt«.

Surinders Prozeß war nichts weiter als eine kleine Episode in der großen Tragikomödie des indischen Strafjustiz-Systems. Am 1. April 1986 – es war einer dieser langen Vormittage bei Gericht, bei denen ein Fall nach dem anderen bearbeitet wird – trat Surinder in einem heruntergekommenen Gerichtssaal in den Zeugenstand und wiederholte ruhig die Geschichte, die sie der Polizei schon erzählt hatte (eine andere als die, die sie mir erzählt hatte): daß nämlich ihre Schwägerin die Tat allein verübte, nachdem Manjit das Haus bereits verlassen hatte. Daraufhin wurde die Verhandlung vertagt. Am 1. Mai identifizierte Surinder die Sandalen und die Stola, die sie am Tag des Unglücks getragen hatte. Der Polizeiinspektor, der ihre Aussagen im Krankenhaus zu Protokoll genommen und der Polizist, der die Beweisstücke zum Labor gebracht hatte, traten auch als Zeugen auf. Daraufhin wurde der Prozeß bis zum 8. Juli vertagt.

Zu dieser Zeit hatte ich die Geschichte für die *Washington Post* geschrieben und arbeitete an anderen Aufträgen. Ich ließ R. L. Verma, einen Rechtsanwalt aus Delhi, den Rest des Prozesses für mich verfolgen. Nach jeder Vernehmung sandte er mir Protokolle, die einer Farce glichen. Am 8. Juli wurde ein anderer Polizeiinspektor als Zeuge vernommen, dann wurde die Vernehmung bis zum 8. August vertagt, wo sich aber der Verteidiger des Ehemannes und der Schwägerin, K. K. Sud, wiederum weigerte, Surinder ins Kreuzverhör zu nehmen, weil ihr Onkel, den er für unverzichtbar hielt, nicht anwesend war. Der Fall wurde bis zum 27. Oktober vertagt, aber der Onkel erschien wieder nicht. Bei der nächsten Vernehmung am 11. Dezember beschrieb ein Arzt des Krankenhauses die Art der Brandverletzungen Surinders, aber das Kreuzverhör konnte wieder nicht stattfinden, weil diesmal Surinder nicht erschienen war. Die nächste Verhandlung war auf den 11. Februar 1987 festgesetzt. Diesmal erschien zwar Surinder, dafür aber der Onkel nicht. Selbst wenn er erschienen wäre, hätte es nicht vorangehen können, denn an diesem Tag streikten die Rechtsanwälte. Bei der nächsten Verhandlung, angesetzt für den 1. April, schickte Amrita eine ärztliche Bescheinigung, daß sie krank sei. Es ist Gesetz, daß alle Gerichtsverhandlungen im Beisein der Angeklagten geführt werden müssen, und so geschah an diesem Tag wieder nichts. Am Tage der nächsten Verhandlung, am 18. Mai, waren die Rechtsanwälte wieder im Streik, diesmal wegen mangelnder Gerichtsgebührenmarken. Diese Gerichtsgebührenmarken, die wie kleine Briefmarken aussehen, müssen auf alle Anträge, Schriftsätze und andere Dokumente, die sich im Gerichtsgebäude stapeln, geklebt werden. Aus irgendeinem Grund waren sie in der Materialausgabe des Gerichtsgebäudes ausgegangen, und die ganze Rechtsmaschinerie war zum Stehen gekommen.

Nach sechs weiteren Monaten ähnlicher Verzögerungen verlor der Richter schließlich die Geduld. Am 11. November erließ er eine detaillierte Anordnung, in der er forderte, das Kreuzverhör von Surinder für abgeschlossen zu erklären, und setzte den nächsten Termin auf den 10. Dezember fest. Aber ausgerechnet zu diesem Termin stellte die Verteidigung einen Antrag auf Wiederaufnahme des Kreuzverhörs. Verma, der den Fall ein Jahr und neun Monate für mich verfolgt hatte, konnte sich einen persönlichen Kommentar an dieser Stelle nicht verkneifen. »Jetzt geht also der Affenzirkus von vorne los«, schrieb er. »Und dies ist erst die erste Instanz. Jahre werden vergehen, bis die Sache beim Obersten Gericht angelangt ist.«

Bis zum Juni des folgenden Jahres gab es weitere Verzögerungen, und dann wurde der vorsitzende Richter versetzt. Daraufhin wurde der Fall an ein anderes Gericht verwiesen. Surinder zeigte ihre Verbrennungen an den Armen dem neuen Richter, der die Verhandlung bis zum 14. September vertagte. Ich war schon wieder in den Vereinigten Staaten, als ich den nächsten Brief von Verma erhielt, der mich darüber informierte, daß der Richter am 14. September plötzlich das Verfahren wieder vertagt habe, bis nach Neujahr des nächsten Jahres.

Bevor ich im Sommer 1988 Indien verließ, versuchte ich, mich noch einmal mit Surinder zu treffen, erfuhr aber, daß sie nach Punjab gezogen war. Verma konnte jedoch bei der Verhandlung im September mit ihr sprechen und schrieb mir, sie plane, sich wieder zu verheiraten. Sie erzählte ihm, ihr Mann habe sich schon wieder »verheiratet« – obwohl sie noch nicht geschieden seien – und die neue »Ehefrau« ihres Mannes habe eine Tochter zur Welt gebracht. Offenbar kümmerte sich die zweite Frau auch um Surinders Kinder. Surinder fragte Verma, ob sie vor Gericht gehen müsse, um sich legal scheiden zu lassen. »Tatsächlich wollte sie aus mir juristische Ratschläge herauslokken«, schrieb er mir. An jenem Nachmittag erschien sie unangemeldet in seinem Büro mit weiteren Fragen zu ihrem Fall. Das überraschte mich nicht. Nachdem Verma zwei Jahre lang in Surinders Verhören gesessen hatte, war er ihr zunehmend vertrauter geworden; Surinder war so schlau, daß sie erkannte, von welchem Wert ein Anwalt mit guten Verbindungen für sie war.

Was war nun wirklich an diesem 12. August 1983 geschehen? Hatte Surinder vielleicht recht mit ihrer Behauptung, daß sich die Ressentiments der Familien mit den Jahren immer mehr verstärkt haben – zuerst, weil die Mitgift nicht ausreichend war, dann, weil das Erstgeborene bloß ein Mädchen war und schließlich, weil sie sie verdächtigten, eine Liebesbeziehung zu ihrem Onkel zu haben? Wollten der Ehemann und die Schwägerin sie loswerden, um das Sagen im Haus zu haben – und um eine neue Braut mit reicher Mitgift zu finden? Oder aber hatte, wie der Verteidiger des Ehemanns behauptete, Surinder den Plan, sich nur ein wenig anzubrennen, um dann ihren Mann und die Schwägerin zu beschuldigen? Hatte sie deshalb keine Verbrennungen auf den Brüsten und im Gesicht? Geriet sie in Panik, als ihr Plan nicht funktionierte? Manchmal hatte ich den Eindruck, es ist möglicherweise eine Kombination der beiden Szenarios gewesen. Vielleicht hatte Surinder in dem wütenden Durcheinander des Streits am 12. August Kerosin auf sich geschüttet und mit Selbstmord gedroht, und dann hatten der Ehemann und die Schwägerin in ihrem Zorn das Streichholz geworfen. Oder hatten sie das Kerosin über sie gegossen und Surinder eventuell das Streichholz selbst angezündet?

Bis heute bleibt es mir ein Rätsel, was wirklich geschehen ist, und ich werde es wohl nie genau wissen. Wenn ich zu entscheiden hätte, müßte ich mit dem Verteidiger übereinstimmen – sosehr mir das auch gegen den Strich geht – und sagen, daß sie sich die Verbrennungen selbst zugefügt hat, um sie ihrem Mann und ihrer Schwägerin in die Schuhe zu schieben. Aber mein Urteil basiert auf Instinkt, nicht auf Beweisen. Ich nehme an, daß der Ehemann und die Schwägerin verurteilt werden und sich dann die Berufung noch jahrelang hinzieht. »In Fällen von Verbrennungen sind die Sympathien gewöhnlich auf seiten der Frau«, erklärte K. K. Sud, der Anwalt von Surinders Ehemann und dessen Schwester. »Man geht davon aus, daß eine Frau sich selbst keine Verbrennungen zufügt oder ihr Zuhause und ihre Kinder gefährdet, indem sie den Ehemann mit falschen Anschuldigungen belastet.«

In Wahrheit habe ich Surinder niemals wirklich getraut. Am Anfang tat sie mir so leid, so daß ich ihr ein paar Kleider und ein wenig Geld gegeben habe, aber dann fühlte ich mich von ihr immer mehr manipuliert. Sie bettelte, ich möge ihr zu einem Job verhelfen, aber dann entdeckte ich, daß sie bereits Arbeit hatte. Mir erzählte sie eine Version der Geschichte, der Polizei eine andere. Sie sagte, sie könne weder lesen noch schreiben, aber Verma berichtete, er habe gesehen, wie sie, vertieft in ein religiöses Sikh-Buch, auf den Aufruf ihres Falles gewartet hätte. Viele Nachbarn bezeichneten sie als eine Unruhestifterin. Mit Sicherheit war sie aggressiv, auch körperlich, und sie prahlte damit, sie habe bei den ständigen Kämpfen mit ihrem Mann immer gewonnen. »Nach zwei Ohrfeigen von mir«, sagte sie stolz, »konnte er nicht einmal mehr vom Boden aufstehen.«

Nichts von alledem bewies natürlich das Gegenteil ihrer Geschichte. Aber es bewies eben auch nicht, daß ihr Ehemann und die Schwägerin die Wahrheit sagten. Surinder Kaur, so unliebenswert sie auch immer war, und ganz gleich was passiert ist, war ein Opfer des jahrhundertealten Mitgift-Brauchs, der sich im Zuge der Urbanisierung und der Herausbildung der Konsumgesellschaft gefährlich verändert hatte. Anstatt sie abzuschaffen, hat die Modernisierung die Mitgiftpraktiken zu einer tödlichen Bedrohung werden lassen. Im Grunde war Surinder Kaur gezwungen, in mehreren Jahrhunderten gleichzeitig zu leben – mit dem Resultat, daß sie dabei fast ihr Leben einbüßte. All dies verstand ich besser, als ich auf die Geschichte oder vielmehr die wachsende Legende der Roop Kanwar stieß.

Am 4. September 1987 wurde Roop Kanwar, die achtzehnjährige Witwe eines arbeitslosen Hochschulabsolventen, im Dorf Deorala unter der sengenden Mittagssonne bei lebendigem Leibe auf dem Bestattungs-Scheiterhaufen ihres Mannes verbrannt. Soviel, zumindest, ist unbestritten. Darüber hinaus hat die Geschichte inzwischen die Ausmaße eines Mythos angenommen. Die Leute aus Deorala und Roop Kanwars Familie und Schwiegerfamilie behaupteten, das junge Mädchen, das erst sieben Monate zuvor verheiratet worden war, habe freiwillig *sati* begangen. Roop Kanwar saß ruhig auf dem Scheiterhaufen mit dem Kopf ihres Ehemanns im Schoß, erzählten sie, sang Hindugebete und segnete die Menge von Hunderten, vielleicht Tausenden von Dorfbewohnern, die zusahen. Sie sagten, sie hätten versucht, sie davon abzubringen, aber Gott hatte sie gerufen und sie hörte nicht auf sie.

Die Frauengruppen der großen Städten waren wie gelähmt angesichts des seit Jahren ersten erfolgreichen *sati*, prangerten ihn als ungeheuerlich an und wiesen darauf hin, daß keine gebildete Frau eine so schauerliche Todesart wählen würde, noch dazu wegen eines Mannes, den sie kaum kannte. Roop Kanwar sei gezwungen worden, meinten sie, oder habe im Opiumrausch gehandelt. Wie auch immer, der staubige kleine Erdhügel, auf dem sie gestorben war, wurde bald zu einem Wallfahrtsort. Mehr als 500 000 Menschen, selbst lokale politische Größen und ein hoher Staatsbeamter aus Rajiv Gandhis Congress-Partei, kamen in den ersten zwei Wochen nach dem Ereignis dorthin, um dem Opfer zu huldigen. Roop Kanwar, von vielen wegen ihres Mutes verehrt, wurde zur Göttin, Geld wurde gesammelt, um an der Stelle einen Tempel zu ihren Ehren zu errichten. Sieben Monate später zog Deorala noch immer etwa

400 Besucher pro Tag an, viele von ihnen glaubten, daß ein Gebet an der Stelle ihres Todes Krankheiten wie Krebs heilen oder eine unfruchtbare Frau fruchtbar machen könne.

Zum erstenmal hörte ich von der jungen Frau acht Tage nach ihrem Tod. Am 12. September 1987 schlug ich die *Times of India* auf und las eine Titelgeschichte, die mir unglaublich erschien. Unter der Überschrift *Der Geist von Sati lebt weiter*, hatte Shabnam Virmani, Reporter der *Times*-Redaktion in Jaipur, die folgenden Zeilen geschrieben: »Deorala ist ein Dorf ohne Reue. Keine einzige Träne in den Augen der Bewohner – nur das Aufflackern eines stumpfsinnigen religiösen Fanatismus.« In der Geschichte heißt es, das junge Rajput-Mädchen Roop Kanwar sei über den plötzlichen Tod ihres Gatten untröstlich gewesen. Als ihr seine Leiche gebracht wurde, legte sie ihr Hochzeitsgewand an, ging mit dem Trauerzug zu der Stelle, wo der Leichnam verbrannt werden sollte, begab sich selbst auf den Scheiterhaufen, legte den Kopf ihres Mannes in den Schoß und bat schließlich ihren Schwager, das Feuer zu entzünden. Die Polizei tauchte erst fünf Stunden nach der Verbrennung auf. In der Geschichte wurde behauptet, daß es »unwahrscheinlich« sei, daß Roop Kanwar von ihrer Schwiegerfamilie zum *sati* gezwungen worden sei, denn sie sei ein gebildetes Mädchen gewesen, das ja schließlich einen eigenem Willen gehabt habe. Der Rest des Artikels beschäftigte sich mit der allgemeinen Erregung, die der nahende 16. September auslöste, wenn die *chunri*-Zeremonie stattfinden sollte. Das Feuer, das nach der Verbrennung in Gang gehalten wurde, sollte dann mit Milch gelöscht und eines von Roop Kanwars *chunris* oder Tüchern über die Asche gebreitet werden. Dies war der Schlußritus des *sati*, zu dem hunderttausend Menschen erwartet wurden.

Sati war früher in Indien sehr verbreitet gewesen, besonders unter den mittelalterlichen Rajput-Kriegern, die die Paläste und Befestigungen errichteten, die noch immer aus der felsigen Landschaft von Rajasthan aufragen. Wissenschaftler sind sich über die Ursprünge dieses Brauchs nicht sicher, obwohl es frühe Hinweise darauf in historischen Berichten der alten Griechen und Skythen gibt. In Indien tauchen die ersten Hinweise auf *sati* erst in den etwa zweitausend Jahre alten Hindu-Epen auf. Von fünf Ehefrauen des Gottes Krishna wird angenommen, daß sie sich auf dem Scheiterhaufen seiner Bestattung selbst geopfert haben, vier Frauen von Krishnas Vater sollen dasselbe getan haben. Der Brauch ist nach Sati, der Frau des Gottes Shiva, benannt. (Sie hat nichts zu tun mit Sita, der Gattin Ramas, die die Feuerprobe über sich ergehen lassen mußte.) In den Hindu-Mythen weigerte sich Satis Vater, ihren Mann zu einem Opferfest einzuladen. Dies kränkte sie so sehr, daß sie darin einen Grund sah, sich selbst zu verbrennen. Shiva hob ihren Körper vom Feuer und trug ihn trauernd auf seinem Kopf. Jedoch hatte der Gott Vishnu große Furcht, Shiva werde durch diese Tat stark und mächtig, und schnitt Satis Körper in Stücke. Er fiel zur Erde in entweder fünf, einundfünfzig, zweiundfünfzig, zweiundsiebzig oder einhundertacht Stücken, je nach Version des Mythos. Mehr als tausend Orte in Indien behaupten, ein Stück von Sati abbekommen zu haben, meistens ihre Ohren, Brüste oder Geschlechtsorgane. Obwohl sie sich eigentlich nicht auf dem Bestattungs-Scheiterhaufen ihres Mannes verbrannte, wurde der Ausdruck ›Sati‹ später für alle Witwen verwendet, die sich selbst opfern.

Im ersten Jahrhundert vor Christi wurde der *sati*-Brauch allmählich von einigen Hindu-Gesetzgebern übernommen, die ihn als einen Akt großer Ehre beschrieben. Er wurde vor allem in den höheren Kasten praktiziert und belegte den Glauben, daß der Besitz eines Mannes – und die Gattin war sein höchster Besitz – mit in das nächste Leben genommen werden könnte, wenn er gemeinsam mit ihm verbrannt würde. Man sah hierin auch eine bessere Alternative zu dem ansonsten elenden Leben einer Witwe, die zumeist von ihrer Schwiegerfamilie schlecht behandelt wurde, weil man sie nicht selten für den Tod ihres

Mannes verantwortlich machte; man ließ sie auf dem Boden schlafen, und sie wurde vom Rest der Familie und allem gesellschaftlichen Umgang ferngehalten. Viele Witwen wurden geschlagen, ausgehungert und zum Betteln auf den Straßen gezwungen.

Die Rajputs der alten Fürstenstaaten waren es, die die Kultur von Rajputana prägten, und hier wurde *sati* in den Legenden verherrlicht, die die Mütter ihren kleinen Töchtern erzählten. Es wurde üblich – und das nicht nur für die Ehefrauen, sondern auch für Konkubinen, Schwestern, Schwägerinnen und selbst für Mütter –, sich zusammen mit einem männlichen Toten der Familie auf dem Scheiterhaufen verbrennen zu lassen. Viele Historiker behaupten – und die Rajputs glauben es heute noch –, daß diese Praxis sich während der muslimischen Invasionen vor fünfhundert Jahren verbreitete, als manchmal alle Männer einer Sippe in einer einzigen Schlacht getötet wurden. Lieber opferten sich die Frauen selbst, als sich den Eroberern zu unterwerfen. Die Frage, ob es gerecht ist, die Schuld bei den Moslems zu suchen, wird heute noch in Indien heiß diskutiert. Die modernen Historiker behaupten allerdings, der *sati*-Brauch habe sich lange vor der Invasion der Mogulen verbreitet. Auf jeden Fall stehen heute überall Steindenkmäler und Tempel zu Ehren der toten Frauen in Rajasthan, romantische Denkmäler, die sicherlich nicht den historischen Berichten europäischer Reisender im Mittelalter entsprechen, nach denen Witwen unter Drogen gesetzt, an den Brandpfahl gebunden oder mit langen Stangen auf den Scheiterhaufen zurückgestoßen worden waren. 1829 verboten die Briten *sati*, und in den letzten Jahren wurden die wenigen Witwen, die *sati* versuchten, von der Polizei davon zurückgehalten. In der Zeit, in der Roop Kanwar starb, glaubte die Elite in Indien, der *sati*-Brauch sei so gut wie ausgestorben.

Wie war es also möglich, daß in den späten achtziger Jahren unseres Jahrhunderts eine gebildete Frau in Indien *sati* beging? Auch wenn *sati* wirklich geschehen war – sicher war ich mir dessen immer noch nicht –, konnte ich mir doch die Zelebrierung nicht vorstellen, wie sie von der *Times* beschrieben worden war. Die Dorfbewohner schienen in einem anderen Jahrhundert zu leben. War die Zeitungsgeschichte wahr? Wer war Roop Kanwar wirklich?

Drei Tage später steuerten Steve und ich auf Deorala zu, einem Dorf mit zehntausend Einwohnern, etwa fünf Stunden Autofahrt südwestlich von Delhi entfernt. Nach unserem Plan wollten wir an der *chunri*-Zeremonie teilnehmen und mit Leuten aus dem Dorf, Roop Kanwars Eltern und einigen aus der angeheirateten Familie sprechen. Steve dachte, daß die ›Selbstopferung‹ eventuell eine Geschichte für die *New York Times* sei, und ich dachte, daß der Vorfall, wie untypisch er auch war, vielleicht in dieses Buch gehöre. Mit uns fuhr ein junges indisches Paar aus der nahen Stadt Jaipur, um uns mit dem lokalen Dialekt zu helfen.

Was in den nächsten achtundvierzig Stunden geschah, war ausgesprochen surrealistisch. Deorala war von einem *sati*-Fieber ergriffen, das der Vorstellung, Indien sei ein moderner, weltlicher Staat, hohnsprach. Es war das erste Mal, daß ich die Macht des religiösen Fundamentalismus so direkt erlebte. Wenn ich es nicht mit eigenen Augen gesehen hätte, ich hätte es nicht geglaubt.

Wir parkten das Auto auf dem Gelände der höheren Schule von Deorala, die in einem heruntergekommenen Ziegelbau an einer unbefestigten Straße außerhalb des Dorfes untergebracht war. Als wir an der Schule waren, dachten wir noch, wir sollten uns einen Lehrer suchen und ihn befragen, was die gebildeten Leute im Dorf von der ganzen Sache hielten. Die Aufregung in der Stadt hatte die Klassenzimmer leergefegt, doch fanden wir Madan Lal Gupta, einen Englischlehrer, der in einem kleinen Büro saß und nichts zu tun hatte. Wir fragten ihn über *sati* aus. Ja, sagte er, *sati* habe am 4. September um 13 Uhr 30 stattgefunden. Er und alle anderen in der Schule hätten erst eine halbe

Stunde später davon erfahren. Starb Roop Kanvar freiwillig? »Sie selbst wollte es so«, sagte er mit Nachdruck. »Niemand zwang sie dazu.« Wir fragten ihn, was er darüber dächte. »Ohne Zweifel ist es nichts Gutes, in diesen modernen Zeiten«, begann er vorsichtig. »Aber jetzt wird es vielleicht einige Wunder geben und viele große und gute Dinge werden über uns kommen.« Es stellte sich heraus, daß Madan Lal Gupta, ein gebildeter Mann, der sein Wissen an die nächste Generation von Indern weitergab, genauso empfand wie alle anderen Dorfbewohner.

Das wurde uns erst richtig klar, als wir die Schule verließen und uns zu Fuß ins Zentrum von Deorala begaben. Entlang der Straße waren Dutzende kleiner Souvenirbuden wie Pilze aus dem Boden geschossen, sie boten groteske farbige Fotomontagen an, die Roop Kanwar lichterloh brennend auf dem Scheiterhaufen ihres Mannes zeigten. Für das beliebteste Bild wurden offensichtlich Schnappschüsse von Roop Kanwar und ihrem Mann am Hochzeitstag verwendet, diese wurden auf ein Bild mit Flammen montiert, so daß es den Eindruck vermittelte, als sei Roop Kanwar mit strahlendem Lächeln zusammen mit ihrem Mann in Flammen aufgegangen. Der Junge, der das Bild feilbot, verlangte normalerweise 35 Cent. Am Tag der *chunri*-Zeremonie fanden die Bilder jedoch reißenden Absatz für vier Dollar pro Stück. Dies entspricht fast dem Wochenlohn eines Landarbeiters.

Im Zentrum von Deorala angekommen, wurden wir von einer Woge von Menschen erfaßt, die in Lastwagen und Bussen, auf Traktoren, Kamelen und Karren oder zu Fuß herbeiströmten. Die Männer trugen die scharlachrot-gelben Turbane von Rajasthan und die Frauen kamen in strahlend roten, knöchellangen Röcken, kurzen Oberteilen, Glitzerschals und hatten sich mit großen Nasenringen und dicken silbernen Fußgelenkketten geschmückt. Filmmusiken aus Hindu-Filmen und populäre religiöse Lieder plärrten aus Lautsprechern. Niemand schien die teuflische Sonne und den Staub, der in heißen, dicken Wolken umherwirbelte, zu bemerken. Roop Kanwars Tod war Anlaß für eine Art Karneval, und offenbar wollte keiner im Umkreis von 200 Kilometern das Ereignis verpassen.

Steve und ich folgten der Menge zu der *sati*-Stelle, einem kleinen, festgestampften Erdhügel. Die Feuerstelle war von einer niedrigen, kreisförmigen Ziegelmauer eingerahmt. In der Mitte brannte ein kleines Feuer, das vom *sati* übriggeblieben war und seitdem regelmäßig mit getrockneten Kokosnüssen in Gang gehalten wurde; im Kreis um das Feuer herum waren Haufen mit Räucherstäbchen aufgeschichtet, und über dem Feuer hatte man, krumm und schief, ein Holzgerüst errichtet. Am Tag der Zeremonie würde dieses Gerüst einen goldenen, mit Girlanden aus Ringelblumen und Fuchsien geschmückten Baldachin tragen. Junge Männer aus Rajput-Jugendgruppen umkreisten im Uhrzeigersinn das Feuer, schwangen ihre Schwerter und sangen »Sati Mata ki jai« (»Ruhm der Satimutter«), um den Platz vor Zauberkräften zu schützen, die die magische Wirkung, die von Roop Kanwars Opfer ausging, zerstören könnten. Die jungen Männer hatten sich kleine Stoffstücke an die Brusttasche geheftet, auf die mit sauberen Hindi-Buchstaben gestickt war: ›Mahasati Roop Kanwar‹ (›die große Sati Roop Kanwar‹) und darunter ›Deorala‹. Von allen Seiten drängte die Menge zur Mitte hin, um einen Blick zu erhaschen, obwohl sich ihnen immer wieder rumpelnde Kamelkarren mit tropfenden Trinkwasserkanistern in den Weg stellten. Inmitten dieses Durcheinanders kniete eine alte, dürre Frau im Staub und ruderte wie wild mit den Armen. Sie galt seit einiger Zeit als besessen, und es hieß, man habe sie nach Deorala gebracht, in der Hoffnung, daß der böse Geist von ihr weiche.

Steve und ich tauchten in die Menge ein, immer auf der Suche nach Leuten, die uns etwas über Roop Kanwar erzählen könnten. Die wenigen Frauen, die bereit waren zuzugeben, daß sie das Geschehnis mit eigenen Augen gesehen hatten – und es wurden immer weniger, als die Polizei ihre Ermittlungen aufnahm –, versicherten mir, Roop Kanwar habe freiwillig gehandelt. *Sati* hatte sie in ihren Augen zu einer Heiligen gemacht. »Wenn wir gewußt hätten, daß sie dies tun würde, hätten wir ihre Füße berührt«, sagte Kamal Kunwar, eine Hausfrau. »Jetzt bekommt sie einen Ehrenplatz in meinem Haus, und ich werde ihr jeden Tag huldigen.« Jedoch sagten mir die meisten Frauen, daß sie selbst nicht mutig genug seien, um *sati* zu begehen. »*Sati* ist nicht für jede Frau, sondern nur für die Auserwählten«, meinte Ratan Kunwar, eine achtundfünfzigjährige Mutter zweier Kinder aus einem Nachbardorf. »Jetzt bin ich wegen des Segens, der von diesem heiligen Platz ausgeht, hergekommen.« Andere Frauen waren zu dem Haus der Schwiegereltern gepilgert, um das Zimmer Roop Kanwars zu sehen, das über Nacht zu einem Schrein geworden war. Ich drängelte mich nach vorn und konnte, zusammen mit vielen anderen, einen Blick in ein Fenster werfen und das Bett sehen, das sie mit ihrem Mann geteilt hatte. Das Ziegelhaus gehörte offensichtlich einer Familie, die zu den Vermögenderen des Dorfes zählte. In einer Ecke von Roops Zimmer stand ein Fernsehapparat, ein Zeichen ihres Wohlstands.

Ich konnte schließlich in einem nahe gelegenen Zelt Roops Eltern und Schwiegereltern ausfindig machen, wo sie zusammen mit Hindupriestern gerade an einer religiösen Zeremonie zu Ehren des *sati* teilnahmen. Als sie vorbei war, sprach ich sie an. Roop Kanwars Mutter machte einen benommenen, aber nicht gebrochenen Eindruck; sie erzählte mir, ihre Tochter habe in ihrer Kindheit immer die *Bhagavadgita*, das religiöse Epos der Hindus, gelesen; ihr Vater Bal Singh Rathore, ein großer Mann mit einem schlampig gebundenen Turban, der in Jaipur lebte, berichtete, Roop sei »sehr religiös« gewesen, gab aber zu, daß »damit niemand habe rechnen können«. Erstaunlich war, daß er nichts über den Tod seiner Tochter erfahren hatte, bis er einen Tag nach der Verbrennung darüber in der Zeitung las. Wie auch seine Frau wirkte er eher verblüfft als sonst etwas. »Eine Sati lebt weiter«, versicherte er mir. »Sie ist nicht tot, sie lebt. So wie wir im Wasser baden, badete sie im Feuer.« Ich versuchte, weiter in ihn zu dringen, aber plötzlich brach er ab. »So wie Sie Englisch können und Ihre eigenen Traditionen haben«, sagte er, »haben wir unsere Traditionen. Der Verlust meiner Tochter hat mich traurig gemacht, aber mit *sati* ist Größe verbunden. Der Name meiner Familie wird überall berühmt sein.«

Roops Schwiegervater, ein Hindu-Lehrer an der höheren Schule, war mitteilsamer, obwohl die Polizei seinen jüngeren Sohn Pushpendra Singh unter dem Verdacht der Beihilfe zum Selbstmord festgenommen hatte, weil er den Bestattungs-Scheiterhaufen angezündet hatte. Es ging das Gerücht, daß Roops Schwiegervater als nächster dran käme. Steve und ich saßen mit ihm fast eine Stunde lang zusammen. Was nun folgt, ist seine Version der Geschichte, die zugleich die des ganzen Dorfes ist.

Roop Kanwar wuchs als jüngstes von sechs Kindern in einer Arbeiterfamilie auf, die erst in jüngerer Zeit nach Jaipur, der modernen Hauptstadt von Rajasthan und einst eines der prächtigsten Fürstentümer Indiens, gekommen war. Gayatri Devi, die zum Jet Set gehörende ehemalige Maharani, wohnt noch immer dort. Ihr Haus voller Plüsch steht auf dem Gelände ihrer ehemaligen Residenz, dem Rambagh-Palast. Roop Kanwar hatte natürlich keinerlei Kontakt mit Jaipurs altem Adel, aber immerhin lebte sie in einer Stadt, die alles andere als rückständig war. Ihr Vater, der ein Fuhrunternehmen betrieb, hatte dafür gesorgt, daß seine Tochter zehn Jahre zur Schule ging, bevor sie verheiratet wurde. Roop Kanwar machte, wenigstens auf Photos, nicht den Eindruck eines traditionellen Rajput-Mädchens. Auf den Hochzeitsphotos trug sie ihr Gesicht unverschleiert und hielt den Blick nicht gesenkt, wie es traditionellerweise von einer Braut erwartet wird; statt dessen hielt die Kamera das selbstbewußte Lächeln einer ausgesprochen hübschen jungen Frau mit großen sinnlichen Augen fest. In Zeitungsberichten wurden Dorfbewohner zitiert, die zu berichten wußten, daß sie sich die Fingernägel lackierte und bunte *salwar kameezes* aus Polyester trug – lauter Attribute einer modernen jungen Frau. Doch Roops Familie bestand darauf, daß sie tief religiös gewesen sei. Eine Frau im Dorf behauptete, Roop habe vier Stunden am Tag gebetet. Eine Zeitlang hatte Roop im östlichen Bundesstaat Bihar gelebt, und zwar direkt neben einem Tempel zu Ehren der Göttin Sati, die sich geopfert hatte. Als sie nach Rajasthan kam, hielt sie an ihrer Verehrung von Sati fest. Sie las jeden Tag in den religiösen Hindu-Epen und fastete dienstags, was auch der Hindu-Tradition entspricht.

Im Januar 1987, als die Zeit günstig war und Hunderte von Hochzeitsprozessionen die Straßen von Jaipur verstopften, heiratete Roop Kanwar Maal Singh, auch einen Rajput, der gerade die höhere Schule beendet hatte und sich nach einer Stelle als Priester umsah. Sie hatte ihn nur einmal vorher gesehen. Auf den Hochzeitsphotos sieht er beunruhigt und beklommen inmitten der ganzen Feierlichkeiten aus. Doch das Paar ließ sich in offenbar gutem Einvernehmen im Elternhaus des Bräutigams in Deorala nieder, zwei Autostunden von Jaipur entfernt. Für indische Verhältnisse war Deorala ein wohlhabendes und gut entwickeltes Dorf. *Manushi*, die führende feministische Zeitschrift Indiens, berichtete, daß in den meisten Familien des Dorfes ein männliches Mitglied in einer nahe gelegenen Stadt, meist in einer Behörde, arbeitete. Ungefähr siebzig Prozent der Dorfbewohner konnten lesen und schreiben. Fast alle Häuser, so auch das von Roop Kanwars Schwiegereltern, waren mit Ziegeln gebaut. Es gab Strom und fließendes Wasser. Viele Familien besaßen Fernsehapparate und Motorräder.

Sieben Monate nach ihrer Hochzeit – Roop Kanwar war gerade von einem Besuch bei ihrer Familie in Jaipur nach Deorala zurückgekehrt – wurde ihr Ehemann krank. Nachdem er sich eine ganze Nacht erbrochen und über Magenschmerzen geklagt hatte, wurde Maal Singh am folgenden Tag von der

Familie in das Krankenhaus der nächsten Stadt eingeliefert, wo er sich zu erholen schien. Roop Kanwar und ihre Schwiegermutter kehrten abends aus dem Krankenhaus nach Deorala zurück, aber am nächsten Morgen um acht Uhr, es war der 4. September 1987, starb Maal Singh plötzlich – offenbar an einem Blinddarmdurchbruch. Der Arzt teilte der Familie die Todesursache nicht mit, und die Familie fragte nach eigenen Angaben auch nicht danach. Die Leiche wurde um zehn Uhr mit einem Jeep nach Deorala gebracht und Roop Kanwar übergeben. In diesem Moment, so behauptet Roops Schwiegervater, sei er bewußtlos geworden und – welch glückliche Fügung – erst nach dem *sati* wieder zu sich gekommen. (Zahlreiche Dorfbewohner sagten jedoch aus, sie hätten ihn bei der Feuerbestattung gesehen.) Roop betete und erklärte danach ihrer Familie, ihre Seele solle mit der ihres Mannes vereint werden, und deshalb habe sie beschlossen, *sati* zu begehen. Als Angehörige der Familie sie davon abzubringen versuchten, drohte sie, daß ein Fluch über jeden kommen würde, der sich ihr in den Weg stellen würde. Als sich ihre Entscheidung im Dorf herumsprach, suchten heilige Männer sie auf, um festzustellen, ob sie vom wahren *sati*-Geist beseelt war. Als sie sich davon überzeugt hatten, gaben die Schwiegereltern ihren Segen dazu. Sie zog ihr Hochzeitskleid an, ging an der Spitze des Trauerzuges durch die Straßen des Dorfes, umkreiste fünfzehn Minuten lang den Scheiterhaufen und stieg dann hinauf. Der Kopf ihres Mannes wurde ihr in den Schoß gelegt. Maal Singhs fünfzehn Jahre alter Bruder entzündete das Feuer, aber es ging wieder aus. Laut Aussage eines anonymen Augenzeugen, der in dem Nachrichtenmagazin *India Today* zitiert wird, fiel Roop Kanwar in diesem Moment mit bereits angesengten Füßen vom Scheiterhaufen herunter und mußte wieder hinaufgehoben werden. Inzwischen hatte man aus fast jedem Haus Eimer mit Butterfett geholt. Es wurde über das Holz geschüttet, so daß es lichterloh brannte. Nach dem Bericht von *India Today* »jubelte« und »applaudierte« die

Menge, die auf etwa fünftausend Menschen geschätzt wurde, »begeistert«.

Damals hielten Steve und ich, auch wenn das heute kaum vorstellbar ist, diese Version der Geschehnisse nicht für ganz unglaubwürdig. Das kam teilweise daher, daß wir uns den ganzen Tag mit Dorfbewohnern unterhalten hatten. Einer nach dem anderen beteuerte, Roop Kanwar sei freiwillig in den Tod gegangen. Es schien so, als habe das ganze Dorf seine Wahrheit gefunden. Auch konnten wir uns nicht vorstellen, daß jemand so entsetzlich grausam sein könnte, eine junge Frau mit Gewalt auf einen Scheiterhaufen zu stoßen. Wir hatten uns folgende Theorie zurechtgelegt: Roop Kanwar, eine besonders empfindsame junge Frau, war durch den plötzlichen Tod ihres Ehemanns so getroffen worden, daß sie in einer Art momentaner Verwirrung oder Trance dem Druck anderer nachgab, sich einer Tradition zu unterwerfen, die ihr seit frühester Kindheit eingetrichtert worden war.

Wir wurden in dieser Interpretation der Ereignisse bestärkt, als wir am Abend nach Jaipur zurückkamen und Sushil Kumari trafen, eine elegante fünfzigjährige Rajput-Frau, die aus einer der königlichen Familien Rajasthans kam und die sich an jenem Tag in die Stadt begeben hatte, um an einer Demonstration der Frauenorganisationen gegen *sati* teilzunehmen. Für eine Frau wie sie war es ein enorm mutiger Schritt, auf der Straße zu protestieren. Erst kürzlich hatte sie ihr Haus nach zweiunddreißig Jahren *purdah*, das heißt abgeschiedenen Witwendaseins, verlassen, und diese Demonstration gab ihr zum erstenmal die Gelegenheit, einen wichtigen Teil der Tradition öffentlich anzuklagen. Von ihrer frühesten Kindheit an hatte man ihr erzählt, daß *sati* die höchste Stufe der Vervollkommnung im Leben einer Frau sei. »*Sati* ist ganz tief in der Rajput-Psyche verankert«, sagte sie uns in dem schwach beleuchteten Wohnraum eines der großen Häuser an der Civil Lines Road, wo wir sie kurz vor dem Abendessen trafen. »*Sati* wird verherrlicht und gepriesen. Uns allen, ob gebildet oder ungebildet, wird eingetrichtert, daß der Ehemann ein Gott ist. *Sati* ist das Höchste, was eine Frau vollbringen kann. Immer wieder hörten wir davon. Im Jahre 1955, einige Monate, bevor ich verheiratet wurde, beging eine Cousine von mir *sati*. Unentwegt hat man uns eingetrichtert, daß eine Frau nie daran denken dürfe, ihren Ehemann zu verlassen, egal, was er für ein Mensch sei.« Noch vor hundertundfünfzig Jahren war es in ihrer Schwiegerfamilie üblich gewesen, daß eine oder zwei der sechs Frauen jedes Mannes *sati* begingen. Viele der Frauen hinterließen ihre Handabdrücke an den Wänden des Hauses, bevor sie zum Scheiterhaufen gingen. Sie waren immer noch sichtbar. Wenn eine Frau *sati* beging, sagte Sushil Kumari, so bewirkte dies, daß sie selbst, ihr Ehemann und sieben weitere Generationen der Familie eine »direkte Fahrkarte« in den Himmel erhielten und so aus dem schmerzhaften Kreislauf von Geburt und Wiedergeburt erlöst wurden. Sushil Kumari schien uns zugleich traditionell und weltoffen zu sein. Immerhin war sie eine Woche lang in Hungerstreik getreten, als ihr Vater ihr verboten hatte, aufs College zu gehen, und hatte sich damit durchgesetzt. Und doch wußte ich mittlerweile aus Erfahrung, wie leicht man sich in Indien durch ein äußerlich kosmopolitisches Auftreten täuschen lassen kann. Deshalb fragte ich sie, ob sie in einem verborgenen Winkel ihrer Seele *sati* noch immer für etwas Ehrenvolles ansah. Zu meiner Überraschung antwortete sie nicht direkt, aber es wurde deutlich, daß sie wegen ihres öffentlichen Protestes tatsächlich ambivalente Gefühle hatte. »Ich will ganz offen sein: Als ich von dem *sati* hörte, war ich irgendwo sehr, sehr traurig«, sagte sie. »Ich will ganz offen sein: Ich glaube nicht daran. Aber es fällt mir sehr schwer, es auszusprechen.«

Später, als wir mit Freunden beim Abendessen zusammensaßen, trafen wir eine Amerikanerin, die sich gerade auf einer Indienreise befand. Sie beschimpfte uns, daß wir einen völlig untypischen Einzelfall wie ein *sati* herausgriffen und daraus für amerikanische Leser eine Sensationsgeschichte machten. Sie fragte uns, warum wir nicht über die vielen positiven Seiten Indiens schrieben, etwa die wunderbaren Textilwaren, die von hier aus in alle Welt gingen. Ihre Kritik irritierte mich bis zu einem gewissen Grad. Immerhin könnte sie in diesem Falle vielleicht recht haben. Vielleicht machten wir wirklich zu viel Wind um ein merkwürdiges kleines Ereignis.

Aber die Geschehnisse des nächsten Tages löschten meine Zweifel. Roop Kanwars Tod mag ja die Verirrung einer einzelnen Person gewesen sein, aber die Menge von zweihunderttausend Menschen, die am nächsten Tag nach Deorala hereinströmte, um der *chunri*-Zeremonie beizuwohnen, machte auf schockierende Weise deutlich, wie es um den Status der Frau im ländlichen Indien bestellt war. Die *chunri*-Zeremonie war offiziell für zwölf Uhr mittags angesetzt worden, aber da man im Dorf das Eingreifen der Polizei befürchtete, wurde sie schon um sieben Uhr früh abgehalten. Als Steve und ich ankamen, schien die Menge am Rande der Hysterie zu sein, und wir spürten, wie uns Außenseitern Feindseligkeit entgegenschlug. Zehntausende bemühten sich noch immer, einen Blick auf Roop Kanwars scharlachrot und silbern gemustertes Tuch zu werfen, das über die Asche gebreitet war. Ich versuchte mir meinen Weg durch die Menge zu bahnen, um näher an die Stelle der Opferung heranzukommen, wurde aber von gereizten Mitgliedern der Rajput-Jugendorganisationen aufgehalten.

Am Tag zuvor hatte die Regierung von Rajasthan alle Versuche, die Selbstopferung zu »glorifizieren«, verboten, eine vage Anordnung, die nicht durchgesetzt wurde. Am Tag der *chunri*-Zeremonie war am Ort der Selbstverbrennung keine Polizei zu sehen, allerdings wurden die Busse einige Meilen vor dem Dorf von Polizisten angehalten. Dies hatte nur zur Folge, daß der Verkehr reibungsloser ablief und vermutlich eher mehr und nicht weniger Menschen an der rituellen Feier teilnahmen. Bis zu dem Tag der Zeremonie hatte bereits eine halbe Million

Menschen Deorala besucht und einem neu gegründeten *sati*-Komitee fünfundzwanzigtausend Dollar für den Bau eines Tempels gespendet. *India Today* berichtete, daß unter denen, die kamen, um den Segen der *sati*-Mutter zu empfangen, auch ein Vorstandsmitglied der regierenden Congress-Partei Rajasthans, ein Führer der Oppositionspartei und zwei oppositionelle Abgeordnete des Bundesstaates waren.

In den folgenden Wochen wurde das merkwürdige kleine Ereignis von der urbanen und gebildeten Elite Indiens immer mehr als nationale Schande empfunden. Es stürzte das Land in eine viele Monate dauernde Debatte über die Lage der Frauen, die Mängel der Erziehung und das Vordringen des religiösen Fundamentalismus. Jeden Tag gab es eine neue Version dessen, was wirklich mit Roop Kanwar passiert war. Zahlreiche englischsprachige Zeitungen zitierten anonyme ›Augenzeugen‹, die behaupteten, Roop Kanwar sei gezwungen worden. Der *Sunday Observer* in Bombay zitierte einen nicht genannten Bauern, nach dem Roop Kanwar dreimal versucht habe, von dem Scheiterhaufen herunterzukommen, aber von der Menge immer wieder zurückgestoßen worden sei. Der *Telegraph* in Kalkutta zitierte »einige Frauen aus Deorala«, die »zögernd und widerstrebend« zugaben, daß Roop sich im Hause ihrer Tante versteckt habe, um der Opferung zu entkommen. Die Arbeitsgruppe ›Frauen und Medien‹ der Journalistengewerkschaft von Bombay sandte eine Untersuchungskommission in das Dorf und veröffentlichte hinterher einen Bericht, in dem ein ungenannter Mitarbeiter der Congress-Partei aussagt, man habe Roop Kanwar mit Gewalt aus einem Schuppen holen und auf den Scheiterhaufen stoßen müssen. Als sie schrie und wegzulaufen versuchte, so der Bericht, wurde sie von Rajput-Jugendlichen mit Schwertern in den Händen umzingelt. Unter der Schlagzeile ES GESCHAH NICHT FREIWILLIG zitierte die *Hindustan Times* »Quellen« in Deorala, die behaupteten, der Ehemann, Maal Singh, sei zum Zeitpunkt der Hochzeit mit Roop Kanwar wegen Impotenz und Depression in Behandlung gewesen, und sie habe nach ihrer Heirat nicht einmal drei Wochen im Hause ihres Ehemanns zugebracht. Sie sei nach Jaipur zurückgekehrt, wo sie bald ein Verhältnis mit einem anderen Mann begonnen habe. Auf Grund solchen Beweismaterials folgerte die *Hindustan Times*: »Nach unseren Informanten entzog dies der Theorie vom freiwilligen *sati* jegliche Grundlage, denn offensichtlich bestand zwischen der jungen Frau und ihrem Gatten keine große Zuneigung.«

Der *Indian Express* gab wohl die Meinung der meisten englischsprachigen Zeitungen wieder, als das Blatt in einem Leitartikel die Selbstopferung als »barbarisch und primitiv« geißelte, aber mindestens eine der nicht nur lokalen und traditionellen einheimischen Zeitungen verteidigte den *sati* und interpretierte die Debatte als Klassenkampf der ungläubigen Minorität gegen die gläubige Mehrheit des Volkes. *Jansatta*, eine führende hindisprachige Tageszeitung, wetterte gegen das verwestlichte und verweltlichte Indien, das nicht an die Reinkarnation glaube, und stellte in einem Leitartikel fest, daß »die Leute, die dieses Leben als etwas Endgültiges betrachten, den Brauch des *sati* niemals verstehen werden«. *Sati*, so hieß es in dem Leitartikel weiter, müsse sicherlich neu interpretiert werden, »aber die Leute, die das Brauchtum und die Überzeugungen des einfachen indischen Volkes weder kennen noch verstehen, haben kein Recht dazu«. Der Leitartikel schloß wie folgt: »Roop Kanwar wurde von niemandem zum *sati* gezwungen. Ihr Leben war von einer solch schrecklichen Enttäuschung geprägt, daß sie keine andere Wahl hatte, als mit ihrem Ehemann verbrannt zu werden... und wenn diese Selbstverleugnung zu einem Mittelpunkt der Verehrung und der Anbetung würde, wäre das nur natürlich.« Am nächsten Tag wurde der Chefredakteur von *Jansatta* in seinem Büro von fünfzig empörten Feministinnen belagert.

Schließlich verhaftete die Polizei unter dem wachsenden Druck Roop Kanwars Schwiegervater und fünf andere Mitglieder seiner Familie kurze Zeit nach der *chunri*-Zeremonie. Aber die Anklage lautete auf ›Beihilfe zum Selbstmord‹ und nicht ›Mord‹. Andere Dorfbewohner von Deorala wurden auf Grund des neuen Anklagepunkts ›Verherrlichung des *sati*‹ festgenommen. Aber erst am 27. September, elf Tage nach der *chunri*-Zeremonie und mehr als drei Wochen nach dem Tod Roop Kanwars, reagierte der Premierminister selbst öffentlich. In einem Brief an den Ministerpräsidenten des Bundesstaates Rajasthan, der der Presse zugeleitet wurde, nannte Rajiv Gandhi die Selbstverbrennung »äußerst verwerflich und barbarisch« und fügte hinzu: »... alle klar denkenden Menschen sollten dagegen protestieren und denjenigen entgegentreten, die diesen Mord an einer jungen Frau verherrlichen«. Als ich ein Jahr später den Premierminister fragte, warum er mit seiner Reaktion so lange gezögert habe, schob er die Schuld daran dem Ministerpräsidenten Rajasthans, Harideo Joshi, zu. »Am Tag nach dem Ereignis hatte ich mit dem Ministerpräsidenten gesprochen«, sagte er. »Ich sagte ihm, er müsse harte Maßnahmen ergreifen, und daß ich mich nicht in etwas einmischen wolle, was eigentlich Angelegenheit eines Bundesstaates sei. Als wir dann herausfanden, daß er nicht handelte, hielt ich es für notwendig, selbst tätig zu werden.« Aber es war schwer einzusehen, warum der Premierminister die Selbstverbrennung nicht eher hatte verurteilen können, selbst wenn die Behörden in Rajasthan sich in diesem Falle richtig verhalten hatten.

Wie auch immer, Harideo Joshis Unfähigkeit, mit den Auswirkungen der Verbrennung fertig zu werden, war einer der Gründe dafür, daß er vier Monate später von der Zentralregierung entlassen wurde. Als Steve und ich Joshi am Abend vor der *chunri*-Zeremonie besuchten, schien er der kritischen Lage ziemlich ratlos gegenüberzustehen. Frauengruppen, die Presse und besonders die Regierung in Neu-Delhi setzten ihn unter großen Druck, den Leuten die Teilnahme an der *chunri*-Zeremonie zu verbieten, aber er war sich offenbar nicht sicher, ob die Regierung den Menschen untersagen dürfe, sich aus einem religiösen Anlaß zu versammeln. Die Rajputs machten unglücklicherweise einen entscheidenden Teil von Joshis Wählerschaft aus. »Ich hatte ihnen geraten, den Leuten nicht zu erlauben, dorthin zu gehen«, sagte Joshi. »Aber die Schwierigkeit ist, daß sie darin einen religiösen Akt und nicht einen Rückfall in den Aberglauben sehen.«

Dies wurde auch zu einem wichtigen Diskussionsthema. Der Historiker Romila Thapar schrieb in einer Ausgabe der Zeitschrift *Seminar*, die ganz dem *sati* gewidmet war, daß religiöse Traditionen wie die, auf die sich die Rajputs berufen, »oft durchaus heutigen Bedürfnissen entsprechen, wenn sie sich auch durch den Rückgriff auf die Vergangenheit zu legitimieren suchen«. Die Redaktion der feministischen Zeitschrift *Manushi* kam zu demselben Ergebnis. In einem Hintergrundartikel, der den Einfluß der Rajputs auf die *chunri*-Zeremonie und die zur gleichen Zeit in Jaipur lancierte Pro-*sati*-Kampagne untersuchte, charakterisierten Madhu Kishwar und Ruth Vanita die Anführer des Pro-*sati*-Kults als Männer von zwanzig bis vierzig Jahren aus städtischem Milieu, mit guter Ausbildung, die aus vermögenden und einflußreichen Familien stammten oder neuerdings zu Wohlstand gelangt waren. Der Geschäftsführer einer neuen Pro-*sati*-Gruppe in Jaipur war zum Beispiel Inhaber einer gutgehenden Lederexportfirma, seine Frau Absolventin eines der feinsten Colleges von Delhi. Kishwar und Vanita fanden heraus, daß die Parolen, die Rajputs Schuljungen an der *sati*-Stätte riefen, eher an Wahlkampfslogans als an religiöse Gesänge erinnerten und daß das Lied, das allabendlich bei der Andacht an der *sati*-Stätte gesungen wurde, einer Melodie aus einem populären Hindu-Film ähnelte, folglich nicht rajasthanischen Ursprungs war und nichts mit *sati* zu tun hatte. Kishwar und Vanita kamen zu dem Schluß, daß »der *sati*-Kult in der heutigen Form vor allem das Ergebnis einer Scheinreligiosität ist, die als Begleiterscheinung neuen Wohlstands auftritt und von politischen Führern für ihre eigenen Interessen nutzbar gemacht wird«. Nach dieser Auffassung benutzten die Rajputs das *sati*-Thema, um einen Teil ihrer schwindenden politischen Macht zurückzugewinnen. (Die Rajputs waren einst die herrschende Kaste in Rajasthan, aber dann waren Leute von außen zugezogen, die nun die Regierung des Bundesstaates stellten.) Wie Romila Thapar es in der Zeitschrift *Seminar* ausdrückte: »Die Rajputs versuchen deshalb ihren Zusammenhalt und ihren Status durch andere Aktionen zu demonstrieren, unter anderem dadurch, daß sie ein Ritual wählen, das umstritten ist und das sie dann unbedingt durchsetzen wollen.«

Drei Monate nach Roop Kanwars Tod verabschiedete das indische Parlament ein strengeres Gesetz gegen *sati*, das einige Feministinnen für unnötig hielten. Schließlich existierte schon ein entsprechendes Gesetz, und sowohl Mord als auch Selbstmord waren bereits illegal. Aber die Regierung mußte irgend etwas unternehmen. Tatsache blieb, daß im Indien des Jahres 1987 Hunderte, wenn nicht Tausende von Menschen dagestanden und einer Frau beim Sterben zugesehen hatten. Warum hatte nicht ein einziger versucht zu helfen? Roop Kanwars Schwiegereltern behaupteten, sie hätten versucht, ihr die Tat auszureden. Wie konnte es angehen, daß mehrere erwachsene Männer in der Familie nicht imstande waren, eine achtzehnjährige Frau von einem Scheiterhaufen fernzuhalten?

Wie im Fall der Surinder Kaur werde ich wohl nie wissen, was wirklich geschehen ist. Aber wäre ich zu einer Entscheidung gezwungen, würde ich die These wagen, daß Roop Kanwar genötigt wurde. Sicherlich nützte sie Deorala mehr als Tote denn als Lebende. Aber auch hier basiert mein Urteil eher auf Instinkt als auf Beweisen. Soviel weiß ich jedenfalls: Wie im Fall Surinder Kaurs sah ich die Dinge am Anfang völlig anders als zum Schluß. Irgendwie schien dies an den indischen Verhältnissen selbst zu liegen.

Die eigentliche Tragödie dieser beiden Frauen lag natürlich

darin, daß ihnen jede Möglichkeit fehlte, irgendeinen Aspekt ihres Lebens selbst zu bestimmen. Es wurde endlos darüber diskutiert, ob Roop Kanwar freiwillig starb oder nicht, und dennoch verfehlten alle diese Diskussionen den entscheidenden Punkt: Hat eine Frau in Indien überhaupt die Freiheit, irgend etwas in ihrem Leben selbst zu entscheiden?

Oder wie die Zeitschrift *Manushi* schrieb: »Wenn eine Frau nicht das Recht hat, zu entscheiden, ob, wann und wen sie heiraten will, wie lange sie studieren will, ob sie eine bestimmte Stelle annehmen will oder nicht, woher soll ihr dann plötzlich das Recht zufallen, solch eine wesentliche Entscheidung zu treffen, ob sie sterben will oder nicht?«

4 Jenseits des Schleiers

Die Frauen des Dorfes Khajuron

Das Dorf Khajuron liegt tief in einer Senke der fruchtbaren Gangesebene im Hindi-Kernland von Nordindien, wo sich das Leben in vieler Hinsicht seit Tausenden von Jahren nicht verändert hat. Die meisten Bauernfamilien in Khajuron leben immer noch in Lehmhütten, die wie bei ihren Vorfahren nach Kasten getrennt sind. Sie holen ihr Wasser aus dem Brunnen, machen mit getrocknetem Kuhdung Feuer, worauf sie ihr Essen kochen, und bitten den Hexenmeister im Dorf um Zaubersprüche, wenn ihre Rinder erkranken.

Im Verlauf eines Jahres besuchte ich Khajuron etwa sechsmal, und wenn ich manchmal bei Sonnenuntergang durch das diesige, vom Rauch leicht nebelige Licht die unbefestigte Straße, die aus dem Dorf hinausführt, entlangging, sah ich Männer, die ihren Holzpflug auf den Schultern quer über die Felder nach Hause trugen. Mir war, als sei ich in ein längst vergangenes Jahrhundert zurückversetzt. Einmal, an einem religiösen Feiertag, sah ich, wie das Oberhaupt einer Familie – nämlich mein Gastgeber – Kurkumapaste auf die Stirn einer Ziege schmierte und ihr eine Hibiskusblüte an den Kopf steckte. Darauf schnitt er einen kleinen Schlitz in das Ohr der Ziege und warf das Blut als Opfer in ein heiliges Feuer. An den Abenden heulten die Schakale auf den umliegenden Feldern. Sie hörten in der späteren Nacht damit auf, dafür wurde ich dann von dem Schnauben des in der Nähe angebundenen Wasserbüffels wach gehalten.

In dem Dorf Khajuron wohnte ich bei Bhabhiji, einer Bauersfrau aus einer höheren Kaste, die in *purdah* lebte, das heißt, das Haus nicht verlassen durfte. Ich war mit der Absicht nach Khajuron gekommen – man sollte es nicht mit Khajuraho, dem Ort der erotischen Tempelfiguren in Mittelindien, verwechseln –, um mit in einem Dorf lebenden Frauen aus allen Kasten für die Zeit eines ganzen Jahres im Gespräch zu bleiben und dann darüber zu schreiben, wie sie mit ihrem Leben fertig wurden. Aber ich wollte auch einfach in Khajuron leben, das heißt, dort schlafen, essen und arbeiten, weil ich am eigenen Leib erfahren wollte – soweit das für eine Fremde überhaupt möglich ist –, wie die meisten Inder in etwa leben. Drei Viertel aller Menschen auf der Welt leben in Dörfern; ein Siebtel der Weltbevölkerung lebt in den 560 000 Dörfern in Indien. Khajuron liegt fast im toten Zentrum des riesigen indischen Staates Uttar Pradesh, der mehr als 120 Millionen Einwohner hat. Als separater Staat würde UP, wie die Inder Uttar Pradesh nennen, als achtgrößtes Land der Erde rangieren. So wie die tausend Einwohner von Khajuron leben, leben die meisten Menschen auf der Erde.

Eines der wichtigsten Ereignisse, das ich in jenem Jahr miterlebte – ein Ereignis, das auf seine Weise die wirklichen Lebensverhältnisse der Frauen von Khajuron offenbart –, war die Wahl des Dorfobersten, der *pradhan* genannt wird. Die letzten Tage des Wahlkampfes waren angebrochen, als der Sommermonsun kam und die sechs Kandidaten am Wochenende vor der Wahl am Dienstag gezwungen waren, auf Stimmenfang zu gehen, während es regnete und der zähe Matsch einem die Sandalen von den Füßen zog und kalt und klebrig zwischen den Zehen quietschte. Die Kampagnen wurden in den außerhalb liegenden Dorfweilern besonders heftig geführt. Diese Weiler bestanden aus Gruppen von Lehmhütten, die aus den flachen Feldern herausragten, und die Wähler, die dort wohnen, waren während des ganzen Wochenendes den lautstarken Umzügen der Kandidaten ausgesetzt. Am Sonntag um sieben Uhr in der Früh führte der erste Kandidat, der vierunddreißigjährige Brahmane Arvind Kumar Awasthi, den Zug seiner Anhänger durch den Weiler Ranjit Khera mit dem Aufruf: »Wählt den Stuhl!« Einige Stunden später waren die schlammigen Pfade von Ranjit Khera wieder bevölkert, diesmal mit den Anhängern von Rameshwar Prasad, einem sechzigjährigen Führer der Harijan-Gemeinde von Khajuron, der lauthals »Wählt den Traktor!« rief. Der Traktor war das Symbol seines Wahlkampfes, der Stuhl das von Awasthi. Der Amtsinhaber hatte das Kamel zum Zeichen. Die Symbole waren den Kandidaten von der örtlichen Wahlkommission zugeteilt und für die Analphabeten auf den Stimmzetteln abgebildet worden.

In der Nacht zuvor saß ich vor Bhabhijis Haus unter einem der riesigen ostindischen Neem-Bäume und unterhielt mich mit den Dorfältesten über den Verlauf der Kampagne. Ein paar Kandidaten tauchten auf und warben im Gespräch um Unterstützung oder wollten von der Presse – das war ich – interviewt werden. Ich befragte sie nach ihren Qualifikationen, ihrem Programm und ihren Schwerpunktthemen. Arvind Kumar Awasthi, der brahmanische Kandidat, sagte, er trete gegen den Amtsinhaber, einen Bauern aus einer mittleren Kaste mit dem Namen Shri Ram Choudhary, an, »weil er Haßgefühle gegen Brahmanen hegt«. Als das Dorf Strom bekam, klagte er, hatten »einflußreiche Personen« den Platz bestimmt, wo die Elektrizitätsmasten stehen sollten, und deshalb hätte der Teil des Dorfes, in dem die Brahmanen wohnten, kein Licht bekommen. Shri Ram Choudhary, der Amtsinhaber, ignorierte diese Behauptungen einfach und sagte nur, daß er mit einem ausgezeichneten Ruf antrete. »Das, was ich in der Vergangenheit getan habe«, sagte er, »werde ich fortsetzen.« Rameshwar Prasad, der Harijan-Führer, erzählte mir am nächsten Tag, er werde als Fürsprecher der Unterdrückten antreten. »In diesem Dorf herrscht immer der Kampf zwischen den reichen und den armen Leuten«, sagte er. »Ich bin das Symbol für die armen Leute.«

Am Ende eines jeden Gespräches versuchte ich jedem Kandidaten eine Frage zu stellen, die er noch nie in seiner politischen Karriere gehört hat: »Was werden Sie für die Frauen des Dorfes tun?« Natürlich war das eine unpassende Frage, und die meisten Kandidaten gingen darüber hinweg. »Die Frauen dieses Dorfes haben nichts gelernt«, sagte Choudhary, der Amtsinhaber. »Deshalb geht alles, was man ihnen sagt, zum einen Ohr hinein und zum anderen wieder hinaus.« Choudhary deutete bei seiner Antwort übertrieben ärgerlich auf seine Ohren. Seine Zuhörer lachten verständnisvoll. Choudhary sagte weiter, daß man vor zwei oder drei Jahren Erwachsenenbildung für Frauen angeboten habe, die Frauen aber keineswegs interessiert gewesen seien. »Sie schämten sich, weil sie schon so alt waren und noch nicht lesen konnten«, sagte er.

Was mich bewogen hatte, in einem indischen Dorf zu leben, waren auch die Berichte einiger anderer Ausländerinnen, die dasselbe getan hatten. Die englische Landschaftsarchitektin Sarah Lloyd hat in verschiedenen Dörfern im Punjab gelebt und ihre Erfahrungen in dem Buch *Eine indische Liebe* beschrieben. Es ist ein merkwürdiges Buch und wurde von den Intellektuellen in Delhi bespöttelt, denn die fanden die Beziehung der Autorin zu einem ungebildeten, opiumsüchtigen Sikh ebenso bizarr wie herablassend. Ich fand die Geschichte von »Jungli«, dem Sikh, auch sonderbar, war aber von Sarah Lloyds unsentimentaler Beschreibung dörflicher Familien im Punjab beeindruckt. »Die Zufriedenheit im ruhigen Rhythmus der täglichen Aufgaben und dem dauernden Geplauder zwischen den Nachbarn bestand nur an der Oberfläche, konnte jedoch die Bitterkeit und Resignation, die oft darunter schwelten, nicht vertuschen«, schrieb sie. »Und irgendwie schien es den Gesprächen in den Familien – und nicht nur Junglis Familie – an Freundschaft und echtem Verständnis zu mangeln, die in dem so karg erscheinenden Familienleben der westlichen Welt dennoch nichts Ungewöhnliches sind. Nicht ein einziges Mal war ich Zeuge von wirklich ausgelassener Freude: Es war, als wären die Herzen der Menschen in Käfige gesperrt.« Es wurde allgemein beobachtet, welche Spannungen sich unter der idyllischen Fassade verbargen.

Die wertvollsten Anregungen erhielt ich von Victor Zorza, einem Fachmann für sowjetische Politik und ehemaligen Kolumnisten in Washington, der sein altes Leben als gefeierter Kreml-Experte aufgegeben hatte, um fortan in einem abgelegenen indischen Dorf hoch im Himalaja zu leben. In den fünf Jahren, die Zorza dort verbrachte, schrieb er Kolumnen für die *Washington Post*, den *Guardian* und die Londoner *Times*. Ich interviewte Zorza im Jahr 1986, denn ich wollte ein Portrait über ihn für die *Washington Post* schreiben, und er machte mir klar, wie wichtig es sei, in einem Dorf wirklich zu leben und nicht nur rasch für einen Tag vorbeizuschauen. Dorfbewohner mögen zwar ungebildet sein, aber sie sind außerordentlich schlau, sagte er, und vor allem, wenn es darum geht, Besuchern von außen genau das zu erzählen, was sie hören wollen. Die Wahrheit über ein Dorf, so glaubte Zorza, könne man nur ganz langsam herausbekommen, mit viel Zeit – Zeit, um zwischen den Dorfbewohnern und dem Besucher Vertrauen aufzubauen, und Zeit, um unter all den Verkrustungen zur Wahrheit vorzudringen. »Manches von dem, was ich heute schreibe, ist genau das Gegenteil von dem, was ich früher zu äußern pflegte«, erzählte mir Zorza. »Leute, die ich früher für anständig hielt, erscheinen mir heute als Gauner und umgekehrt.« Zorza, der seine Artikel in der Absicht geschrieben hatte, den Reichen die Verzweiflung der Besitzlosen nahezubringen, ging es darum, seine Leser auf der emotionalen Ebene anzusprechen, um zu zeigen, daß die besitzlosen Analphabeten reich sind, wenn es um Gefühle und Empfindungen geht.

Mir standen allerdings keine fünf Jahre zur Verfügung. Aber immerhin konnte ich einmal sechs Tage hintereinander in Khajuron verbringen, und im Laufe eines Jahres verbrachte ich in dem Dorf insgesamt drei volle Wochen. Ich war dort in der Gluthitze im Mai, während der kalten Tage Ende Dezember, beim Erntefest im Frühling und bei der Wahl des Dorfobersten im Juli. Als es heiß war, schlief ich im Freien unter einem Moskitonetz auf einer Charpoy-Pritsche, der mit Schnüren befestigten Liege. Als es kalt war, schlief ich in einer Hütte aus Lehm und Ziegeln. Zwar brachte ich mein eigenes Wasser mit, aber ich aß Bhabhijis Hühnercurry-Gerichte mit Reis und saß dabei auf einer Matte auf dem Lehmboden; nicht ein einziges Mal hatte ich Magenprobleme, wie ich sie häufig habe, wenn ich in Restaurants oder Hotels esse. Ich badete in einem dunklen Zimmerchen, in das man über den Innenhof gelangte, indem ich mit einem Krug kaltes Brunnenwasser aus einem Zuber schöpfte und mich damit begoß. Im Winter war die Luft in dem Zimmerchen so kalt, daß ich meinen Atem sehen konnte. Im Sommer war die Luft so feucht, daß man beim Baden keinen Unterschied spürte. Ich benutzte das Familienklo, eine Grube mit einer strohgedeckten Lehmhütte darüber, die etwa hundert Meter vom Haupthaus entfernt stand. Des Nachts schwirrten Fledermäuse in der Grube umher oder flatterten einem um den Kopf herum. Und doch waren Bhabhiji und ihr Ehemann gut dran. Die meisten Familien hatten keinen Platz für ein Klo und mußten sich weit weg auf die Felder begeben.

Meine Arbeit bestand aus langen Interviews, manchmal zwei Stunden hintereinander, die ich alles in allem mit fünfundzwanzig Frauen von der höchsten bis zur niedrigsten Kaste führte. Nach Ablauf des Jahres kam ich zu zwei klaren Schlußfolgerungen. Erstens: Männer und Frauen im Dorf mußten hart arbeiten, aber die Frauen mußten doppelt soviel arbeiten und doppelt soviel erdulden wie die Männer. Zweitens: Das Los der Frauen von Khajuron war je nach Kastenzugehörigkeit verschieden. Wenn eine Frau zu einer der oberen oder mittleren Kasten gehörte, wurde sie wie eine Geisel in ihren eigenen vier Wänden isoliert und mußte die schwere Hausarbeit verrichten, die ihr Ehemann nicht als Arbeit gelten ließ. Viele Männer sagten, daß ihre Frauen den ganzen Tag über »nichts« täten, obwohl die meisten Frauen bis zur physischen Erschöpfung im Haushalt schufteten. Wenn eine Frau den niederen Kasten angehörte, durfte sie das Haus verlassen, gewöhnlich, um auf den Feldern für weniger als fünfzig Cent pro Tag Saisonarbeit zu verrichten. Natürlich erwartete man von ihr, daß sie die ganze Hausarbeit und die Betreuung der Kinder auch noch übernahm. Es mag übertrieben klingen, wenn man sagt, daß eine Frau in Khajuron entweder eine Gefangene oder eine Sklavin war, aber ganz gleich, wie man sie bezeichnen möchte, sie konnte niemals hoffen, ihrem Schicksal zu entfliehen oder es selbst zu bestimmen.

Susheela Bajpai war eine der ersten Frauen, mit der ich zusammentraf. Sie war die Frau eines brahmanischen Landbesitzers, mollig vom Wohlstand, mit rundem weichen Gesicht, dem man ansah, daß sie sich nicht der sengenden Sonne aussetzte und sich keine Sorgen um die Ernährung ihrer beiden Kinder zu machen brauchte. Sie verließ ihr Haus nur etwa einmal im Monat, meist um einkaufen zu gehen oder Freunde in Lucknow zu besuchen. Sie verbarg ihr Gesicht hinter dem Sari, bis sie Khajuron und das Nachbardorf hinter sich gelassen hatte. Erst jenseits dieser Grenze gab die Anonymität ihr ein gewisses Maß an Freiheit. Sonst verließ Susheela das Haus nie, hielt sich nur in den wenigen kleinen Zimmern und dem Innenhof auf. Allerdings handelte es sich um eines der besten Häuser von Khajuron, der Innenhof hatte keinen Lehmboden, sondern war gepflastert, und Susheela konnte sich den ganzen Tag die Fernsehprogramme von Delhi ansehen. An den Sonntagvormittagen luden sie und ihr Ehemann etwa dreißig Leute, alle aus den oberen Kasten, zu sich nach Hause ein, und gemeinsam verfolgten sie dann die Heldentaten des Ram und die Leiden der Sita in *Ramayana*, einer populären Fernsehserie, die auf dem großen

Hindu-Epos basierte. Als ich Susheela das erste Mal besuchte, saßen wir unter dem Ventilator an der Decke, tranken Tee und aßen Gebäck, und sie sagte mir, daß sie mit ihrem Leben zufrieden sei. »Ich möchte gar nicht häufiger aus dem Haus gehen, als ich es tue«, sagte sie. Ihr Ehemann, der darauf bestanden hatte, zuzuhören, mischte sich an dieser Stelle ein. »Ich bin ein geselliger Mensch«, sagte er. »Ich bin ein Mann, sie ist eine Frau. Also kann sie nicht überall hingehen. Das ist mein Grundsatz.«

Das andere Extrem war Sudevi, eine fünfzigjährige Witwe aus einer der niedrigsten Kasten. Wann immer auf den umliegenden Feldern Arbeitskräfte gebraucht wurden, verdingte sie sich bei einem der großen Landbesitzer, und an anderen Tagen bekam sie ein paar Rupien dafür, daß sie reichen Familien das Wasser aus dem Brunnen holte. Sie verdiente nie mehr als fünfzig Cent am Tag und war froh, wenn sie zwei Wochen im Monat Arbeit hatte. Ihr Ehemann war fünfzehn Jahre zuvor an Tuberkulose gestorben und hatte ihr nichts hinterlassen. Oftmals mußte sie zu den Häusern der großen Landbesitzer betteln gehen. Als ich sie das erste Mal in ihrer halbverfallenen Lehmhütte besuchte, schämte sie sich, weil sie unter ihrem groben Baumwollsari keine Bluse trug. Sie besaß nur eine einzige, und die hatte sie gerade gewaschen. Ich konnte sie in der Sonne trocknen sehen. Sudevi war knochig und hatte eine lederne Haut. Sie sagte mir, daß sie von Fladenbrot und Salz lebte. Sie besaß kein Land und erzählte mir, daß sie als Witwe manchmal beschimpft wurde. Ihr dreiundzwanzigjähriger Sohn lebte bei ihr, war arbeitslos und hatte eine Frau, die im achten Monat schwanger war. »Mein Junge bekommt nicht genug zu essen«, sagte Sudevi. »Wenn ich Hunger habe, trinke ich Wasser.«

Zwischen diesen beiden Extremen befand sich Asha Devi, eine zwanzigjährige Frau, deren Ehemann einer wohlhabenden Bauernfamilie aus einer mittleren Kaste entstammte. Sie erreichte zwar nicht den Status von Susheela Bajpai, der Frau des brahmanischen Landbesitzers, war aber auch weit entfernt von

Sudevis Witwenelend. Und trotzdem vereinte sie in gewisser Weise in ihrem Leben die bedrückendsten Aspekte der beiden anderen Frauenschicksale. Sie hatte in eine hart arbeitende, aufstiegsorientierte Familie eingeheiratet, und die Mitglieder hielten sie in *purdah*, weil dies das Ansehen der Familie im Dorf erhöhte.

Es war schon immer ein Zeichen von Vornehmheit, die Frauen von der Landarbeit fernzuhalten; in Khajuron ließ eine Familie, sobald sie es sich leisten konnte, die Frauen nicht mehr aus dem Haus. Es waren fast immer die um ihr Fortkommen bemühten Familien der mittleren Kasten, diejenigen, die in ihrer unsicheren Stellung innerhalb der Dorfhierarchie am meisten zu verlieren und am meisten zu gewinnen hatten, die ihre Frauen am strengsten in die Häuser verwiesen. Asha Devis Leben verlief in noch größerem Maße in klösterlicher Abgeschiedenheit, als es bei Susheela Bajpai der Fall war, ohne daß sie etwa Susheelas relativen Luxus zum Ausgleich gehabt hätte. Asha Devi verließ das Haus nur etwa zwei- oder dreimal im Jahr, um ihre Mutter zu besuchen. Die restliche Zeit verbrachte sie buchstäblich als Dienerin im Hause ihrer Schwiegereltern. Im Alter von sechzehn war sie an einen Mann, den sie niemals zuvor gesehen hatte, verheiratet worden, und seitdem hatte sie ständig für seine Eltern, seine drei älteren Brüder und deren Frauen gekocht und geputzt. Sie stand um sechs Uhr auf und legte sich um Mitternacht schlafen und aß immer erst, wenn alle anderen in der Familie mit dem Essen fertig waren. Ich sprach mit ihr im oberen Stock des Hauses, aber während des ganzen Gespräches sah ich nie ihr Gesicht; als Zeichen der Ehrerbietung und wahrscheinlich aus Angst hatte sie den Sari ganz über ihren Kopf gezogen. Ich fragte sie, was eigentlich passieren würde, wenn sie hinaus ins Dorf ginge. »Meine Schwiegereltern würden mich beschimpfen«, sagte sie, »und mein Mann würde auch mit mir schimpfen.« Ich wandte mich der Schwiegermutter zu, die jedes Wort mitangehört hatte, und stellte ihr dieselbe Frage. »Wenn sie ausginge«, befand die Schwiegermutter, »würde man uns den Respekt verweigern.«

Von unserem ersten Jahr in Delhi an überlegten Steve, ein Reporter der *New York Times* und ich, uns in einem Dorf niederzulassen und zu arbeiten. Noch besser erschien es uns, zwei benachbarte Dörfer zu finden, wo man einander zu Fuß erreichen konnte, damit wir uns bei der Arbeit nicht in die Quere kamen. Zunächst wohnten wir dann in Lucknow, der Hauptstadt von Uttar Pradesh; das war sozusagen das Basislager. Lucknow war einmal Zentrum eines blühenden und dann verfallenden Mogulen-Hofes gewesen. Für uns aber war wichtiger, daß es mitten in einem lebendigen, bäuerlichen Landstrich des Nordens lag und nur fünfzig Flugminuten von Delhi entfernt war. Die Menschen dort sprachen ein Hindi, das dem ähnlich war, das wir in Delhi lernten. Wir gingen davon aus – fälschlicherweise, wie sich herausstellen sollte –, daß in den Dörfern um Lucknow herum dasselbe, uns vertraute Hindi gesprochen werde.

Also begab ich mich auf die Suche nach zwei Dörfern. Mein einziger Kontakt dort war der Freund eines Freundes, der mir den Weg zur Universität von Lucknow wies, wo ich schließlich in das Büro von Dr. Surendra Singh geschickt wurde, einem Professor am Institut für Sozialarbeit und Sozialpädagogik, der umfassende Untersuchungen in den ländlichen Gebieten des Bundesstaates durchgeführt hatte. (An dieser Stelle mag sich der Leser fragen, warum so viele Leute in Indien Singh heißen. ›Singh‹ heißt ›Löwe‹, und es ist hilfreich, sich daran zu erinnern, daß alle Sikhs den Namen Singh haben, aber nicht alle Singhs Sikhs sind. Dr. Surendra Singh war ein Kshatriya, ein Mitglied der Hindu-Kriegerkaste, die traditionell große Besitztümer in Uttar Pradesh hatte und den Namen Singh häufig als Nachnamen benutzte. In Rajasthan benutzten viele Rajputs ebenfalls Singh als Nachnamen.)

Ich fand Dr. Singh hinter einem großen Schreibtisch vor, an drei Seiten umgeben von dem üblichen Geschnatter Tee trinkender Kollegen, Studenten und Herumsitzer. Ich erzählte ihm, was ich suchte: zwei Dörfer mit mehrheitlicher Hindu-Bevölkerung und einer gewissen Skala von Kasten, jedes mit etwa tausend Einwohnern, mit dem Auto in etwa ein bis zwei Stunden von Lucknow zu erreichen und einen kurzen Fußweg voneinander getrennt. Dr. Singh, ein rundlicher, kompakter Mann, etwa Mitte Vierzig, Engelsgesicht, dünner Oberlippenbart, höfliche Manieren, reagierte amüsiert. Spätestens jetzt war mir klar, daß ich meine Angaben herunterratterte, als seien sie für ein Schnellrezept aus dem Kochbuch bestimmt, aber Dr. Singh machte sich Notizen und sagte, er wolle die Bevölkerungsstatistik zu Rate ziehen. Am nächsten Tag präsentierte er mir eine Liste mit einem halben Duzend Dörfern, die meinen Bedürfnissen entsprachen, aber bevor ich überhaupt damit beginnen konnte, mich darüber zu freuen, klärte mich Dr. Singh auf höflichste Weise darüber auf, daß ich sicherlich in keinem dieser Dörfer meine Recherchen durchführen könnte.

»Sie sind dort eine Fremde«, sagte er. »Keiner wird Ihnen trauen, und keiner wird Ihnen die Wahrheit sagen. Es wäre besser, Sie würden im Dorf meines Bruders wohnen, wo ich Sie ordentlich vorstellen könnte.« Dr. Singhs älterer Bruder, Sheo Singh, Bhabhijis Ehemann, war im Dorf geblieben und kümmerte sich um das Land, das vom Familienbesitz übriggeblieben war. Dr. Singh selbst war schon Jahre vorher weggezogen. Seine Geschichte war die Geschichte Indiens nach der Unabhängigkeit; sie illustrierte, wie die Landreform die ehemals großen Besitze der feudalen Gutsherren auf dem Lande verkleinert hatte und ihre Söhne zwang, sich um ihre Bildung und Ausbildung zu kümmern und sich ihren Lebensunterhalt in den aufblühenden Städten zu verdienen. Dr. Singhs Geschichte zeigte auch, wie sehr sich die erste Generation urbaner Inder weiterhin an das Land gebunden fühlte und weshalb so viele von ihnen die ländlichen Bräuche wie die ›arrangierte Ehe‹ beibehielten. Dr. Singh unterschied sich von Millionen anderen dadurch, daß er bemerkenswert erfolgreich war. Nachdem er die Dorfschule absolviert hatte, war er an die Universität von Lucknow gegangen und war dort nun drauf und dran, der Leiter seines Fachbereichs zu werden.

Dr. Singhs Dorf entpuppte sich als ebenjenes Khajuron, eine Autostunde von Lucknow entfernt. Zwanzig Minuten Fußweg von Khajuron entfernt lag Gurha, ein größeres Dorf, in dem Steve arbeiten konnte. Am nächsten Tag sah ich mir zusammen mit Dr. Singhs Frau Reena und seiner ältesten Tochter Anu beide Dörfer an. Als wir von Lucknow aus auf einer der großen Verkehrsadern in Zentral-Uttar Pradesh, einer zweispurigen befestigten Straße, nach Süden fuhren, vorbei an fruchtbaren Weizenfeldern und schattigen Hainen mit riesigen, knorrigen Mangobäumen, fragte Anu, eine neunzehnjährige Studentin, mich über Amerika aus. Sie hatte die ganze Nacht über für eine Englischprüfung über Shakespeare, Browning und Auden gebüffelt, die sie an jenem Vormittag abgelegt hatte. (Eine der Fragen hatte geheißen: »Inwieweit war Lady Macbeth für den Tod ihres Gatten verantwortlich?«) Aber jetzt wollte Anu von mir wissen, ob es in den Vereinigten Staaten auch ein Kastensystem gebe und ob alle Amerikaner reich seien. Ihr Bundesstaat war einer der ärmsten in Indien, aber in dieser Gegend wurde der Boden durch Kanäle bewässert, war das Land fruchtbar und die Armut nicht allzu erbärmlich. Wir überholten Leute auf Motorrollern, Fahrrädern und Pferdewagen. Die meisten von ihnen machten den Eindruck, als hätten sie etwas zu tun und müßten irgendwo hin.

In der Stadt Bachharawan, die sich vor allem durch Staub auszeichnete und vielleicht noch durch einen Basar am Straßenrand, in dem Bananen und Blecheimer feilgeboten wurden, hielten wir uns östlich und fuhren auf einer kleineren befestigten Landstraße, bis wir zum Rand des Dorfes Gurha gelangten.

Dort fuhren wir rechts ab auf eine holprige, staubige Straße, die durch ein Sumpfgebiet und über weitere Felder führte. Diese Straße war nur eineinhalb Kilometer lang, und am Ende konnte ich Khajuron sehen, das als kleiner Hügel aus der Ebene emporragte. In wenigen Minuten erreichten wir den Rand des Dorfes – strohbedeckte Lehmhütten, barfuß laufende Kinder, Mütter, die auf Schnurpritschen saßen und ihre Babys stillten, Kühe, die neben Grashaufen festgebunden waren. Das Auto bahnte sich seinen holprigen Weg einen Hügel hinauf und kam unter dem Neem-Baum in Bhabhijis Vorhöfchen zum Stehen. Rechts lag die niedere Hütte aus Lehm und Ziegeln, in der Steve und ich später schlafen sollten; vor mir lag das Haupthaus, ein verwitterter, zweistöckiger Ziegelbau mit offenem Innenhof und gewaltigen Flügeltüren aus schwerem, ungehobeltem Holz und mit Messingringen, an denen man zum Öffnen und Schließen kräftig ziehen mußte. Auf mich wirkte es wie das Haus eines wohlhabenden Bauern im England der Angeln und Sachsen. Später erfuhr ich, daß es einhundertfünfzig Jahre alt sei und man in all den Jahren an seinem Zustand so gut wie nichts verändert hatte.

Bhabhiji und Dr. Singhs Bruder kamen aus dem Haus, um uns zu begrüßen, Bhabhiji lächelte scheu, Sheo Singh redete ununterbrochen. Er war wirklich genau das Gegenteil von seinem Bruder – groß, breitschultrig, laut und polternd, mit weißem Oberlippenbart und sonnenverbrannter Haut, einer, der gerne die indische Wasserpfeife (*hookah*) rauchte. Bhabhiji, schmal, barfuß, trug einen einfachen bedruckten Baumwollsari, Armreifen aus roten Glasperlen, einen Schmuckstein am Nasenflügel und Ringe an den Zehen. Sie hatte graues Haar, schöne dunkle Augen, von der Arbeit zerschundene Hände und ein liebenswürdiges Gesicht. Sie servierte Tee, und dann nahm Anu mich mit, um mir Khajuron zu zeigen.

Ich hatte bis dahin eigentlich schon so viele indische Dörfer gesehen, daß ich wußte, es waren im allgemeinen keine malerischen Orte, wo sich ungewöhnliche Lehmbauten und pittoreske Frauen in farbenprächtigen Saris drängten. Meist ist es eine Ansammlung trostloser Hütten, wo Staub, Hitze und Fliegen eine ständige Plage sind, ganz zu schweigen von den offenen Abwasserkanälen und den scheußlichen Krankheiten. All das gab es in Khajuron auch, aber in dem Teil, in dem die obere und die mittlere Kaste wohnten, gab es verschlungene Wege, alte Ziegelhäuser mit geschnitzten Holztüren, und man hatte einen herrlichen Blick auf die grünen Felder mit jungem Weizen. Für indische Maßstäbe war Khajuron zwar arm, aber nicht verzweiflungsvoll arm. Es lag in der Gegend, die jahrelang von der Nehru-Dynastie politisch vertreten worden war – auch von Indira Gandhi, als sie Premierministerin war. Im Gegensatz zu anderen Dörfern litt Khajuron nicht unter Wassermangel. Tatsächlich hatte das Dorf überall Zugang zu den Bewässerungskanälen, so daß für die umliegenden Felder eher das Gegenteil zum Problem wurde: ein schlecht funktionierendes Drainagesystem, Überschwemmungen und die starken Salzrückstände, die sich bildeten, wenn das Wasser nicht ablaufen konnte. Es gab Handpumpen und einen Röhrenbrunnen, der das Grundwasser nach oben pumpte. Fünf Jahre zuvor war das Dorf mit elektrischem Strom ausgerüstet worden und drei der 250 Haushalte hatten derzeit einen Fernsehapparat. Drei Bauern besaßen Traktoren und zwei hatten die Lizenz für den Anbau von Mohn zur Herstellung von Opium, das sie mit gewaltigen Profiten der Regierung für Medikamente verkauften. Die Leute mutmaßten, daß sie auf dem Schwarzmarkt noch höhere Profite herausschlugen. Am Rand des Dorfes, dort, wo es zu den Feldern ging, stand ein hoher, schmaler Tempel zur Anbetung des Gottes Shiva und daneben befand sich ein zweiräumiges Schulhaus, aus Ziegeln gebaut. Auf der anderen Seite des Dorfes, von wo aus es nach Gurha ging, lag ein großer Weiher, der zu manchen Zeiten im Jahr über und über mit weißen Blumen bedeckt war. Das Badebecken, zu dem ich an den Abenden ging, war von einem brahmanischen Landbesitzer vor mehr als hundert Jahren aus Ziegeln gebaut worden, die beiden dazugehörigen Pavillons waren noch erhalten und spiegelten sich auf der Oberfläche des kühlen Wassers. Ich möchte nichts romantisieren, aber besonders in den kühleren Monaten des Jahres war Khajuron für mich ein Ort, wo es sich sehr angenehm leben ließ.

Die räumliche Anordnung der Häuser spiegelte die komplexe Sozialstruktur des Dorfes wider. Der mächtigste Grundbesitzer hieß Shardul Singh und war ein Kshatriya-Bauer mit Universitätsbildung und freundlichen Manieren. Er lebte in einem großen Ziegelhaus am höchsten Punkt des Dorfes; um ihn herum drängten sich winzige Grüppchen von Häusern, die nach verschiedenen Kasten und Unterkasten angeordnet waren. Es gibt vier Hauptkasten in Indien, die höchste ist die Kaste der Brahmanen, der traditionell die Lehrer und die Priester entstammen. Die nächste Kaste sind die Kshatriyas, die Krieger. Die nächsttiefere Kaste sind die Vaisyas, die Kaufleute und Händler, und danach kommen die Sudras, die Bauern. Die Harijans haben überhaupt keine Kaste, folglich werden sie als Kastenlose, als Ausgestoßene betrachtet. Über Tausende von Jahren hießen sie die ›Unberührbaren‹, aber während des Kampfes um die Unabhängigkeit gab ihnen Mahatma Gandhi den Namen ›Harijans‹ (Kinder Gottes), wodurch er ein Signal für Reformen gab, Reformen, die verbindliche Quoten für Harijans und andere niedrige Kasten im Ausbildungs- und Beschäftigungssystem einschlossen. Trotzdem gehören die Harijans immer noch zu den ärmsten und am stärksten mißachteten Menschen in Indien.

Innerhalb jeder Kaste gibt es Hunderte von Unterkasten, die sich von Region zu Region wieder unterscheiden und ursprünglich, wie auch die Hauptkasten, bestimmten Berufen zugeordnet waren. Die indische Verfassung hat die Kasten nicht abgeschafft, sie hat aber jegliche Diskriminierung auf Grund der Kastenzugehörigkeit verboten. In den Städten verschwindet das Kastenwesen in gewissem Maße, und im allgemeinen bestimmt nicht mehr der Zufall der Geburt, wie die Menschen ihren Lebensunterhalt verdienen. In den Dörfern jedoch beherrschen die Kasten das Leben der Bewohner wie eh und je und legen häufig von vornherein den Lebensweg der einzelnen Menschen fest. Die Erziehung und Bildung der jüngeren Generation hat erst allmählich dazu geführt, daß die Dinge sich änderten.

Die Unterkaste der Senföl-Hersteller in Khajuron etwa lebte in ihrer eigenen kleinen Ansammlung von Lehmhütten zusammen. Zum großen Teil bereiteten sie noch immer Öl aus Senfkörnern. Die Tontopf-Hersteller fertigten noch immer Tontöpfe und wohnten in einer kleinen Gemeinschaft in der Nähe einer der Handpumpen des Dorfes. Die Kurmis oder großen Bauern wohnten in ziemlich ansehnlichen Häusern nicht weit von den Toren des Hauses von Shardul Singh; die meisten beackerten noch den Boden für ihren Lebensunterhalt, wenn auch die Söhne manchmal Arbeit in Lucknow gefunden hatten. Die Pasis, traditionell die Schweinehüter, waren auch Bauern, wenn auch mit kleineren Parzellen. Sie waren eine der Gruppen, bei denen sich das Berufsbild verändert hatte, aber ihre ehemalige Betätigung wies sie für immer als Harijans aus. Das allerdings hat sie nicht daran gehindert, eigene Kasten innerhalb ihrer Kaste zu bilden. Jene Pasis, die schon in Khajuron geboren wurden – die alten Familien also –, wohnten inmitten der Harijan-Sektion, die Pasitolla genannt wurde; die anderen, die erst in letzter Zeit zugezogen waren, wohnten außerhalb des Dorfes, näher an der Erdstraße. Die beiden Pasi-Gruppen mischten sich kaum und unterstützten sogar verschiedene Kandidaten bei der Wahl des Dorfobersten.

Steve und ich kamen im September 1987 nach Khajuron, um mit unserer Arbeit zu beginnen, das heißt vier Monate, nachdem ich Dr. Singh kennengelernt hatte. (Ein Jahr später, als wir sogar mit ihm eine Hütte teilten und unsere Charpoy-Pritschen nebeneinander unter den Sternenhimmel legten, nannten wir ihn immer noch Dr. Singh. Und wir waren »Mrs. Elisabeth«

und »Mr. Steve«.) Dr. Singh und drei seiner Töchter wohnten mit uns im Haus seines Bruders, und es stellte sich heraus, daß der Bruder der zweitgrößte Landbesitzer des Dorfes war. Ohne daß wir jemals darum gebeten hätten, befaßte sich allmählich die gesamte Singh-Familie mit unserem Projekt. Das hatte, wie ich glaube, mehrere Gründe. Der wichtigste war wohl, daß Dr. Singh ganz sicher sein wollte, daß es seine amerikanischen Gäste bequem hätten und Schwierigkeiten von ihnen ferngehalten würden. Aber ich glaube auch, daß ihn unser Forschungsprojekt interessierte und ihm hier und da Aufschluß über seine Wurzeln gab. Dummerweise wurden wir, da wir bei den Singhs wohnten, in den Augen der anderen Dorfbewohner der höheren Kaste der Grundbesitzer zugerechnet. So hatte ich am Anfang wegen dieser Wohnsituation Schwierigkeiten, mit einigen der Harijan-Frauen zu sprechen. Rameshwar Prasad, der Harijan-Führer und, wie ich später erfuhr, ein Todfeind der Grundbesitzer, ging sogar so weit, Steve und mich bei der örtlichen Polizei als vermeintliche amerikanische Spione anzuzeigen. Was allerdings die CIA gerade in Khajuron hätte ausspionieren können, ist schwer zu sagen, und natürlich verlief Prasads Störmanöver im Sande. Dennoch ärgerte ich mich über unsere Entscheidung, bei den Grundbesitzern zu wohnen, obwohl mir keine Alternative vorstellbar gewesen wäre. Hätte ich bei den Harijans gelebt, wäre ich denen zugezählt worden, und zwar gegen die Grundbesitzer, deren Gunst ich brauchte, um im Dorf bleiben zu können. Außerdem wäre es unrealistisch gewesen, denn wir brauchten eine Familie, die Platz für uns hatte und es sich leisten konnte, uns zu beherbergen. Am Ende lief auch alles ganz gut. Ich konnte mit vielen Harijan-Frauen sprechen, mit Prasad schloß ich Frieden, und Bhabhiji und ihr Ehemann waren die großzügigsten Gastgeber, die man sich denken kann.

Ihr Haus war eines der größten in Khajuron, und alle Familienaktivitäten spielten sich im großen Innenhof ab. Einmal in der Woche wurde frischer, grünlichbrauner Kuhdung, dem man eine desinfizierende Wirkung zuschrieb, aufgetragen. In der heißen Jahreszeit schliefen Bhabhiji und ihr Mann auf ihren Pritschen im Innenhof; wenn es kalt war, schliefen sie in einer beim Hof gelegenen geschlossenen Vorratskammer, wo in eineinhalb Meter hohen Tongefäßen Weizen und Reis aufbewahrt wurde. Bhabhijis Lehmofen, der *chulda*, war in den Boden des Innenhofs eingelassen. Es gab kein elektrisches Licht, und abends aßen wir beim Schein einer Öllampe.

Morgens nach dem Frühstück (gebratenes indisches Brot und Kartoffeln für Dr. Singh; Omelette und Weißbrot für uns, weil das die Art Frühstück war, die sie für amerikanisch hielten) pflegte Steve mit Dr. Singh nach Gurha zu fahren. Ich zog dann, mal mit einer, mal mit zweien oder dreien von Dr. Singhs fünf Töchtern los, um in Khajuron meine Befragungen durchzuführen. Mein Hindi war für Bhabhijis Haus noch passabel, aber die niedereren Kasten sprachen den lokalen Dialekt und konnten mich kaum verstehen. Ich hatte es leichter, sie zu verstehen, aber trotzdem war ich auf Dr. Singhs Töchter als Dolmetscher angewiesen. Ich wählte die Frauen nach Kasten aus, um möglichst repräsentative Umfrageergebnisse zu erhalten. Ich klopfte bei den Frauen an die Tür und sagte, ich schriebe ein Buch über Frauen in Indien und fragte, ob sie ein paar Fragen für mich beantworten wollten. Der Ausdruck »ein paar Fragen« entsprach nicht ganz den Tatsachen, aber ich brauchte ihn, um meinen Fuß in die Tür zu bekommen. In Wahrheit hatte ich mit meinem Hindi-Lehrer in Delhi eine schauerliche Liste von einhundertdreiundneunzig Fragen zusammengestellt, die die Bereiche Arbeit, Lebensbedingungen, familiäre Beziehungen, Gesundheit, Erziehung, Religion, Politik, volkstümliche Kultur und Wissen über die Welt jenseits der Grenzen von Khajuron und Indien umfaßte. Nur ganz selten hatte ich mir bisher die Interview-Fragen vorher aufgeschrieben, aber ich hatte auch noch niemals so viele Frauen ohne Schulbildung befragt und dazu noch in einer fremden Sprache und so detailliert.

Jedes einzelne Interview war furchtbar schwierig und dauerte qualvoll lange. Manches dauerte zwei Stunden, was an die Grenze meiner Geduld ging und die Geduldsgrenze vieler Frauen überschritt. Wenn auch einige erstaunt waren, daß sich da wirklich jemand für ihre Meinung interessierte und bereit zu sein schienen, den ganzen Tag zu reden, waren die meisten doch scheu und nervös. Oftmals mußte eine Mutter gerade ihr Kind stillen und Kartoffeln schälen, während sie mit mir sprach. Manchmal versuchte der Ehemann, an Stelle seiner Frau zu antworten, obwohl ich gewöhnlich die Ehemänner darum bat, uns allein zu lassen. Manchmal kamen Freundinnen vorbei und wollten auch ihre Meinung zum besten geben, oder es stand ein Schwarm Kinder herum und kicherte. Sie nannten mich die »Ameriki poochnee wallee«, was soviel heißt wie »die amerikanische Fragenstellerin«. Meistens war es zum Ersticken heiß, und die Fliegen surrten mir ununterbrochen um den Kopf.

Manchmal verlor ich den Mut und sagte mir, daß der Fragebogen eine schlechte Idee gewesen sei und ich so nicht weiterkommen würde. Ich wußte, daß viele Antworten geschönt waren und daß die von mir arrangierte künstliche Situation des Interviews nicht der beste Weg war, die Wahrheit über das Leben der Frauen auf dem Lande zu erfahren. Und trotzdem war es ein Anfang, eine Methode, sie kennenzulernen. Die Interviews gaben mir Gelegenheit, stundenlang in ihren Häusern zu verbringen. Ich beobachtete, wie sie den *chapati*-Teig für die Fladen kneteten, sah zu, wie sie ihre Babys mit Senföl massierten, und hörte, wie sie sich mit ihren Schwiegermüttern stritten. Die Frauen waren zwar arm, doch dies bedeutete nicht, daß sie alle verkümmerte Persönlichkeiten waren. Als ich einmal die Schwiegertochter des Dorfobersten, Santosh Kumari, danach fragte, ob sie bei ihrer arrangierten Eheschließung überhaupt ein Mitspracherecht gehabt habe, lachte sie und deutete auf den Lehmboden und die bröckelnden Ziegelwände ihres Hauses. »Wenn man mich gefragt hätte, wäre ich nicht in dieses Haus gekommen«, sagte sie. »Ich hätte mir einen besseren Platz ausgesucht.« Als ich sie fragte, ob sie von ihrer Schwiegermutter gut behandelt würde, lachte sie wieder. »Wenn meine Schwiegermutter nun schlecht wäre«, sagte sie, »würden Sie mir eine gute bringen?«

Bekannte von mir, die in ländlichen Entwicklungsprojekten tätig waren, hatten mir geraten, bei meinen Fragen so genau wie nur möglich zu sein. Mit abstrakten Begriffen wie Gerechtigkeit und Gleichheit würde ich nicht weit kommen, sagten sie. Also formulierte ich zu den grundlegenden Themen jeweils einen Block einfacher Fragen. Zum Beispiel: »Welche Ausbildung haben Sie genossen?« – »Würden Sie gerne lesen und schreiben lernen?« – »Warum haben Sie keine Schule besucht?« – »Gehen Ihre Kinder zur Schule?« – »Für wen ist eine Ausbildung wichtiger, für Ihren Sohn oder für Ihre Tochter?« In allen Fällen war es so, daß die Söhne zur Schule gingen und die Töchter zu Hause blieben.

Außerdem bat ich alle Frauen, mir genau zu schildern, wie sie den vorangegangenen Tag verbracht hatten, und zwar vom Aufstehen bis zum Schlafengehen. Diese Details brachten mich immer zur gleichen Schlußfolgerung: Die Frauen arbeiteten härter als die Männer. Phula etwa war vierzig Jahre alt, Mutter von vier Kindern und Frau eines wohlhabenden Pasi-Bauern, der sein ganzes Leben in Khajuron verbracht hatte. Er baute Zuckerrohr, Kartoffeln, Reis, Koriander und Weizen an. Während der Ernte beschäftigte er bis zu fünfzehn Leute pro Tag und machte im Jahr nahezu tausend Dollar Gewinn. In der staatlichen Bevölkerungsstatistik würde jemand wie Phulas Mann als Haushaltsvorstand geführt, was ja auch zutraf, aber eine Frau wie Phula wäre als nicht arbeitende Abhängige registriert. Dabei arbeitete sie tatsächlich den ganzen Tag: »Gestern stand ich um fünf Uhr früh auf«, erzählte sie mir, als wir in einem dunklen, vollgestopften Zimmer saßen, das auf den Innenhof hinausging. Nach dem Aufstehen ging Phula in die Felder, eine halbe

Gayatri Devi, die ehemalige Maharani von Jaipur.

Ranjanben Atodariya (links) von der ländlichen SEWA-Fraktion nimmt einer schwangeren Mutter in einem Gujarat-Dorf eine Blutprobe ab.

Arun und
Manju Bharat Ram mit
ihrer Tochter in Delhi.

Jugendgruppen aus
Rajput bewachen den
sati-Platz
in Rajasthan, 1987.

Shabana Azmi (links) am Drehort für den Film *Sati*.

Rechte Seite:
Aparna Sen, Filmemacherin.

Smita Patil am Set von *Dance Dance*.

Mandakini (rechts) am Set von *Dance Dance* in Bombay.

Bhabhiji.

Muthaye ist die Frau, die ihre
zweite Tochter »schlafengelegt« hat.

Die Frauen stellen sich zur Stimmabgabe
für die Wahlen in Khajuron an, Juli 1988.

Ein Mitglied der »Self-Employed Women's Association« SEWA, das auf einem Webstuhl im Dorf Dev Dholera Stoffe herstellt.

Ela Bhatt.

Eine Gemüseverkäuferin aus der Gruppe »Working Women's Forum« in Madras.

Rechte Seite:
Eine *dai*, eine Amme, während einer Ausbildungspause im ländlichen Gujarat.

Drei muslimische Frauen in *purdah*.

Stunde hin und eine halbe Stunde zurück, denn die Familie hatte keine Toilette. Als sie zurückkam, wusch sie die Töpfe ab, die sie für das Essen am Vorabend benutzt hatte. Seife war Luxus, deshalb benutzte sie Sand und Wasser und scheuerte die Töpfe mit bloßen Händen. Sie fegte im ganzen Haus den Boden mit einem kurzstieligen Besen, den sie nur in Hockstellung benutzen konnte. Dann ging sie wieder zu den Feldern, um ein Bündel Gras für die Kühe zu holen. Dies dauerte mehrere Stunden, da sie die Dornen aus dem Gras entfernen mußte. Sie fütterte die Tiere und ging dann zurück ins Haus, um für sich und ihren Mann das Mittagessen zu bereiten: Linseneintopf, *dal* genannt, dazu *chapatis* und Reis. Während der Hitze am Nachmittag ruhte sie und stand dann auf, um die Töpfe für das Abendessen zu säubern. Ein dutzendmal mußte sie Wasser vom Brunnen außerhalb ihres Hauses holen; außerdem mußte sie aus Kuhfladen Brennstoff bereiten. Und so sah es aus während der eher gemächlichen Zeit im Jahr. In wenigen Wochen, wenn der Weizen reif für die Ernte war, würde sie die meiste Zeit auf den Feldern verbringen und ihre Arbeit im Haushalt zwischendurch erledigen müssen. Sie fühlte sich von ihrem Mann gut behandelt, wenngleich er als Familienoberhaupt natürlich von gewissen Rechten Gebrauch machen konnte. »Manchmal schlägt er mich, wenn ich einen Fehler mache oder vergesse, die Tiere zu füttern«, sagte sie nüchtern. Phula war mit sieben Jahren verheiratet worden und lebte mit ihrem Mann seit dem vierzehnten Lebensjahr zusammen. Lesen und schreiben hatte sie nicht gelernt, weil ihre Eltern sie nicht zur Schule geschickt hatten. »Wenn ich eine Ausbildung gehabt hätte«, sagte sie, »hätte ich gearbeitet.« Mit »arbeiten« meinte sie für Geld arbeiten; die harte körperliche Arbeit, die sie den ganzen Tag über verrichtete, zählte für sie nicht. Von den fünfundzwanzig Frauen, die ich befragte, hatten neunzehn niemals eine Schule besucht. Die restlichen sechs, drei Brahmaninnen und drei aus wohlhabenden Bauernfamilien, waren wenigstens zur Grundschule gegangen.

Fast alle Männer hatten eine bessere Ausbildung als die Frauen, wenn diese auch oft zu nicht viel mehr taugte, als die lokalen Hindi-Zeitungen zu lesen und über Politik und andere ihr Leben betreffende Dinge zu diskutieren. Es waren fast immer die Männer, die entweder zu Fuß oder mit dem Fahrrad die kleinen Holzbuden an der Hauptstraße in Gurha zum Einkaufen aufsuchten, so daß eben nur die Männer im wahrsten Sinne des Wortes zum Markt der Meinungen und Ideen Zugang hatten. Sogar die Frauen aus den unteren Kasten, die die *purdah*-Vorschriften nicht einhielten, gingen selten zum Markt. Als ich sie nach dem Grund fragte, sagten sie meistens, daß sie keine Lust dazu hätten, weil der Weg zu weit sei oder weil sie es nicht mochten, wie sie dort von den Männern behandelt wurden. Was auch immer der Grund dafür war, die Frauen wurden dadurch noch stärker von der Gesellschaft und voneinander isoliert.

Fast jede Analphabetin, mit der ich sprach, sagte, sie hätte gerne eine Ausbildung gehabt, und wenn ich dann einen Schritt weiter ging und jede einzelne Frau danach fragte, was ihr eine Ausbildung eingebracht hätte, stellte sich heraus, daß viele fest davon überzeugt waren, daß sie durch eine Schulbildung dem Leben im Dorf und der Plackerei hätten entkommen können. »Wenn ich eine Ausbildung gehabt hätte, wäre ich eine wichtige Person und würde dies alles nicht tun«, sagte Sada Vati, die vierzigjährige Frau eines Bauern aus einer mittleren Kaste. Ich fragte sie, wo eine solche »wichtige Person« denn arbeiten würde. »Beim Staat«, antwortete sie, was in diesem Dorf die Bezeichnung für eine Arbeit in einem Büro des öffentlichen Dienstes war, in einer kleinen oder größeren Stadt, vielleicht sogar Lucknow, normalerweise im niederen Dienst, hinter einem Schreibtisch mit einem Gehalt bis ans Lebensende. Im Dorf wurde jegliche Arbeit, die nicht mit harter körperlicher Anstrengung verbunden war, als etwas ganz Wunderbares betrachtet. »Ich möchte meine Arbeit auf einem Stuhl sitzend verrichten«, sagte Rajban, eine Schneiderin und Mutter von fünf Kindern. Freilich war es naiv von den Frauen, anzunehmen, daß eine Ausbildung die Garantie für einen Job bedeutet hätte. Eines der größten Probleme in Indien waren die Millionen junger Männer mit höherem Schulabschluß oder Universitätsbildung, die keine Arbeit finden konnten.

Es war zumindest ein ermutigendes Zeichen, daß die Frauen von Khajuron damit anfingen, ihre Töchter zur Schule zu schikken, wenn auch nur sporadisch. In der Dorfschule, in der es zwei Klassenzimmer gab, waren dreiundneunzig Jungen und achtundachtzig Mädchen angemeldet. »Zuerst wurden die Mädchen nicht ausgebildet«, sagte mir der Direktor Cheta Lal. »Aber jetzt kommen schon ein paar mehr.« Es handelte sich allerdings nur um die Grundschule; achtzig Prozent der Jungen gingen zur weiterführenden Schule in Gurha, aber nur zwanzig Prozent der Mädchen. Und obwohl mir fast jede Frau, mit der ich sprach, sagte, es sei wichtig, Söhne und Töchter gleichermaßen auszubilden – ich bin sicher, daß sie das sagten, weil sie dachten, daß ich es hören wollte –, stellte sich, wenn ich nachhakte, heraus, daß die Jungen weit häufiger zur Schule geschickt wurden als die Mädchen. In einem Land ohne Sozialversicherungssystem war das nichts anderes als praktizierte Ökonomie. War in einer Familie das Geld knapp, war es sinnvoller, den Sohn auszubilden, der bei den Eltern blieb und sie im Alter unterstützen würde. Bei einem Mädchen wäre die Investition vergeudet, denn sie würde ihre Eltern nach der Hochzeit verlassen und bei ihrer Schwiegerfamilie leben. So wie Sada Vati, die Frau des Bauern, die gern »beim Staat« arbeiten würde, von ihrem Sohn und ihrer Tochter sagte: »Der Junge wird hier leben, aber meine Tochter wird uns verlassen.« Sada Vati hatte sich über ihre mangelnde Ausbildung beschwert, und dennoch schickte sie ihre siebenjährige Tochter nicht zur Schule, genau so wie ihre Mutter sie nicht zur Schule geschickt hatte.

Eines der ernsteren Probleme für die Frauen im Dorf war, daß es keine angemessene medizinische Versorgung gab. Zwar war dem Dorf eine staatlich ausgebildete Hebamme zugeteilt, aber diese lebte in Gurha und war mit ihrer Arbeit dort und in einem anderen Dorf derart überlastet, daß sie kaum nach Khajuron kam. Nur ein Drittel der Frauen, die ich befragte, nahmen ihre Dienste in Anspruch, obwohl sie nichts dafür zu bezahlen brauchten. Die meisten gingen zu einem Dr. Kamlesh in Gurha, der mehr als einen Dollar – der Lohn für zwei Tage Feldarbeit – für einen Besuch verlangte. An einer Wand in seiner Praxis hatte er ein Photo aufgehängt, das ihn selbst als Medizinstudenten neben einem Leichnam darstellte. Wer ernsthaft krank war, mußte bis nach Bachharawan oder sogar Lucknow fahren. Die meisten Frauen brachten ihre Kinder auf dem Boden ihrer Hütte zur Welt, und mindestens die Hälfte hatte ein Kind oder mehrere bei der Geburt oder wenige Jahre später verloren. Drei Frauen gaben zu, daß sie sich bemühten, ihre Familie nicht immer größer werden zu lassen, aber zwei von ihnen taten dies, indem sie nur hin und wieder Antibabypillen nahmen. Die dritte Frau, eine Brahmanin, ließ sich nach der Geburt ihres fünften Kindes von einem Arzt in Bachharawan die Spirale einsetzen. Die Familien hatten im Durchschnitt drei oder vier Kinder, aber Sheela, die dreißigjährige Frau des Silberschmieds im Dorf, hatte acht Kinder. Sie war mehr als bereit, keine Kinder mehr zu bekommen, aber ihr Mann ließ nicht zu, daß sie sich einer Sterilisation unterzog, die zudem vom Staat noch gefördert wurde. »Das ist nicht nötig«, beteuerte er. Sheela, die daneben auf einer Charpoy-Pritsche saß, zuckte mit den Achseln. »Er hat Angst, sie könnte mich schwächen«, sagte sie.

Es war nicht überraschend, daß die Frauen fast nichts über den Dorf-Rat oder den *panchayat* wußten, obwohl sie sich im allgemeinen an den Wahlen beteiligten, dabei aber in der Regel den Anweisungen ihrer Ehemänner folgten. Sieben behaupteten, niemals etwas vom *panchayat* gehört zu haben. Die Hälfte derer, die diese Einrichtung kannten, meinten, er bewirke Gutes. Der Rest war unzufrieden. »Es gibt keine Gerechtigkeit«, sagte

Rama Devi, eine Harijan-Frau, die als eine der Geburtshelferinnen im Dorf arbeitete. »Nur die reichen Leute haben Möglichkeiten, wir nicht.« Obwohl die Regierung des Bundesstaates Uttar Pradesh in jedem *panchayat* Plätze für Frauen vorschrieb, wurde diese Anordnung weithin ignoriert. Wie anderswo auch gab es in Khajuron keine weiblichen Ratsmitglieder, und die Frauen gingen nicht zu den Versammlungen. Aber die Frauen wußten sehr genau, wo die wirkliche Macht im Dorf lag. Als ich fragte, wer die mächtigste Person in Khajuron sei, nannte nur eine mir Shri Ram Choudhary, den amtierenden Dorfobersten. Fast alle anderen nannten Shardul Singh, den größten Grundbesitzer. Als ich sie nach dem Grund fragte, war ihre Antwort ganz einfach. »Er hat das meiste Geld und den größten Landbesitz«, sagte Vidhya Devi, eine fünfunddreißig Jahre alte Landarbeiterin.

Mehrere Frauen hatten noch nie von Rajiv Gandhi gehört, und die, die seinen Namen schon einmal gehört hatten, wußten nicht genau, wer er war. Die meisten kannten ihn nicht als Premierminister, sondern nur als Indira Gandhis Sohn, und im allgemeinen konnten sie nicht sagen, ob sie ihn für gut oder schlecht hielten. Indira Gandhi jedoch wurde weithin geschätzt. »Sie half den armen Leuten«, sagten mir mehrere Frauen. Manche identifizierten sich mit ihr als Frau und sagten, sie sei eine gute Führungspersönlichkeit, eben weil sie eine Frau sei.

Am Ende des Interviews fragte ich jede Frau, welches ihr größtes Problem sei. Die Antworten umfaßten Geldsorgen, Probleme bei der Verheiratung einer Tochter, das Bedürfnis nach einem besseren Haus oder Sorgen um den kranken Ehemann. Viele Frauen beklagten sich darüber, daß das Wasser der Brunnen ungenießbar sei oder daß sie zu wenig Land besäßen. Nur eine einzige Frau besaß Land, das auf ihren Namen eingeschrieben war. Die anderen waren nicht einmal Miteigentümerinnen beim Landbesitz ihrer Männer. Die Schwiegertochter des Dorfobersten beklagte sich, daß sie zu wenig hübsche Saris habe. Susheela Bajpai, die Frau des brahminischen Grundbesitzers, wünschte sich bessere Schulen für ihre Kinder. Sudevi, die Witwe, sagte, sie habe nicht genug Geld. Aber das offensichtlich bei weitem drängendste Problem war der Mangel an bezahlter Arbeit; es bedrückte die Menschen schwerer als die Sorgen um Erziehung oder ärztliche Versorgung. Für die Frauen gab es keine Möglichkeit, den Lebensunterhalt zu verdienen, sie besaßen keine Fertigkeiten und hatten keinerlei Berufsausbildung. Sie konnten höchstens Arbeit auf dem Feld finden, das aber nur sechs Monate im Jahr. Jede einzelne Frau, die ich befragte, wollte unbedingt irgendeine Handfertigkeit erlernen, aber in der Nähe von Khajuron gab es keine Fabrik und keine Möglichkeit, in Heimarbeit hergestellte Waren zu verkaufen.

Auch die folgende Frage stellte ich jeder Frau: »Wenn Sie die freie Wahl hätten, wie würden Sie leben und welchen Beruf würden Sie ausüben wollen?« Diese Frage verblüffte alle – das war eine jener Abstraktionen, die zu vermeiden mir geraten worden war –, aber ich war neugierig, und die Antworten waren aufschlußreich. Nahezu alle Frauen antworteten prompt: »Aber ich habe nichts gelernt, ich kann nichts tun.« Und wenn ich dann sagte: »Stellen Sie sich doch einmal vor« – und ›sich vorstellen‹ war das schwierige Wort –, »alles wäre möglich. Was würden Sie dann tun?«, dann stellte sich stets heraus, daß es für die Frauen fast unmöglich war, diesen Sprung zu tun. Wenn ich nicht lockerließ, sagten mir schließlich die Frauen meistens, sie wären gern Lehrerin. Es war einer der Berufe, über den sie etwas wußten. Lehrer waren gewöhnlich Brahmanen und wurden respektiert. Susheela Bajpai, die Frau des brahmanischen Grundbesitzers, wäre gern Lehrerin gewesen und Sudevi auch. Drei Frauen wären gerne Ärztin geworden und zwei hätten gerne zu Hause Näharbeiten verrichtet. Meine Lieblingsantwort kam von Phula, der Frau des wohlhabenden Pasi-Bauern. Sie wäre gerne in der Position des Dorfobersten gewesen, was ich als ein Zeichen besonders fortschrittlicher Gesinnung ansah.

Zu den Frauen, die mir besonders offen erschienen und mit mir auch über andere Dinge sprachen, ging ich öfters. Susheela, die brahmanische Grundbesitzer-Ehefrau, wollte immer gerne etwas Neues aus Neu-Delhi hören und bestand darauf, daß ich mit ihr zum Tee zusammensaß. Im Unterschied zu den anderen Frauen konnte Susheela sich mit mir über indische Filmstars unterhalten, weil sie drei oder vier Male im Jahr einen Ausflug nach Lucknow unternahm und dort ins Kino ging. Die Witwe Sudevi hatte in ihrem ganzen Leben noch nie einen Film gesehen. Als ich Sudevi während des *holi*-Festes, des Frühlingserntefestes Anfang März, wiedersah, hockte sie, bis zu den Knien mit Lehm beschmiert, in ihrer Hütte und reparierte endlich die zerbröckelnde Wand ihrer Behausung. Die aufregendste Neuigkeit in ihrem Leben war, daß ihre Schwiegertochter einen kleinen Jungen zur Welt gebracht hatte, der inzwischen vier Monate alt war. Erstaunlicherweise sah das Kind rund und gesund aus. Ich bat Sudevi und ihre Schwiegertochter mit dem Baby vors Haus zu kommen und machte im Nachmittagslicht ein Photo von allen dreien. Ich versprach ihnen, bei meinem nächsten Besuch einen Abzug mitzubringen.

Nach solch einem Tag im Dorf kehrte ich, wenn es dämmerte, total erschöpft in Bhabhijis Haus zurück. Bhabhiji gab mir dann immer eine Tasse ihres süßen Milchtees und forderte mich auf, mich auf der Charpoy-Pritsche neben dem Lehmofen auszuruhen. Der Ofen qualmte so stark, daß ich kaum atmen konnte – Bhabhiji hatte sich offenbar nach all den Jahren der Kocherei daran gewöhnt –, aber ich setzte mich trotzdem dorthin und sah ihr zu, wie sie auf einem kleinen Holzbrett auf dem Boden Zwiebeln schnitt. Als Gast durfte ich ihr nie helfen, aber Bhabhiji interessierte sich immer dafür, was ich den Tag über gemacht hatte. Also berichtete ich ihr ein wenig von dem, was die Frauen mir erzählt hatten. Ich glaube, sie fand es sehr merkwürdig, daß ich alle diese alltäglichen und bekannten Details aus dem Leben der Frauen sammelte. Wahrscheinlich hat sie sich gefragt, was es mir wohl nützen könnte, zu erfahren, daß Phula an diesem Morgen mehrere Stunden lang Futter für ihre Kühe gesammelt hatte. Ich stellte mir vor, wie es umgekehrt wäre, wenn Bhabhijis Tochter (ihr einziges Kind, das verheiratet war und in einem anderen Dorf wohnte) bei meiner Mutter in Cincinnati auftauchen würde, um sie darüber zu befragen, wie lange sie brauchte, um mit dem Auto zum Supermarkt zu fahren.

Wenn Bhabhiji und ich miteinander sprachen, war ihr Ehemann draußen und überwachte entweder das Schlachten der Hühner oder das Rupfen des Wasservogels, der am Nachmittag im nahe gelegenen Sumpf geschossen worden war. Bhabhijis Mann brachte den Vogel herein, sein helles rotes Fleisch war in kleine Stücke geschnitten, die Bhabhiji zu den Zwiebeln, dem Senföl und den Gewürzen hinzutat, die in einem Messingtopf schon auf dem Ofen schmorten. Die Gewürze – Zimt, Koriander, rote Chili, Lorbeerblätter, Nelken und Kardamom – waren am Nachmittag von einer ihrer Bediensteten gemahlen worden. Da sie die Frau des zweitgrößten Grundbesitzers von Khajuron war, hatte Bhabhiji zwei oder drei Bedienstete, die für ein paar Stunden am Tag kamen, um ihr bei der Wäsche, dem Abwasch der Töpfe und, wie in diesem Fall, beim Mahlen der Gewürze halfen. Die Gewürze wurden mit einem zylinderförmigen Stein zerdrückt, der wie ein Nudelholz auf einer flachen Steinplatte hin- und hergerollt wurde. Das war eine mühselige Arbeit, und Bhabhiji tat sie selten selbst. Aber sie sorgte dafür, daß die Gewürze für jedes Essen von ihr selbst zusammengestellt wurden.

Während Bhabhiji kochte, versammelten sich die Männer unter dem Neem-Baum zum abendlichen Gespräch. Steve und Dr. Singh waren um diese Zeit gewöhnlich zurückgekehrt, beide ziemlich erschöpft. Dr. Singh pflegte ins Haus zu gehen, um sich von seiner Schwägerin eine Tasse Tee zu holen, während Steve und ich in unsere Hütte gingen und unsere Aufzeichnungen vom Tage verglichen. Oft überkam uns der große

Frust. »Das ist der härteste Job, den ich jemals gehabt habe«, sagte Steve jeden Abend. Er sammelte – ihm schien, im Schneckentempo – Material für etwas, das schließlich eine fünfteilige Serie über Kastenwesen, Dorfpolitik, Familienplanung, Religion und sich anbahnende Veränderungen in Gurha werden sollte. Ich beklagte mich gewöhnlich darüber, daß ich in sechs Stunden nur drei Interviews geschafft hätte und dabei nichts Aufregenderes herausgekommen sei, als daß meine Gesprächspartner alle mittags *chapatis* gegessen hätten. An anderen Tagen konnten Steve und ich uns nur darüber wundern, wie geschickt die Dorfbewohner sich mit unklaren Andeutungen unseren Fragen entzogen. Typisch war, wie ein Mann Steve und Dr. Singh einmal erzählte, er habe weder Frau noch Kinder, sich kurze Zeit später dann aber entschuldigte, weil, wie er sagte, seine Frau und seine Kinder zu Hause auf ihn warteten. Steve machte Dr. Singh auf englisch auf diesen Widerspruch aufmerksam. »Ja«, sagte Dr. Singh diplomatisch, »zuerst sagte er jenes und nun sagt er eben dieses.« Damit war die Diskussion zu Ende. Dr. Singh war vor allem ein unendlich höflicher Mann, der zumindest gelernt hatte, daß es in den Dörfern Dinge gab, die man beim besten Willen nicht ergründen konnte.

In der Abenddämmerung hatten die Männer unter dem Neem-Baum ein Feuer entfacht. Es war mit Abstand die angenehmste Zeit des Tages. Manchmal, wenn wir um das Feuer herumsaßen, erzählte uns Dr. Singh über seine Kindheit im Dorf. Besonders liebte ich die Geschichte von dem Affen, der ihn einmal gekidnappt hatte. Als er sie zum erstenmal erzählte, lachten wir, aber Dr. Singh schwor, daß sie der Wahrheit entsprach. Als er noch ein Baby war, erzählte er, habe eine Äffin ihn aus dem Haus geholt und sei mit ihm in den Armen in die Wipfel des Neem-Baums hinaufgeflohen. Die Familie war außer sich. »Sie riefen nach der Äffin, aber sie dachte nicht daran, herunterzukommen«, sagte Dr. Singh. »Früchte und andere Lockmittel konnten sie nicht bewegen, herunterzukommen.« Nach einiger

Zeit gab die Äffin das Baby wieder frei, lieferte es sicher und gesund wieder ab. »Ja«, sagte Dr. Singh vergnügt und zufrieden, »sie liebte mich eben.« An anderen Abenden erschien der Dorfoberste von Gurha und stellte uns lauter Fragen über die Vereinigten Staaten. »Dürfen Witwen in Ihrem Land wieder heiraten?« wollte er einmal wissen. »Gibt es in den amerikanischen Dörfern elektrischen Strom? Beuten die Reichen die Armen aus?« Auch Dr. Singh hatte einige Fragen. »Wenn in Amerika jemand Schuster ist« – in Indien gehören Schuster zu den Harijans – »und er verdient eine Menge Geld, wird er dann trotz seines Berufes geachtet?«

Wenn die Unterhaltung versiegte oder allzusehr in der Dorfpolitik von Gurha steckengeblieben war, ging ich gewöhnlich ins Haus, um Bhabhiji bei der Vorbereitung des Essens zuzuschauen. Eine von Dr. Singhs Töchtern half ihr immer, meistens beim Ausrollen des *chapati*-Teigs. Gegen neun oder zehn Uhr wurden wir zum Essen hereingerufen. Dr. Singh, Steve und ich saßen im Schneidersitz auf Schilfmatten in der Mitte des Innenhofs, während Bhabhiji und Sheo Singh uns Vogel-, Hühner- oder Ziegenfleisch in kleinen Schalen servierten. Es gab ofenwarme *chapatis*, die in die Soße getaucht wurden, und Reis. Das Essen war scharf, würzig und überaus köstlich.

Man hätte Khajuron auf den ersten Blick für ein Dorf halten können, in dem die Menschen ein zwar sorgenreiches, aber im Grunde einfaches Leben weitab von den Komplikationen der modernen Welt führten. Natürlich waren die Menschen in Khajuron nicht anders als sonstwo auf der Welt – sie ärgerten sich über die reichen Grundbesitzer, stritten sich mit ihren Nachbarn, setzten allen Ehrgeiz in ihre Kinder, blickten herab auf die Menschen, die sie nicht als ebenbürtig ansahen, und hatten emotionale Probleme, mit denen sie selbst nicht fertig wurden. Für daraus erwachsende Angstzustände brauchten sie Phulas Mann, der nebenbei als Zauberer und Wunderheiler arbeitete.

Im Monat kamen etwa zehn bis zwanzig Leute zu ihm, die sich krank fühlten oder glaubten, von einem bösen Geist besessen zu sein. Ramjiai, eine fünfundzwanzigjährige Gemüsepflückerin und Mutter zweier Kinder, kam eines Tages zu ihm mit Magenschmerzen, die sie, wie sie überzeugt war, von den bösen Geistern auf den Feldern aufgeschnappt hatte. Phulas Mann hielt eine Gewürznelke in der Hand und rezitierte einen bestimmten ›Mantra‹-Vers, den er von seinem Guru gelernt hatte, dann blies er die Gewürznelke fort. Zwei Stunden später waren Ramjiais Magenschmerzen verschwunden. »Dabei gibt es gar keine bösen Geister«, erklärte mir Phulas Mann. »Es gibt nur Krankheiten, aber die Leute glauben an böse Geister, und wenn ich einen ›Mantra‹-Vers spreche, meinen die Leute, der böse Geist sei verjagt worden. Sie glauben daran, geheilt worden zu sein – und sie sind tatsächlich geheilt worden.« Phulas Mann berichtete, daß seine Erfolgsrate neunzig Prozent betrage.

Die Grundbesitzer, die *zamindars*, waren die eigentlichen Herrscher im Dorf. Sie waren durch ein System kleiner Farmpachtverträge reich geworden, in denen die Bauern das Land des Grundbesitzers zwar bebauen, jedoch nur einen kleinen Anteil der Ernte für sich selbst behalten durften. Die Grundbesitzer bauten geräumige Häuser und lebten ein wahrhaft fürstliches Leben. Erst 1952, fünf Jahre nachdem Indien unabhängig geworden war, schaffte die neue Regierung das *zamindari*, eine Art modernes Lehenswesen, ab und zwang die Grundbesitzer, den größten Teil ihrer riesigen Ländereien abzugeben. Das war das Ende der Feudalherrschaft und der Beginn – jedenfalls wurde das erhofft – moderner Zeiten.

Babu Achal Singh aus der Kshatriya-Kaste, der damals größte Grundbesitzer von Khajuron, war nun einer derjenigen, die sich plötzlich gezwungen sahen, in dieser neuen Welt zu leben. Früher einmal erstreckte sich Babu Achal Singhs Besitz über dreieinhalb Kilometer in die eine und viereinhalb Kilometer in die andere Richtung, schloß sechzehn Dörfer mit ein und brachte ihm so viel Geld, daß er sich in seinem riesigen Haus hoch über den Feldern zwanzig Dienstboten halten konnte. Nach der Landreform waren seine Ländereien auf sechzig Morgen reduziert worden, und dies allein war schon schlimm genug für ihn. Aber viel schlimmer war der Aufstieg von Rameshwar Prasad.

Prasad war ein Pasi der niederen Kaste, geboren und aufgewachsen in Pasitolla, hatte einen Hochschulabschluß, politischen Ehrgeiz und haßte zeit seines Lebens die Grundbesitzer. Sie hatten sein Volk zu lange ausgebeutet und jetzt nach der Unabhängigkeit und mit der Landreform war er zumindest in der Position, um etwas dagegen zu tun. Im Jahr 1948 zeigte er Babu Achal Singh bei den zuständigen Behörden an, weil dieser angeblich die Ermordung Mahatma Gandhis, des Verfechters der Rechte der unteren Kasten und der Unabhängigkeit, gefeiert habe. Singh sagte, er habe bloß Süßigkeiten bei der Einweihung der neuen Zuckerrohrpresse verteilt. Dennoch landete er für zwei Wochen im Gefängnis. Prasads wahrer Aufstieg begann im darauffolgenden Jahr, als ihn die zahlenmäßig überwiegenden niederen Kasten bei den ersten Wahlen, die im unabhängigen Indien abgehalten wurden, zum Dorfobersten von Khajuron wählten. Für die Harijans von Khajuron bedeutete das eine erstaunliche Wende. Nach jahrhundertelanger Unterdrückung verfügte nun einer aus ihren Reihen über politische Macht. Dies gab ihnen zur Hoffnung Anlaß, daß sich ihre Lebenssituation schließlich doch noch ändern werde. Prasad verstand es, ihre Unterstützung noch auszubauen. Als 1952 das *zamindari*-System abgeschafft wurde, war er für die Congress-Partei ins Parlament von Uttar Pradesh gewählt worden.

Das gab Babu Achal Singh den Rest. Er gelangte zu der Überzeugung, daß für einen Mann wie ihn kein Platz im neuen Indien mehr sei, und drei Jahre später war er tot. Seine beiden Söhne, die erst kürzlich aus der nahen Stadt Allahabad ins Dorf zurückgekommen waren, übernahmen den Besitz. Ein Sohn war Amar Singh, der andere Shardul Singh. Es begannen schreckliche Zeiten für sie. Sie waren jung und unerfahren, der Getreidepreis war niedrig, und Prasad verspottete sie in aller Öffentlichkeit. Eines Tages nannte er sie im Dorf zwei kleine Hühnchen und prahlte damit, daß er ihnen bald die letzten Federn ausrupfen werde. Als 1959 die Regierung damit begann, Grundbesitz zu konsolidieren, indem sie nach einem detaillierten Plan verstreuten Grundbesitz einzelner Familien zu größeren Einheiten zusammenfaßte, war dies – so sahen es die Grundbesitzer – für Prasad die Gelegenheit zum Ausbau seiner Macht. Die Grundbesitzer beschuldigten Prasad, ihre Besitztümer weiter verkleinern zu wollen, Leute dazu anzustiften, Land, das anderen gehörte, für sich zu reklamieren.

Um das Jahr 1961 gelangten die Grundbesitzer zu der Überzeugung, daß bei derlei Machenschaften auch andere Dorfbewohner sich von Prasad zurückzogen. Shardul und Amar Singh, die das Gefühl der Ohnmacht allmählich leid waren, stellten einen Wäscher und ein paar andere für die Wahlen zum Dorf-Rat 1961 auf. Eine Reihe ihrer Kandidaten waren bei den Wahlen erfolgreich, und dies ermutigte sie, im nächsten Jahr bei den Parlamentswahlen in Uttar Pradesh einen Gegenkandidaten für Prasad aufzustellen. Dieser Gegenkandidat war ein Pasi; sie hofften, daß einer aus Prasads eigener Kaste ihm Stimmen abnehmen werde. Prasad wurde wirklich geschlagen, und die Macht war wieder dort, wo sie immer gewesen war, nämlich in den Händen der Grundbesitzer.

Doch brachte die erneute Machtübernahme der Grundbesitzer keinen Frieden. Die Streitereien setzten sich fort und schlugen bald um in Gewalttätigkeit. Zuerst ermordeten ein paar Männer der Grundbesitzer einen von Prasads Anhängern, wodurch die Spannungen in der Pasi-Gemeinschaft wuchsen. Bhabhijis Ehemann und zwei andere Männer schmiedeten Rachepläne. Eines Abends bei Sonnenuntergang stürzten sie sich auf Prasad, als dieser gerade vom Feld nach Hause ging, und warfen ihn zu Boden. Bhabhijis Mann, Sheo Singh, unser Gastgeber, schnitt dann Prasad mit einem Messer die Nase fast vollständig ab.

Als Prasad endgültig besiegt war, ebbte die Auseinandersetzung ab, und im Jahr 1973 wurde Shardul Singh zum Chef des zuständigen Bezirks gewählt und hatte damit die Aufsicht über Khajuron und fünfzig andere Dörfer. Von dieser Zeit an ging es in Khajuron relativ friedlich zu, obwohl in der Dorfpolitik Rivalitäten und Mißgunst weiterhin eine Rolle spielten.

Bei der Wahl im Juni 1988 wurde Arvind Kumar Awasthi, der brahmanische Herausforderer, zum neuen Dorfobersten erklärt. Er setzte sich mit 389 Stimmen durch, gegen die 278 für Prasad und die 254 für Shri Ram Choudhary. Daß der von den Grundbesitzern unterstützte Amtsinhaber geschlagen wurde, war nicht wirklich eine Überraschung. In der Geschichte von Khajuron ist es keinem Dorfobersten jemals gelungen, wiedergewählt zu werden. Arvind Kumar Awasthi hatte mit Unterstützung der großen Brahmanengemeinde Khajurons gewonnen, auch einige Wähler der mittleren Kasten und einige wenige Kshatriyas, die sich von den anderen Grundbesitzern abgespalten hatten, waren dabei. Zwar habe ich niemals herausfinden können, ob die Beschuldigungen des Stimmenkaufs berechtigt waren, aber immerhin war klar, daß Awasthi ein junger Mann war, der keine Zeit verlieren wollte und seinen Wahlkampf mit großer Energie geführt hatte.

Als ich ihn aber danach fragte, was er für die Frauen zu tun gedenke, hatte ich ganz und gar nicht den Eindruck, daß mir ein Vertreter der neuen Generation antwortete. »Die Damen in diesem Dorf wollen gar nichts tun«, belehrte er mich. »Selbst wenn man sich darum bemüht, wollen sie immer noch nichts tun. Sie sind in ihrem Verhalten sehr traditionell.«

Ich glaube allerdings, daß es auch nicht viel geändert hätte, wenn der neue Dorfoberste wie durch ein Wunder eine aufgeklärte Haltung den Frauen gegenüber eingenommen hätte. Wie die Dinge lagen, berührten Wahlen wie diese das Leben der Frauen kaum. Von den Nachbarn hörten sie zwar, was es Neues gab, am Wahlkampf selbst aber nahmen sie nicht teil und gaben ihre Stimme dem, den ihre Männer wählten. Die Frauen führten ein Schattendasein, sie und ihre Angelegenheiten spielten weder in den Debatten im Dorf noch bei Zukunftsplänen eine Rolle. In ihrem Leben, wie Simone de Beauvoir in ihrem Buch *Das andere Geschlecht* schrieb, befaßten sie sich nie mit Dingen, die über die bloße Existenzsicherung hinausgingen; sie waren voll und ganz mit der Erhaltung des Lebens beschäftigt, mit der Geburt und dem Tod von Babys, mit der Aufzucht der Kinder und damit, sie zu verheiraten und so den Kreislauf neu zu beginnen. Die Arbeit der Frauen war lebenserhaltend, aber größtenteils unsichtbar. Das wurde als selbstverständlich akzeptiert; nur eine Frau, mit der ich sprach, spürte in etwa, daß es nicht ganz gerecht war. »Männer sind nicht klüger«, sagte Sheela, die Frau des Silberschmieds. »Aber sie haben eine Ausbildung und gehen aus dem Haus. Die Frauen bleiben daheim.«

Als ich das Dorf am Wahltag zum letztenmal verließ, hatte ich das Gefühl, gerade erst begonnen zu haben. Es war, als hätte ich von fünfzig gerade eineinhalb Schleier weggezogen, als ob alles, was ich erfahren hatte, nur ein kleines Fünkchen Wahrheit gewesen war. Schließlich hatte Susheela Bapjai erst bei unserem letzten gemeinsamen Tee, am Tag vor der Wahl, zugegeben, was sie bisher geleugnet hatte und was doch immer offensichtlich gewesen war, nämlich daß ihr die *purdah*-Vorschriften mißfielen. »Ich würde gern hinausgehen und Leute sehen«, sagte sie. »Aber das kann ich nicht. Dann gibt es bloß Gerede, und die Leute sagen: ›Warum fängst du mit sowas an?‹ «

In diesem Dorf habe ich begriffen, was die grundlegenden, jahrhundertealten Probleme der Frauen in Indien waren. Ich verließ Khajuron und fragte mich, ob sich jemals etwas ändern würde und ob es einer Regierung oder einer Frauenbewegung überhaupt möglich sein würde, das Leben der Frauen dort nachhaltig zu beeinflussen. Gleichzeitig hatte ich großen Respekt vor der Widerstandsfähigkeit und Kraft dieser Frauen. Ohne sie, besonders ohne Bhabhiji, die mir das meiste beibrachte, wäre mir all das entgangen, was mich auf meiner Reise durch Indien am meisten bewegt und beflügelt hat.

5 Nicht noch mehr kleine Mädchen

Kindesmord an Mädchen bei den Armen von Tamil Nadu und geschlechtsspezifische Abtreibung bei den Reichen in Bombay

Wenn man von dem tausend Jahre alten Hindutempel oben auf den Hügeln in das Tal von Belukkurichi hinunterblickt, wirkt es wie eine üppige, absonderliche Illustration aus einem Märchenbuch; herausgeputzt und puppig liegt es vor einem. Gruppen von Kokospalmen ragen aus der Landschaft und kleine Autos bewegen sich geschäftig die Straßen entlang, die durch die leuchtenden Zuckerrohrfelder führen. Belukkurichi liegt tief im Innern des südindischen Staates Tamil Nadu, weit entfernt von der Ebene von Khajuron. Die Landschaft ist feucht und läßt die Umrisse der Häuser unten im Dorf weich und abgerundet erscheinen. Aus dieser Entfernung erscheint das Bild ruhig und heiter und das Leben dort freundlich. Wenn man vom Tempel herabsteigt, werden diese Eindrücke durch das, was man zuerst wahrnimmt, nicht radikal verändert. Zwar stehen die graubraunen kleinen Lehmhütten dicht gedrängt an den rötlichen, unbefestigten Straßen, die mit Müll übersät sind, aber die meisten haben Strom und zwei Dutzend sogar ein Fernsehgerät. Viele der dreitausend Bewohner von Belukkurichi erscheinen fast schon pummelig, was man verstehen kann, wenn man sie mit großer Freude riesige Mengen Reis verschlingen sieht, den sie mit kühlem Joghurt mischen. Sogar die Harijans, so scheint es, sind mehr oder weniger gut genährt und sehen nicht so eingefallen und abgekämpft aus wie jene im Norden.

Wenn man sich dem Städtchen nähert, stößt man sogleich auf

die Merkmale gesunden dörflichen Handels: Fahrradreparaturwerkstätten, Verkaufsbuden, die süße Kekse in Glasgefäßen anbieten, Schweine, die in Gemüseabfällen wühlen, Stauden roter Bananen an den Teebuden. Im Dorf gibt es sogar eine kleine Bibliothek, eine Grundschule und ein altes Kino. Wenn man durch die Straßen geht, dröhnen einem die Ohren von der üblichen Filmmusik, die aus unsichtbaren Radios plärrt. Unter den Frauen, die hier einkaufen, ist der Prozentsatz derer, die lesen und schreiben können, höher als im Durchschnitt in Indien; außerdem verschleiern sie nicht aus Angst und Scham das Gesicht, wenn sie einem Fremden begegnen. Die jungen Mädchen und auch die erwachsenen Frauen stecken sich cremefarbene Jasminblüten in die Haare.

Und doch, in diesem Tal und auch in einem Nachbartal gibt es Familien, so erfuhr ich, die gelegentlich ihre neugeborenen Töchter vergiften. Im August 1987 lernte ich vier Paare kennen, alle aus der armen Landarbeiterschaft, die mir erzählten, daß die Not in ihrem Leben und die unendlich hohen Kosten, die die Verheiratung von Töchtern bereiten, sie dazu gezwungen haben, ihre kleinen Töchter umzubringen. »Ich bereue nicht, daß ich es getan habe«, sagte mir Mariaye, eine der vier Mütter, ganz ruhig. »Ich glaube sogar, das Richtige getan zu haben. Warum sollte ein Kind so leiden wie ich?«

Die vier Paare machten mir klar, daß diese Handlungsweise in der Gegend hier nichts Ungewöhnliches sei. Keiner wußte jedoch genau zu sagen, wie verbreitet der Kindesmord an Mädchen wirklich war. Sicherlich folgte nicht die Mehrheit diesem Brauch, und die Leute in den Tälern um Belukkurichi herum hielten ihn für schlecht. Aber das Phänomen war doch so verbreitet, daß die vom Staat eingesetzten Hebammen, die hier lebten, mir erzählten, sie fürchteten jedesmal um das Leben eines Neugeborenen, wenn es das Pech hatte, das dritte oder vierte Mädchen zu sein, das in einer armen Landarbeiterfamilie zur Welt kam. Solch eine Familie konnte sich die Kosten für die

Mitgift einer weiteren Tochter auf gar keinen Fall leisten. Das Problem bestand darin, daß der Mitgift-Brauch sich in Belukkurichi auch in den niederen Kasten verbreitet hatte, wo er zehn Jahre zuvor noch nicht praktiziert worden war. Die Geburt einer Tochter war zu einem schlimmen Schicksalsschlag geworden, der, so glaubten die Familien oft, ihr Überleben gefährden könnte. Bestenfalls sah die Familie in einer Tochter eine Investition, die wenig einbrachte. Auf dem Feld würde sie niemals so viel wie ein Sohn verdienen und ihr kleiner Beitrag, den sie durch die tägliche Arbeit leisten konnte, würde versiegen, wenn sie nach der Heirat die Familie verließe. Für manche in den Dörfern im Tal von Belukkurichi schien das »Schlafenlegen eines Kindes«, wie sie es nannten, der einzige Ausweg.

In gewisser Hinsicht war der Kindesmord an Mädchen nur die Arme-Leute-Version eines Phänomens, das sich in den oberen Klassen der indischen Gesellschaft breitmachte, nämlich die pränatalen Tests zur Geschlechtsbestimmung eines Kindes. Aus statistischen Erhebungen in Indien ging hervor, daß sich die meisten Frauen für eine Abtreibung entschieden, wenn der Test erbrachte, daß der Fötus weiblich war. Beide Praktiken, die geschlechtsspezifische Abtreibung und der Kindesmord an Mädchen, sind zweifellos extreme Handlungsweisen, und meine Reaktion darauf war Abscheu. Solches Verhalten zu erforschen liegt mir am Herzen, denn ich meine, daß sie Symptome des größeren Problems zum Ausdruck bringen, dem sich die indischen Frauen in Indien gegenübersehen.

Als Zeugin einer Geburt in Belukkurichi wurde mir klar, wie tief die Wurzeln dieses Problems liegen. Ich führte meine Gespräche mit Hilfe einer Mitarbeiterin von einem kommunalen Entwicklungsprojekt aus Madras, der Hauptstadt des Bundesstaates. Jaya hatte mit Unterbrechungen eineinhalb Jahre in Belukkurichi gelebt und sprach ein Oberkasten-Tamil, die Landessprache von Tamil Nadu. Sie mußte sich immer wieder daran erinnern, auf den freieren, nicht so herrischen Dialekt der

Gegend umzuschalten, wenn sie mit den Dorfbewohnern arbeitete. Warum das so entscheidend war, wurde am Tag, als das Baby geboren wurde, offensichtlich. Man lud mich, die fremde Besucherin, ein, die Geburt im Kreißsaal mitzuerleben. Nie zuvor hatte ich gesehen, wie ein Kind geboren wird, und als der stramme, acht Pfund schwere kleine Junge auf einem Tisch im Kreißsaal lag und man ihn schreien hörte, war ich zu Tränen gerührt. Zum erstenmal in meinem Leben begriff ich, was ich schon so oft gehört hatte, daß die Geburt eines Kindes einerseits etwas ganz Gewöhnliches, andererseits eine unvergleichliche Erfahrung im Leben ist. Während ich zusah, wie die Hebammen das Neugeborene wuschen, dachte ich mir, wie erstaunlich es doch eigentlich war, daß ein so gesundes vollkommenes Geschöpf von einer armen Dorffrau zur Welt gebracht worden war, die weder ausreichende Ernährung noch angemessene medizinische Versorgung erhalten hatte. Besonders in diesem Dorf erschien mir die Geburt dieses Babys als ein wahres Wunder.

Gleich darauf wurde ich in die indische Wirklichkeit zurückgeholt. Die Hebammen sagten der Frau, es sei ein Junge, aber als Jaya kurze Zeit später hereinkam, lächelte sie und beglückwünschte die Frau zu ihrem neuen *pillai* – was in Jayas Oberkasten-Tamil soviel wie ›Junge‹ heißt. Aber im Dialekt dieser Gegend hieß *pillai* ›Mädchen‹, und die Frau dachte nun, sie habe ein Mädchen zur Welt gebracht, und war entsprechend entsetzt.

»Aber Sie sagten mir doch, es sei ein Junge«, sagte sie vorwurfsvoll zu den Hebammen. »Lügen Sie mich an?«

Eine der Hebammen hielt ihr daraufhin das Baby vor die Augen. Die Mutter lächelte erleichtert. »Niemand lügt Sie an«, sagte die Hebamme und erklärte ihr dann die unterschiedliche Bedeutung des Wortes *pillai*.

Hinterher erzählten mir die Hebammen, sie wüßten genau, daß die Frau ihre zweite Tochter umgebracht habe. Wenn das Neugeborene ein Mädchen gewesen wäre, hätte sie es auch wieder umgebracht.

Als erste belegten die Engländer im ausgehenden achtzehnten Jahrhundert die Praxis der Tötung weiblicher Nachkommen, vor allem unter den oberen Kasten im indischen Norden. In manchen Gegenden, so geht aus offiziellen Berichten hervor, gab es Dörfer, in denen kein einziges weibliches Kind zu finden war. In ihrem Buch *British Social Policy and Female Infanticide in India* (Britische Sozialpolitik und die Tötung weiblicher Nachkommen in Indien) berichtet Lalita Panigrahi, daß James Thomason, ein britischer Beamter, im Jahr 1835 in einem Gespräch mit einer Gruppe von Landbesitzern im östlichen Uttar Pradesh einen seiner Gesprächspartner irrtümlich als Schwiegersohn eines anderen bezeichnete. »Dieser Irrtum«, so Panigrahi weiter, »löste sarkastisches Gelächter aus, und einer der Umstehenden erklärte kurzerhand, daß der Angesprochene kein Schwiegersohn sein könnte, da es im ganzen Dorf keine Töchter gebe. Man erzählte Thomason, daß die Geburt einer Tochter als ein schwerer Schicksalsschlag angesehen wurde und man sie daher nur selten am Leben ließ. Zwar wurde nicht direkt Gewalt angewandt, aber man vernachlässigte sie und ließ sie verhungern.«

Die Engländer verboten Kindestötungen im Jahre 1870, und ein Jahrhundert später glaubten die gebildeten Inder, die Praxis sei, ähnlich wie *sati*, so gut wie ausgestorben. Dieser Glaube wurde im Juni 1986 nachhaltig erschüttert, als die Zeitschrift *India Today* unter der Überschrift *Zum Sterben geboren* eine Titelgeschichte veröffentlichte, die wie eine Bombe einschlug. Darin hieß es, daß nach Schätzungen etwa sechstausend weibliche Babys während der letzten zehn Jahre allein im Distrikt um die Stadt Madurai in Tamil Nadu herum vergiftet worden waren. Zwar ließe sich nicht feststellen, wie exakt diese Schätzung sei, aber es sei Tatsache, daß die Tötung weiblicher Neugeborener unter den etwa zweihunderttausend Angehörigen der armen Subkaste der Kallar weithin üblich sei und daß diese ihren neugeborenen Töchtern die todbringenden Oleanderbeeren zu essen gaben, die sie von ihren Feldern holten. »In fast jeder armen Kallar-Familie ist in den letzten zehn Jahren irgendwann einmal ein weiblicher Säugling umgebracht worden«, berichtete ein Landarbeiter namens Muniamma in *India Today*.

Die *India Today*-Geschichte entsetzte die Leute – erstaunlicherweise. Immerhin war die Vernachlässigung weiblicher Babys eine ganz normale Angelegenheit. Wie alle Untersuchungen übereinstimmend zeigen, bekommen weibliche Babys nicht dieselbe Nahrung und dieselbe medizinische Betreuung wie die männlichen. Außerdem leiden sie auch häufiger unter schwerer Unterernährung. Weibliche Babys sterben häufiger als männliche Babys, obwohl in der medizinischen Forschung seit langem feststeht, daß neugeborene Mädchen in der Regel biologisch stärker sind als Jungen.

Indien gehört zu den wenigen Ländern auf der Welt, in denen es mehr Männer als Frauen gibt, wobei sich die Zahl der Frauen seit der Jahrhundertwende im Verhältnis noch verringert hat. Laut indischer Bevölkerungsstatistik kamen im Jahre 1901 noch 972 Frauen auf 1000 Männer; im Jahre 1981 hatte sich das Verhältnis auf 933 zu 1000 verschlechtert.

Als ich nach der Geschichte in *India Today* anfing, mich mit dem empfindlichen Thema zu befassen, war mir klar, daß ich mir da eine sehr ehrgeizige und möglicherweise unrealistische Aufgabe gestellt hatte. Redaktionsmitglieder erzählten mir, daß der Bericht *Zum Sterben geboren* unter den Kallars von Madurai eine derartige Empörung hervorgerufen hatte, daß die Zeitschrift auf den Straßen verbrannt wurde. Die Redakteure glaubten, daß in Madurai niemand mit mir sprechen werde und rieten mir, ein anderes Gebiet in Tamil Nadu aufzusuchen, wo Kindestötungen ebenfalls verbreitet sein sollten, und eine Begleiterin mitzunehmen, die den Leuten dort bekannt war und vertrauenswürdig erschien. (Die Tötung weiblicher Nachkommen war keineswegs auf Tamil Nadu beschränkt. Im Oktober 1988, wenige Monate nachdem ich Indien verlassen hatte, berichtete

India Today, daß in einer zwölf Dörfer umfassenden Region in einem entlegenen Gebiet West-Rajasthans jedes Jahr etwa 150 neugeborene Töchter getötet wurden. Unter den etwa 10000 Bewohnern der Region gab es dem Bericht zufolge nur 50 junge Mädchen.)

Der Korrespondent von *India Today* in Tamil Nadu verwies mich an Jaya Gokulamani, eine Mitarbeiterin in einem ländlichen Entwicklungsprojekt. Ich suchte sie in ihrer Wohnung in Madras auf. Sie war eine vierundvierzig Jahre alte Witwe, Brahmanin, groß, beeindruckend und strahlte Warmherzigkeit aus. Sie hatte vor sechs Jahren ihren Mann verloren und damit ein angenehmes, mit Musizieren und Malen ausgefülltes Leben in einem Haus mit acht Schlafzimmern. Als ich sie traf, arbeitete sie an zwei Nachmittagen der Woche als Ansagerin auf der Pferderennbahn. Sie kannte die Dorfbewohner von Belukkurichi, was etwa acht Autostunden von Madras entfernt lag, weil sie einem Gesundheitsprojekt der dänischen Regierung im Salem-Distrikt, zu dem auch Belukkurichi gehörte, als Beraterin diente. Sie sollte die Arbeit und die Lebensbedingungen von Angestellten der indischen Gesundheitsbehörde in dieser Region untersuchen und den Dorfbewohnern bei der Verwaltung eines neu eingerichteten »Gemeinde-Sozialfonds« helfen, mit dessen Geldern, zum Beispiel, der Bau von Straßen und öffentlichen Toiletten gefördert wurde. Es war nicht gerade das Leben, das sie sich vorgestellt hatte, aber in gewisser Weise war es eine moderne Art, mit dem Witwenschicksal in Indien fertig zu werden. Jaya dachte nicht daran, sich wieder zu verheiraten – das komme in ihrer Kultur nicht in Betracht –, statt dessen wollte sie sich, wenn schon nicht wohltätigen Zwecken, so doch wenigstens einer nützlichen Aufgabe widmen. Ich denke auch, daß die Brahmanin in ihr – und sie war sehr brahmanisch – durchaus die Macht genoß, das Leben der Dorfbewohner zu verändern.

Auch Jaya war davon überzeugt, daß die Tötung weiblicher

Babys in der Gegend um Belukkurichi an der Tagesordnung war. Sie wollte mir gern als Vermittlerin und Dolmetscherin dienen. (Tamil, eine der fünfzehn offiziellen Sprachen in Indien, hat nicht die geringste Ähnlichkeit mit Hindi.) Die Arbeit, die ich ihr anbot, war zwar schwierig, aber relativ gut bezahlt, doch der wahre Grund für ihre Begeisterung war wohl, daß sie hoffte, ich würde in dem, was ich schrieb, einen sozialen Mißstand anprangern. Einen Monat zuvor hatte sie in Belukkurichi ein zehn Tage altes Mädchen sterben sehen, und daß sie nichts dagegen hatte tun können, setzte ihr sehr zu. »Ich möchte, daß die Leute das wissen«, sagte sie bestimmt. Die Mutter des Babys war während der Geburt gestorben, und die Verwandten hatten Jaya das gesunde Neugeborene gebracht. Sie kümmerte sich sechs Tage lang um das Kind, aber am siebten Tag forderte die Schwester der Mutter das Kind zurück. Jaya war lange genug in dieser Gegend gewesen, um das Schlimmste zu befürchten, deshalb sagte sie der Frau, sie habe Freunde, die das Kind aufziehen könnten. Aber die Frau lehnte ab, weil das Kind zur Familie gehöre. Jaya übergab ihr das Kind voller böser Ahnungen. Drei Tage später sah sie das Baby wieder, aber diesmal lag es blau angelaufen und dem Ersticken nahe auf dem Untersuchungstisch des örtlichen Arztes. Die beiden Großmütter des Kindes hatten das Baby gebracht. Sie sagten, es verweigere die Milch und habe Schwierigkeiten beim Atmen. Das Baby starb noch während der Untersuchung durch den Arzt. »Es war ein so schönes Mädchen gewesen«, sagte Jaya. »Es sah aus wie eine Puppe. Wenn es ein Sohn gewesen wäre, wäre das nicht passiert.«

Auf dem Weg nach Belukkurichi fuhren Jaya und ich von Madras aus nach Südwesten, ins Innere von Tamil Nadu, vorbei an hellgrünen Reisfeldern und einem an der Straße gelegenen Tempel, wo Jaya anhielt, um zu der südindischen Göttin Adhiparasakthi zu beten. Der Süden Indiens hat seine eigenen Götter, Sprachen, Speisen und Bräuche. Wie viele andere Reisende vor mir hatte ich den Eindruck, hier im Süden Indiens in einem ganz anderen Land zu sein. Nicht nur wirkte der Süden sauberer und üppiger in seiner Tropenpracht, auch die Leute selbst schienen die Freundlichkeit der Landschaft widerzuspiegeln. In seiner Geschichte brauchte sich der Süden niemals gegen den Ansturm von Eroberern zu verteidigen wie die, die über das zentralasiatische Gebirge nach Nordindien eindrangen. Die Südinder glauben, sie seien deshalb weniger aggressiv und ihre Kultur sei deshalb »rein« geblieben.

Jaya hatte ein ganzes Netz von Kontakten unter den Familien und den Mitarbeitern der Gesundheitsbehörden in dieser Gegend, und über sie erhielten wir Hinweise auf Paare, die ihre Töchter ›schlafengelegt‹ hatten. Belukkurichi war ungefähr hundertfünfzig Kilometer von jenem Gebiet in Tamil Nadu entfernt, auf das sich der Bericht *Zum Sterben geboren* in *India Today* bezog. Am Ende der Woche jedoch hatten Jaya und ich, nachdem wir lange die Täler in der Umgebung des Dorfes durchkämmt hatten, endlich vier Paare ausfindig gemacht, die uns nach langen Berichten über ihre Probleme schließlich sagten, sie hätten ihre weiblichen Babys getötet. Weil ich eine möglichst vollständige und authentische Geschichte schreiben wollte, fragte ich sie, ob ich ihre Namen verwenden dürfe, und sie willigten ein. Ich weiß immer noch nicht, warum. Ich erzählte ihnen, daß ich die erhaltenen Informationen in einem Buch veröffentlichen wollte, und vielleicht machte es ihnen tatsächlich nichts aus, in einem ihnen nur vage bekannten fernen Land wie Amerika gedruckt zu erscheinen. Vielleicht hofften sie auch, daß ich ihnen helfen würde. Meine Fragen waren mitfühlend gewesen, und die Anwesenheit Jayas, die sie alle kannten und mochten, wirkte beruhigend auf sie. Jaya, so entsetzt sie über das Gehörte war, sah auch in diesen Tötungen ein Symptom für Probleme, für die diese Eltern selbst gar nicht verantwortlich waren. Ihr war klar, daß die Paare, obwohl sie sich ihrer Schuld bewußt waren, die Tat dennoch als gerechtfertigt ansahen. Was auch immer die Gründe für ihre Schuldbekenntnisse gewesen sein mögen, ich werde die Eltern schützen, indem ich verschweige, wo genau sie wohnten, auch wenn die Gefahr, daß sie strafrechtlich verfolgt würden, äußerst gering ist.

Alle vier Paare verdienten ihren Lebensunterhalt auf den Feldern, aber nur Chinnaswami und Karuppai, ein Harijan-Ehepaar ohne Schulbildung, das zusammen weniger als einen Dollar am Tag verdiente, waren bitter arm. Sie waren dunkelhäutig, mager und sehnig und hatten ständig Sorge, nicht genug zu essen zu haben. Ich erinnere mich, daß sie, als ich ein Photo von ihnen machte, mit noch ernsteren Gesichtern als die anderen Dorfbewohner geradewegs in die Kamera blickten, als glaubten sie, ich könnte ihnen damit direkt in die Seele sehen. Karuppai, die Frau, trug einen dünnen Baumwollsari und Chinnaswami, der Mann, ein Hemd im westlichen Stil und einen abgetragenen, verblichenen Lunghi, das traditionelle Kleidungsstück für Männer, das wie ein Rock um die Hüften geschlungen wird. Beide waren barfuß, und es war offensichtlich, daß sie ihr ganzes Leben lang auf den Feldern gearbeitet hatten. Vor acht Jahren, so sagten sie mir, hätten sie einen alten Mann, der in den Bergen lebte, gedungen, ihre vierte Tochter umzubringen. Er gab dem gerade einen Tag alten Baby den klebrigen weißen Saft eines dürren, hellgrünen Busches, der am Straßenrand wuchs und von den Dorfbewohnern Erukkampal genannt wurde. Zum Lohn für seine Dienste erhielt der Mann eine Mahlzeit. »Wir fühlten uns sehr schlecht«, sagte Karuppai, die Mutter des Kindes, die damals neunzehn Jahre alt gewesen war. »Andererseits, stellen Sie sich vor, sie hätte überlebt. Es war besser, ihr ein lebenslanges Leiden zu ersparen.« Sie sprach ruhig und monoton, während wir im Hause des Dorfarztes auf dem Boden saßen. Ich hatte eine dramatische, angsterfüllte Enthüllung erwartet; statt dessen gestand sie ihre Tat in kargen, detaillierten Worten und mit ausdruckslosem Gesicht. Vielleicht lag dies daran, daß sie über ein Ereignis sprach, das acht Jahre zurücklag.

Sie war wohl aber auch nervös und verschreckt. Jaya selbst fühlte sich beim Dolmetschen meiner Fragen auch nicht wohl. Gegen Ende des Interviews war die Spannung im Raum fast unerträglich.

Muthuswami und Rajeshwari, das zweite Paar, waren Mitglieder einer etwas höheren Kaste und verdienten besser. Aber drei Jahre zuvor hatten sie ihre zweite Tochter töten lassen. »Abtreiben ist teuer«, erklärte Rajeshwari, die Mutter des Kindes, fast trotzig. »Außerdem muß man eine Zeitlang zu Hause bleiben. Deshalb ist es uns lieber, das Kind zu bekommen und es hinterher zu töten, anstatt Geld auszugeben und Einkommen einzubüßen.« Ehrlich gesagt, weiß ich nicht, ob für Rajeshwari die Entscheidung zwischen Abtreibung und Kindestötung tatsächlich nur eine Kostenfrage war. Ihre Worte waren schockierend und würden von den Abtreibungsgegnern bei uns im Westen begierig aufgegriffen werden. Vielleicht hatten die Existenzbedingungen sie tatsächlich so hart gemacht, wie ihre Worte klangen, aber ich vermute, daß sie mir etwas vormachte, weil sie zu stolz war, um sich von einer Fremden wie mir bemitleiden zu lassen. Sie machte äußerlich weiterhin einen lebhaften und munteren Eindruck, als sie uns bei unserem Gespräch im Haus eines Grundbesitzers erklärte, daß sie vierundzwanzig Stunden abgewartet habe, bevor sie das Kind tötete. »Ich konnte mich einfach nicht entscheiden, ob ich das Kind großziehen sollte oder nicht«, sagte sie. »Aber wegen der Probleme, die auf das Kind zugekommen wären, entschloß ich mich dann doch, es zu töten. Alle anderen waren auch der Meinung, daß es das beste sei, das Kind ›schlafenzulegen‹. Also tat ich es.« Aber es war die Schwiegermutter und nicht die Mutter, die dem Kind den Saft der Erukkampal-Pflanze einflößte.

Das letzte der vier Paare, mit denen ich sprach, Muthaye und ihr Mann Mohanasundaram, verstand ich am besten, soweit ich überhaupt die Beweggründe dieser Eltern begriff. Oder vielleicht lag es daran, daß sie mir eine Ahnung von der Tragödie vermittelten, die mir die anderen nicht vermittelt hatten. Sie waren Feldarbeiter einer niederen Kaste, und auch sie hatten ihre zweite Tochter getötet. Zuerst unterhielten wir uns im Haus des Arztes, wo wir auch schon mit dem ersten Paar geredet hatten. Muthaye war vierundzwanzig, ein schmächtiges Persönchen in einem gelben Baumwollsari, das Haar zu einem einfachen Pferdeschwanz gebunden, wodurch sie eher wie ein Schulmädchen aussah denn als eine Mutter, die solch ein traumatisches Erlebnis hinter sich hatte. Wie die meisten Frauen im Dorf trug sie ihren gesamten Reichtum am Körper, zwei Nasenstecker, ein Paar mit Diamanten besetzte, goldene Ohrringe und mehrere goldene Zehenringe. Sie sprach fast kein Wort und saß da mit einem ernsten, bekümmerten Ausdruck im Gesicht, während ihr Mann und ihre Schwiegermutter das Gespräch führten. Ihr Mann glich Tausenden von anderen jungen indischen Männern, die ich auf den Straßen gesehen hatte: Er war schlank, hatte einen kleinen Oberlippenbart und ein offenes, heiteres Gesicht, dessen Ausdruck eine Mischung von Unschuld und mühsam erworbener Schläue war. Er war neunundzwanzig Jahre alt und trug ein kurzärmeliges Hemd im westlichen Stil und einen Lunghi. Nallamma, seine Mutter, war eine drahtige Person mit weißem Haar, sonnengegerbter Haut und Fältchen um die Augen. Sie hatte den typischen alles kontrollierenden Blick indischer Schwiegermütter. Während sie sprach, spielte ihr Enkel, ein kleiner Junge von zehn Monaten in einem T-Shirt, auf dem ›Freeport Bananas‹ zu lesen stand, auf dem Boden und gluckste.

Muthaye und Mohanasundaram waren seit sechs Jahren verheiratet. Mohanasundaram hatte vier Jahre lang die Schule besucht und verdiente einen Dollar am Tag, indem er Reis, Erdnüsse und die hohen Stauden der Cassava-Pflanze erntete, deren Wurzeln getrocknet und zu feinem, stärkehaltigem Tapioka-Granulat verarbeitet wurden. Für genau die gleiche Arbeit erhielt Muthaye, seine Frau, fünfzig Cent am Tag, also die

Hälfte. Nicht jeden Tag fanden sie Arbeit, aber in einem guten Jahr, wenn es ausreichend regnete, konnten sie zusammen etwa 350 Dollar verdienen. Mohanasundarams Eltern besaßen einen Hektar Land, was ihnen ungefähr 250 Dollar im Jahr einbrachte, so daß das gesamte Jahreseinkommen der Familie bei vier Erwerbstätigen 600 Dollar betrug. Obwohl die vier weniger verdienten, als das durchschnittliche Pro-Kopf-Einkommen in Indien betrug (etwa 250 Dollar im Jahr), war die Familie nicht bitter arm. Jeder in der Familie bekam zwei Mahlzeiten am Tag, morgens um acht, bevor es aufs Feld ging, einen warmen Getreidebrei und Reis, manchmal mit gekochtem Gemüse, am Abend gegen fünf, wenn sie vom Feld kamen. Sie lebten in sauberen, strohgedeckten Lehmhütten, die am Rande eines Erdnußfeldes unter einer Gruppe von Kokosnußpalmen standen. Sie besaßen einen Grundwasserbrunnen und mehrere Tiere, auch eine Kuh, die jeden Morgen von Muthaye gemolken wurde. Das Leben war hart, aber die Familie lebte nicht von der Hand in den Mund. Ihr Stückchen Land gab ihnen Sicherheit, und im Gegensatz zu vielen anderen Dorfbewohnern schienen sie für die Zukunft feste, wenn auch bescheidene Vorstellungen zu haben.

Und genau darauf war ihre Entscheidung zurückzuführen, daß sie ihr Kind töteten. Drei Jahre zuvor hatte Muthaye ihr erstes Kind, ein Mädchen, zur Welt gebracht. Als sie im Jahr darauf wieder schwanger war, entschied die Familie – dabei blieb es unklar, wen Mohanasundaram genau mit ›Familie‹ meinte –, das zweite Kind, falls es ein Mädchen wäre, ›schlafenzulegen‹. Als Grund gaben die Schwiegermutter und Mohanasundaram an, daß sie »ein männliches Baby haben wollten«. Als Muthaye um die Mittagszeit herum ihre ersten Wehen bekam, brachte man sie zum Haus einer *dai* in einem Nachbardorf. Um vier Uhr desselben Tages brachte sie ein kleines Mädchen zur Welt. Drei Stunden später kam sie mit dem Kind nach Hause zurück. Am nächsten Morgen ganz früh gab ›die Familie‹ dem

Neugeborenen etwas Kuhmilch, in der fünf Schlaftabletten aufgelöst waren. Sie hatten sie in einer Apotheke in der Stadt gekauft. Das geschah in einer der Hütten, und die Schwiegermutter und beide Eltern sahen zu. Das Baby, sagten sie, schlief schnell ein. Zwei Stunden später hatte es aufgehört zu atmen.

Einige Verwandte wurden am selben Tag zur Beerdigung herbeigerufen und wurden einfach nur davon unterrichtet, daß das kleine Mädchen tot zur Welt gekommen sei. Es wurden keine anderen Erklärungen gegeben, und die Verwandten fragten auch nicht weiter nach. Nach zehn Tagen kam jemand vom Gesundheitsamt routinemäßig vorbei und erkundigte sich nach dem Kind. Die Familie sagte, das Mädchen sei gestorben, weil es die Muttermilch verweigert habe. Die Frau vom Gesundheitsamt notierte es, beschuldigte niemanden und ging.

Bis hierhin war ihre Geschichte, genau wie bei dem ersten Paar, unemotional und ohne Umschweife vorgetragen worden. »Einen Monat lang weinten wir jeden Tag«, sagte Mohanasundaram, der Ehemann. »Wir fühlten uns schlecht, aber ein Mädchen großzuziehen ist heutzutage sehr schwierig.« Dann stimmte die Schwiegermutter mit ein. »Wir haben das nicht mutwillig getan«, sagte sie. »Wir waren einfach nicht in der Lage, das Kind aufzuziehen.« Muthaye, die Mutter des toten Kindes, sagte nichts und starrte mit einem angespannten Gesichtsausdruck vor sich hin. Es war unmöglich, ihre Gedanken zu lesen, aber ich hatte das Gefühl, daß die Erinnerung an die Tötung ihrer Tochter, die nur etwas mehr als ein Jahr zurücklag, ein Alptraum für sie war.

Der Ehemann, der mein Unbehagen spürte, fuhr fort und erläuterte die finanzielle Lage der Familie. Im Rahmen eines besonderen Sparprogramms der lokalen Bank, das das Ehe-Sparprogramm genannt wurde, hatte er 3000 Rupien angelegt, 2000 aus eigener Tasche und 1000 als Darlehen, als seine erste Tochter ein Jahr alt war. Diese Summe entsprach etwa 250 Dollar. Die Bank habe ihm versprochen, sagte er, wenn seine

Tochter einundzwanzig und damit im Heiratsalter sei, würde sie ihm 22000 Rupien, also etwa 1700 Dollar aushändigen, eine angemessene Mitgift in seiner Kaste. Mohanasundaram erklärte, daß er eine Mitgift in derselben Höhe verlangen würde, wenn sein Sohn, der zehn Monate alte Säugling, der zu unseren Füßen herumkroch, heiraten würde. Nur auf diese Weise konnten Leute wie Mohanasundaram überhaupt eine Mitgift aufbringen. Nach Mohanasundarams Ansicht hätte eine weitere Tochter seine finanziellen Pläne und die ganze Zukunft der Familie ruiniert. Eine weitere Spareinlage von 3000 Rupien für die Mitgift einer zweiten Tochter hätte etwa dem entsprochen, was er und seine Frau in einem guten Jahr verdienten. Sie hätten die ganze Summe borgen müssen und hätten sich damit wahrscheinlich für ihr ganzes Leben verschuldet. Aber ohne eine Mitgift hätte Mohanasundaram seine zweite Tochter so gut wie sicher nicht verheiraten können. Das aber war seine erste Vaterpflicht und gehörte für einen gläubigen Hindu unbedingt zu einem rechtschaffenen Leben. Als unverheiratete Frau wäre seine Tochter im ländlichen Indien von allen anderen für den Rest ihres Lebens gemieden worden. Mohanasundaram sagte mir, er halte nichts von dem Mitgift-Brauch, aber er habe keine andere Wahl.

Jaya und ich begaben uns vom Haus des Arztes mit Muthaye und Mohanasundaram zu ihren Hütten, zuerst im Auto eng zusammengedrängt, dann zu Fuß über einen staubigen Weg und in glühender Sonne. Als wir dort ankamen, bestand die Familie darauf, daß wir uns auf eine Charpoy-Pritsche in den Schatten setzten und etwas tranken. Ein Mann, der offenbar für die Familie arbeitete, kletterte eine Palme hinauf und schnitt mit einem großen Messer mehrere grüne Kokosnüsse ab, die dumpf unten aufprallten. Der Mann schlug den oberen Teil der Kokosnüsse mit dem Messer ab und reichte Jaya und mir je zwei. Die Milch war klebrig und warm und nicht zu süß. Für mich war dies ein seltsam behaglicher Augenblilck, wie wir da im Schatten saßen und die Gaben der Natur genossen, als hätten wir nicht eine Stunde zuvor mit der Familie darüber gesprochen, was sie ihrer zweiten Tochter angetan hatten. Muthaye erzählte uns, daß sie keinerlei Empfängnisverhütung praktizierte, vor einer Sterilisation aber zurückscheute, weil sie dieser Eingriff sicher einen Monat lang von der Arbeit abhalten würde.

Als Jaya und ich uns verabschiedeten, fragte ich den Ehemann, wo seine Tochter begraben sei. Er zeigte in die Richtung, wo unser Auto stand, und begleitete uns dann zum Grab. Es war ein nicht gekennzeichneter Platz direkt an der Straße, von wo man einen schönen Blick über die Erdnußfelder und die Hügel dahinter hatte, wo der Tempel stand. Die Landschaft war so anmutig, daß ich, als ich zwei Frauen mit Reissäcken auf dem Kopf den Weg heraufkommen sah, meine Kamera herausholte, um Photos zu machen. Man konnte erkennen, daß eine der Frauen schwanger war, und Jaya sprach sie an. Gleich darauf kam sie empört zurück. »Die Frau dort hat bereits einen Sohn und zwei Töchter«, sagte Jaya. »Sie sagte mir, wenn es wieder ein Mädchen würde, würde sie es töten.«

Auf der anderen Seite des indischen Kontinents, neunhundert Kilometer von Belukkurichi entfernt, erhebt sich Bombay, eine stinkende Großstadt, mit modernen Wolkenkratzern, zerfallenden viktorianischen Herrenclubs und vielen Holzhütten, die auf einer engen Halbinsel, die nach Süden ins Arabische Meer hineinreicht, um ein bißchen Platz zum Atmen kämpfen. Lange Zeit war Kalkutta Indiens international berühmte Großstadtkatastrophe, aber ich gewann den Eindruck, daß Bombay es schnell einholt, wenn nicht sogar schon überholt hat. Der Gestank von Bombays Armut ist besonders schwer zu ertragen, denn nirgends in Indien ist die Kluft zwischen denen, die viel haben, und denen, die nichts haben, so groß. Bombay ist Indiens Finanzzentrum, die größte Industriestadt des Landes und die Metropole des indischen Films, also die wichtigste Quelle des indischen Wohlstands. Eine hauchdünne Schicht der Bevölkerung, nämlich die sehr Reichen, bewohnen Appartements mit Meeresblick und bezahlen dafür etwa 5000 Dollar im Monat, aber mehr als die Hälfte von Bombays zehn Millionen Einwohner leben in illegalen Slums. Bombay ist die elegante Frau im neuesten seidenen *salwar kaamez*, aber auch der Bettler, der seinen leprösen Beinstumpf in Ihr heruntergekurbeltes Autofenster schwingt, wenn Sie an der Ampel halten. Bombay ist das »Halsband der Königin«, die blinkenden Lichter in einem gewaltigen Bogen am Marine Drive entlang, der Gestank des Abwassermorasts, der die Besucher am Flughafen begrüßt. Bombay ist der dynamische Industriemagnat, der an einem Ochsenkarren vorbeirast, und die eleganten französischen Restaurants in unmittelbarer Nachbarschaft der Imbißbuden am Chowpatty Beach. Während Delhi eine Regierungshauptstadt wie etwa Washington ist, wo die Menschen früh zu Bett gehen, bleibt man in Bombay lange wach, trinkt seinen importierten Scotch auf den Marmorterrassen, zu denen die feuchte Brise und der intensive Fischgeruch vom Meer herüberwehen. Bombay ist glanzvoll, aufregend, dekadent, abstoßend. Nirgendwo in Indien spielt das Geld eine größere Rolle.

Es überraschte mich nicht, daß Mitte der achtziger Jahre Bombay das Zentrum für zwei neue medizinische Techniken geworden war, deren sich vor allem Geschäftsleute bedienten, um die Geburt weiblicher Babys zu verhindern. Beide Verfahren wurden als Tests zur Bestimmung des Geschlechts bezeichnet; in den Vereinigten Staaten sind sie als Amniozentese oder Plazentagewebsprobe bekannt, beides Tests, die man vor der Geburt anwendet und die entwickelt wurden, um eventuelle genetische Anormalitäten bei Föten vorauszubestimmen. Im Bombay der achtziger Jahre allerdings wurden diese Tests mehrheitlich dazu benutzt, das Geschlecht eines ungeborenen Kindes festzustellen. Die meisten wußten nicht einmal, daß man mit ihnen genetische Fehler diagnostizieren konnte.

In den Jahren 1978 bis 1982 wurden in Indien nach offiziellen Schätzungen 78 000 weibliche Föten nach dem »Geschlechtsbestimmungstest« abgetrieben. Das war zumindest die Zahl, die 1986 in einer von der Regierung zu diesem Thema veranstalteten Anhörung präsentiert und in der Presse weidlich zitiert wurde. Es ist mir nie gelungen, herauszubekommen, wie diese Zahl zustande gekommen ist oder woher sie stammt. Es handelte sich hier, so scheint mir, um eine weitere statistische Erhebung in Indien, die niemals belegt werden konnte. Unwiderlegbar allerdings ist das Faktum, daß die Mehrheit der privaten Gynäkologen in Bombay (laut einer anscheinend zuverlässigen Studie im Auftrag der Regierung 84 Prozent der Befragten) den Test einzig und allein zur Geschlechtsbestimmung des Kindes durchführten. Sogar die Ärzte, die ahnten, was gespielt wurde, führten den Test auf Wunsch ihrer Patienten durch. Alle möglichen philosophischen Argumente und hochtrabende Begriffe wie »der Wille des Volkes« und »Freiheit« wurden bemüht, um diese Praktiken zu rechtfertigen. »Die Demokratie sollte einem erlauben, das Kind zu bekommen, das man haben will«, sagte Shirish Sheth, der damals gerade Präsident der Gesellschaft für Gynäkologie und Geburtshilfe in Bombay geworden war. Sharad Gogate, ein Gynäkologe mit einer gutgehenden Praxis für die Mittelschicht, sagte mir, »sobald sich für eine Frau herausstellt, daß das Kind weiblich ist, wird sie in achtzig Prozent der Fälle auf eine Abtreibung erpicht sein«. Er schätzte, daß er etwa tausend weibliche Föten abgetrieben habe. Ich sah ihn beunruhigt an. »Ja«, sagte er. »Ich muß damit leben.« Für mich hingen der Test zur Feststellung des Geschlechts von Ungeborenen und die Tötung von weiblichen Babys in Belukkurichi zusammen.

Natürlich gibt es grundlegende Unterschiede zwischen beiden Praktiken – auffällig ist, daß nur im einen Fall moderne Technologie angewandt wird –, aber die Wurzel des Problems ist in beiden Fällen die gleiche. Obwohl mir natürlich klar ist, daß beide Praktiken moralisch nicht gleich bewertet werden können, war ich in meiner Beurteilung merkwürdig zwiespältig. Kindesmord ist eines der abscheulichsten Verbrechen, und trotzdem, obwohl ich immer für die Entscheidungsfreiheit bei Schwangerschaften war, erschreckten mich die Abtreibungen mehr. Die meisten der gebildeten, gutsituierten Frauen in Bombay versuchten natürlich, die astronomischen Kosten für eine Mitgift, die in Indien erwartet wird, zu vermeiden, aber die Reichen, die sich die Ausgaben für beliebig viele Hochzeiten hätten leisten können, schien ein stärkeres Motiv zu leiten, nämlich die gesellschaftliche Peinlichkeit, Töchter zu haben und nicht Söhne.

Jedenfalls machten die Feministinnen in Bombay den Geschlechtsbestimmungstest zu einem ihrer wichtigsten Themen. Im Mai 1988, als das Parlament des Staates Maharashtra, zu dem Bombay gehört, ein Gesetz erließ, das den Geschlechtsbestimmungstest verbot, betrachteten sie dies als ihren größten Sieg. Ich allerdings fragte mich, wie man das Verfahren denn kontrollieren könne, ohne das Recht der Frauen auf Abtreibung zu verletzen. Die Kampagne wurde vom Frauen-Zentrum geführt, der wichtigsten feministischen Organisation in Bombay, die auch im Jahr 1982 ihren ersten Bericht über den Mißbrauch der Amniozentese zur Geschlechtsbestimmung herausbrachte. Obgleich die Feministinnen in anderen Städten Indiens die Geschlechtsbestimmung vor der Geburt als ein elitäres, auf die Schicht der Bombayer Geschäftsleute beschränktes Problem abtaten, hielt das Frauen-Zentrum dagegen, daß die Tests auch in anderen Gegenden verbreitet seien, hauptsächlich in Punjab, dem ›Brotkorb Indiens‹. In der Tat machten die reiche Landwirtschaft Punjabs und die Industrie Maharashtras diese beiden Staaten zu den wohlhabendsten in ganz Indien, und es war traurige Ironie, daß die Praxis der ›Geschlechtsbestimmung‹ durch diesen Reichtum immer mehr um sich griff. Wie wir schon im Fall des *sati* in Rajasthan gesehen haben, wurden die alten Bräuche durch wachsenden Wohlstand nicht etwa abgeschafft, vielmehr scheinen sie sich im neuen Gewand weiter auszubreiten. Auf jeden Fall sind die Tests zur Geschlechtsbestimmung ein schlagendes Beispiel dafür, was passieren kann, wenn moderne Technologie mit den Zwängen einer traditionellen Gesellschaft kollidiert.

Die Feministinnen wiesen auch warnend darauf hin, daß diese Tests auf die Mittelschicht und die arme Bevölkerung übergriffen. Während Privatpraxen in Bombay bis zu 125 Dollar für den Test berechneten, wurden immer mehr Kliniken in den Arbeitervierteln und auch in den Slums eröffnet, die eine Amniozentese zum herabgesetzten Preis anboten, und mit Slogans wie »Besser jetzt 500 Rupien als später 500 000« auf die Angst vor den Mitgiftkosten anspielten. Bereits 1977 begann das Hurkisondas-Krankenhaus in Bombay, eine private Institution für die Mittelschicht und die Arbeiterklasse, in ihrer neu eröffneten Klinik zur Geschlechtsbestimmung vor der Geburt den Amniozentese-Test zum niedrigsten Preis überhaupt, nämlich für acht Dollar, anzubieten. »Wir sind die einzige Institution in unserem Land, die diesen humanen und nützlichen Test mit so präziser Genauigkeit ausführt«, stand in dem Informationsblatt der Klinik. In den Jahren zwischen 1978 und 1982 erbrachte eine Studie über das Krankenhaus, die von einer Frauenorganisation in Bombay angefertigt worden war, daß von den 8000 Frauen, die aus ganz Indien angereist waren, um den Test machen zu lassen, sich 7999 einen Sohn wünschten.

An einem dumpf-schwülen Vormittag im April 1987, ein Jahr bevor die Landesregierung die Tests verbot, traf ich Assumpta D'Sylva, eine einunddreißigjährige Hausfrau aus Bombay. Sie wartete ruhig vor einem der Untersuchungszimmer des Hurkisondas-Krankenhauses auf ihren Test, in diesem Fall eine Plazentagewebsprobe. Für diese Untersuchung benutzen die Ärzte einen Katheter und entnehmen damit einige Milligramm des Plazentagewebes, welches dann auf genetische Defekte hin analysiert wird. Bei der Amniozentese entnehmen die Ärzte einige Zellen des Fruchtwassers, indem sie einen Katheter in die Fruchtblase, die den Fötus umgibt, einführen. Die Amniozentese wird normalerweise zwischen der sechzehnten und der siebzehnten Woche der Schwangerschaft vorgenommen, die Plazentagewebsprobe dagegen in der zehnten. Bei beiden Verfahren wird immer auch das Geschlecht des Kindes bestimmt. Die Plazentagewebsprobe ist zwar nicht ganz so zuverlässig wie die Amniozentese, aber sie hat den Vorteil, daß sich auf diese Weise das Geschlecht des Kindes viel eher bestimmen läßt und sich die Probleme, die mit einer Abtreibung nach dem dritten Monat verbunden sein können, vermeiden lassen.

Assumpta D'Sylva hatte bereits zwei Töchter, und falls nun das Kind, das sie erwartete, ein Mädchen wäre, würde sie es abtreiben. Ihr Mann Osbert hatte einen kleinen Familienbetrieb, der industrielle Heizanlagen installierte, ein Unternehmen, dessen Wert er selbst auf 400 000 Dollar schätzte. Assumpta D'Sylva sagte, das Problem sei nicht, daß sie sich keine weitere Tochter leisten könnten oder daß sie ihre Töchter nicht liebten. Sie sagte sogar ausdrücklich, daß ihr Mann »gar nicht so wild« darauf sei, daß sie den Test machen ließe, »weil es ihm egal ist, ob wir noch eine weitere Tochter bekommen«. Die Entscheidung, sagte sie, habe sie ganz allein getroffen. Sie wolle einfach einen Jungen.

Von Assumpta D'Sylva hatte ich zum erstenmal erfahren, was eine Mutter, die keine Söhne hat, von ihren Freunden an stereotypen Sätzen zu hören bekommt. »Unsere Gesellschaft bringt einen dazu, sich schlecht zu fühlen, wenn man keinen Sohn hat«, sagte sie mir, bevor sie der Arzt ins Behandlungszimmer rief. »Besonders wenn ich auf eine Party gehe, fragen die Leute, ›wie viele Kinder?‹ und ich sage, ›zwei Mädchen‹, dann sagen sie ›Ach, schade, keinen Jungen‹. Und dann fühle ich mich sehr schlecht.« Sie war gut angezogen und im Gespräch mit mir nicht scheu. Ihrer Ansicht nach tat sie das, was am besten war. Sie hatte schließlich doch das Gefühl, daß es ihre Schuld war, daß sie zwei Töchter in die Welt gesetzt hatte. Als ich sie daran erinnerte, daß es doch der Mann ist, durch den das Geschlecht des Kindes festgelegt wird, meinte sie, sie wisse dies, aber »ich habe trotzdem manchmal das Gefühl, daß es meine Schuld ist. Ich denke, eine Frau, der Achtung gebührt, kann auch einen Jungen zur Welt bringen«. Ihre Eltern und der Gynäkologe waren gegen die erwogene Abtreibung; ihr Ehemann, so behauptete sie jedenfalls, verhielt sich »neutral«, obwohl es mir so erschien, als stimme er mit ihrer Entscheidung vollkommen überein. Er hörte ruhig zu, als sie sprach. »Wir fühlen uns nicht wohl dabei«, sagte er, als ich ihn danach fragte, »aber die Dinge sind eben nun mal so. Man hat immer das Gefühl, daß auf einen herabgesehen wird, wenn man zwei oder drei Töchter hat.« Erstaunlicherweise waren sie und ihr Mann römisch-katholisch. »Als Katholikin begehe ich hier meine einzige Sünde«, sagte Assumpta D'Sylva. »Wenn es diesen Test aber nun mal gibt und jeder ihn machen läßt, warum sollten gerade wir nicht bekommen, was wir wollen?« Es klang, als wollte sie sich rechtfertigen, und dennoch sprach sie fast salopp.

Der Refrain, den ich die ganze Woche über in den Arztpraxen von Bombays Wohlstandsoasen hörte, lautete jedenfalls immer wieder: »Warum sollte ich nicht bekommen, was ich möchte?« Nirgendwo wurde mir diese Haltung deutlicher vor Augen geführt als in der Klinik des Gynäkologen Rustom Soonawala, zu dem die Frauen der führenden Geschäftsleute aus Bombay kamen. Zu seinen Patienten gehörten auch einige der bekanntesten indischen Schauspielerinnen, aber auch Amerikanerinnen, Europäerinnen und Saudi-Araberinnen. Sein Wartezimmer war mit keinem anderen Wartezimmer, das ich in Indien gesehen hatte, zu vergleichen: Marmorfußboden, Ledersitzbänke, indirekte Beleuchtung und Tennisjournale auf dem Beistelltischchen. Es war Sonntag nachmittag, und doch warteten hier mehrere schwangere Frauen. Eine von ihnen war in einem roten

Sportwagen vorgefahren, der in Indien 20000 Dollar kostete. Nach kurzer Wartezeit wurde ich ins Arztzimmer geführt und stand einem gutaussehenden, eleganten Mann mittleren Alters gegenüber, den ich mir leicht auf einer der Marmorterrassen über dem Meer vorstellen konnte. Er war Mitglied der exklusivsten religiösen Minderheit des Landes, ein Parsi, einer der 90000 Leute in Indien, die den Gott Zoroaster verehren. Vom Aussehen und vom Gehabe her wirkte Dr. Soonawala fast britisch. Er reichte mir eine Erfrischung in einem Glas, in das seine Initialen eingraviert waren, und hörte sich aufmerksam meine erste Frage nach seiner Handhabung der Amniozentese an. Er dachte einen Moment lang nach und begann dann sehr langsam zu sprechen. »Solange sich die in ganz Asien verbreitete Auffassung, daß ein männlicher Nachkomme das höchste Ziel ist, nicht ändert«, sagte er, »können wir Wissenschaftler den armen Müttern helfen, die Jahr für Jahr schwanger werden, bis sie endlich einen Sohn zur Welt bringen.« Dr. Soonawala sagte, er führe im Jahr »fünfzig bis siebzig« Geschlechtsbestimmungstests bei Föten durch, manchmal mittels Amniozentese, manchmal mittels Plazentagewebsprobe. In »zwanzig bis dreißig« Fällen komme es dabei zur Abtreibung, weil der Fötus weiblich sei.

»Ich bin darüber nicht sehr glücklich«, sagte er. »Aber Sie sollten berücksichtigen, daß das Kind schließlich nicht erwünscht ist.« Der Wunsch nach männlichem Nachwuchs, so erklärte er, war besonders stark in der Unternehmerschicht, jener Schicht also, die sich ohne weiteres auch Töchter leisten könnte. »In meinen Augen ist ihr Verhalten nicht ganz und gar verwerflich«, fügte Dr. Soonawala hinzu, »denn sie brauchen schließlich jemanden, der die Firma, die sie aufgebaut haben, weiterführt.« Ich fragte ihn, warum ein Vater das Familienunternehmen nicht seiner Tochter vererben könne. Das komme nicht in Frage, antwortete Dr. Soonawala, weil eine Tochter in eine andere Familie hinein verheiratet werden müsse. Und dann führte er noch einen weiteren Grund dafür an, weshalb ein männlicher Nachkomme unabdingbar sei: »In der Hindu-Gemeinschaft ist es Vorschrift, daß ein männliches Familienmitglied das Bestattungsfeuer entzündet.« Einen Augenblick lang dachte ich daran zu fragen, warum denn nicht eine Tochter das Bestattungsfeuer entzünden könne, aber dann kam ich zu dem Schluß, daß es sinnlos sei, Tausende von Jahren hinduistischer Tradition in Frage zu stellen. »Es ist eine merkwürdige Situation«, räumte Dr. Soonawala ein. »Wenn man es nicht tut, macht man die Mutter und das Kind unglücklich. Wenn man es tut, ist es eine geschlechtsbedingte Diskriminierung.«

An jenem Morgen war ich zu einer der regelmäßigen Sitzungen der Bombay-Sektion der Indischen Ärztevereinigung gegangen, weil ich gehört hatte, daß es um die Frage gehen würde, ob man die ›Geschlechtsbestimmung zum Zwecke der Schwangerschaftsunterbrechung‹ erlauben solle. Von den etwa dreißig anwesenden Ärzten bejahte die Mehrzahl diese Frage mit Vorbehalt. Es fiel mir schwer, darauf nicht zynisch zu reagieren; denn für viele Ärzte in Bombay waren die Tests zur Geschlechtsbestimmung ein lukratives Geschäft. Die Sitzung dauerte schon einige Zeit, als eine junge Frau vor die Anwesenden trat und sich selbst als Jayshree Patel, Gynäkologin, vorstellte. Sie begann damit, daß sie ihre Kollegen aufforderte, darüber nachzudenken, warum die geschlechtsspezifische Abtreibung in Indien so verbreitet sei. Ich war auf eine emotionale Anklage gegen die Geschlechtsbestimmungstests gefaßt, aber zu meinem Erstaunen mußte ich hören, wie Dr. Patel schließlich zu dem Ergebnis kam, daß auch sie für geschlechtsspezifische Abtreibung sei. »Es ist das geringere von zwei Übeln«, sagte sie. »Das größere Übel ist das Los, dem eine Frau bis an ihr Lebensende unterworfen ist.«

Es folgte ein Vortrag des Gynäkologen und Geburtshelfers Dr. Gogate, der mir später erzählte, er habe schon tausend weibliche Föten abgetrieben. Dr. Gogate sprach über die technischen Aspekte der Amniozentese und schloß mit der Bemerkung, daß der Test angewandt werden sollte, aber »mit Bedacht« – was immer das hieß. Nach seinem Vortrag stellte ich mich Dr. Gogate vor, und er lud mich ein, ihm am nächsten Morgen in seiner Praxis bei der Durchführung einer Plazentabiopsie zuzusehen. Ich war um acht Uhr dort. Auf dem Untersuchungstisch lag eine sechsunddreißig Jahre alte Mutter von drei Töchtern. Sie war in der achten Woche schwanger mit ihrem vierten Kind. Sie könnte sich durchaus ein weiteres Mädchen leisten, erklärte sie mir später, wiederholte aber dann, was ich schon so oft gehört hatte: »In Indien muß jede Frau einen Sohn gebären.«

Es ärgerte mich, daß die Feministinnen, obwohl sie zu Recht gegen die geschlechtsspezifische Abtreibung kämpften, sich der philosophischen Fallen überhaupt nicht bewußt waren. Sie neigten dazu, eher emotional als rational zu argumentieren, und das Paradoxe ist, daß ein Teil ihrer Parolen durchaus von den Recht-auf-Leben-Gruppen übernommen sein könnte. Einige indische Feministinnen bezeichneteten die geschlechtsspezifische Abtreibung als »Fötizid«, und ich fragte mich, weshalb sie denselben Begriff nicht benutzten, wenn es sich um männliche Föten handelte. In Schriften des Frauen-Zentrums fanden sich aufrüttelnde Formulierungen wie »Massenmord am weiblichen Fötus«. Ein im Jahr 1986 erschienener Zeitschriftenartikel über die Geschlechtsbestimmungstests, der vom Frauen-Zentrum verbreitet wurde, trug die Überschrift *Der stille Schrei*. Unter demselben Titel war in den USA ein Propagandafilm der ›Recht auf Leben‹-Bewegung gelaufen. Darin soll angeblich ein zwölf Wochen alter Fötus gezeigt werden, der sich während des chirurgischen Eingriffs bei einer Abtreibung vor Schmerzen krümmte. Die Feministinnen argumentierten, die geschlechtsspezifische Abtreibung sei illegal, weil sie Artikel 14 und 15 der indischen Verfassung verletze, die die Diskriminierung von Frauen verbieten. Außerdem machten sie geltend, daß der weibliche Fötus ein »Recht« darauf habe, geboren zu werden. (Indische Gerichte haben keine allgemeine Entscheidung darüber getroffen, ob Föten Rechte haben oder nicht. Allerdings erkennt das indische Recht dem ungeborenen Kind gewisse Erbrechte zu.) Wie auch immer, wenn der männliche Fötus das »Recht« hatte, geboren zu werden, konnte man dann dem weiblichen Fötus dasselbe Recht absprechen? Interessanterweise gab es in Indien nie eine Debatte über die Frage, wann das Leben beginnt. Vielleicht hängt das damit zusammen, daß sich in den klassischen Hindu-Texten dazu drei ganz verschiedene Auffassungen finden: Das Leben beginnt mit der Zeugung; das Leben beginnt mit der ersten Bewegung des Fötus; das Leben beginnt mit dem ersten Atemzug des Babys nach der Geburt.

Bis 1971 war die Abtreibung in Indien in den meisten Fällen verboten, aber im August dieses Jahres wurde das entsprechende Gesetz nach einer gerade zweistündigen, laschen Parlamentsdebatte gegen Ende der Sitzungsperiode liberalisiert. Ein Grund dafür, daß die Liberalisierung der Abtreibung im Parlament ohne Widerstand verabschiedet worden war, lag sicherlich darin, daß die Regierung verzweifelt nach einer zusätzlichen Methode der Familienplanung suchte, um das Wachstum der Bevölkerung einzudämmen. Bis zum Jahr 2000 erwartete man einen Anstieg der Bevölkerungszahl auf eine Milliarde, womit Indien China überholen und zum volkreichsten Land der Erde werden würde. In Wirklichkeit erlaubt das geltende indische Recht die Abtreibung nur unter gewissen Bedingungen, aber diese werden so liberal ausgelegt, daß die Abtreibung praktisch bis zur zwanzigsten Woche der Schwangerschaft freigegeben ist. (Zum Beispiel sieht das Gesetz vor, daß eine indische Frau zur Abtreibung berechtigt ist, wenn sie angibt, daß ihre Methode der Empfängnisverhütung versagt hat.)

Seitdem sind die indischen Feministinnen im allgemeinen für das Recht der Frau, ihre Schwangerschaft durch Abtreibung zu unterbrechen, eingetreten, haben aber gleichzeitig die Haltung der Regierung kritisiert, die nach ihrer Meinung in der Abtreibung nur ein Instrument zur Geburtenkontrolle sah. Die Abtreibung wird in Indien – zu Recht – als Ausdruck dafür angesehen, wie sehr die Gesellschaft die Gesundheitsinteressen der Frauen vernachlässigt. Zum Beispiel weist das Frauen-Zentrum darauf hin, daß 90 Prozent der Abtreibungen in Indien von dafür nicht ausreichend qualifizierten Ärzten vorgenommen werden und daß von 1000 Abtreibungen in Indien 68 zum Tod führen. Damit liegt der Prozentsatz der Abtreibungen mit tödlichem Ausgang sehr viel höher als in anderen armen Ländern, aber instinktiv glaube ich, daß es sich hier nicht um eine Übertreibung handelt. (In den USA wurden im Jahr 1987 bei einer Gesamtzahl von 1 588 000 Abtreibungen vier Todesfälle gemeldet.) »Die Gesundheit einer Frau zählt einfach nicht«, sagte Vibhuti Patel, eine der Leiterinnen des Frauen-Zentrums. »Unser Hauptanliegen ist die sichere Abtreibung.« Dieselben Feministinnen wandten sich auch gegen den massenhaften Gebrauch der Antibabypille, weil sie darin nur das Bestreben der Regierung sahen, das Bevölkerungswachstum ohne Rücksicht auf die Gesundheit der Frauen einzudämmen. Die Feministinnen beklagten, daß es üblich sei, Frauen auf dem Lande die Pille zu verabreichen, ohne sie vorher zu untersuchen und ohne sich um die Folgen zu kümmern; und die Frauen selbst hätten zumeist keine Ahnung von den möglichen Nebenwirkungen. Viele Feministinnen waren generell gegen das Programm der Regierung zur Bevölkerungskontrolle, weil es ausschließlich auf die Senkung der Geburtenrate gerichtet sei, nicht aber auf die Verbesserung der Lebensbedingungen der Frauen.

In den Vereinigten Staaten kann jede Frau bis zur achtundzwanzigsten Schwangerschaftswoche eine Abtreibung vornehmen lassen; tatsächlich braucht eine Frau dem Arzt gegenüber keine Gründe für ihre Entscheidung anzugeben. Obwohl mir der Gedanke, eine Schwangerschaft nur deswegen zu unterbrechen, weil der Fötus weiblich ist, moralisch verwerflich erscheint, glaube ich dennoch, daß ein Verbot solchen Vorgehens grundlegend gegen das Selbstbestimmungsrecht der Frau verstößt.

Die Zahlen abgetriebener weiblicher Föten in Indien sind jedoch alarmierend. Der Staat mußte schon aus Gründen der Selbsterhaltung einschreiten, so wie es das Parlament des Bundesstaates Maharashtra getan hatte, als es die Tests zur pränatalen Geschlechtsbestimmung verbot. Gesetze werden nicht in einem sozialen Vakuum erlassen, und in Indien erhielt das staatliche Interesse Vorrang, als sich herausstellte, daß pränatale Untersuchungen, die für die Feststellung genetischer Anomalien an Föten entwickelt worden waren, mehr und mehr mißbraucht wurden.

Nicht alle Feministinnen in Indien waren mit diesen Ansichten einverstanden. So wie auch ich anfänglich, waren viele der Meinung, daß gesetzliche Verbote von Geschlechtsbestimmungstests das Selbstbestimmungsrecht der Frau verletzen würden. »Es würde mich nicht überraschen, wenn einige Frauen ein solches Gesetz mit dem Argument angriffen, daß sie ein Recht darauf hätten, auch einen weiblichen Fötus abzutreiben«, sagte mir Indira Jaising, eine der erfolgreichsten Rechtsanwältinnen in Bombay, noch bevor das Gesetz in Maharashtra tatsächlich erlassen worden war. Andere legten mehr Gewicht auf die Bevölkerungsprobleme in Indien und waren der Ansicht, daß ein abgetriebener weiblicher Fötus zumindest ein Kind weniger bedeute. Manche, wie die Fachärztin für Geburtshilfe, deren Vortrag ich auf der Konferenz der Bombay-Sektion der Indischen Ärztegesellschaft für Medizin gehört hatte, vertraten sogar die Ansicht, daß es humaner sei, einen weiblichen Fötus abzutreiben, als das Kind in eine Welt zu entlassen, in der die Frauen in so großer Bedrängnis leben müßten.

Im Grunde mogelten sich die Feministinnen an der Frage des Rechts auf Abtreibung vorbei, indem sie sich für ein Verbot der Geschlechtsbestimmungstests stark machten und nicht für eine

Regelung der Abtreibung selbst, obwohl das Verbot selbstverständlich das Recht der Frau auf Abtreibung einschränkte. Aber die meisten Feministinnen schwenkten schließlich doch auf diesen Ansatz ein. Der Text des in Maharashtra verabschiedeten Gesetzes erlaubte pränatale Tests nur, wenn die Frau über fünfunddreißig war oder ihre eigene Krankengeschichte oder die ihrer Familie ein erhöhtes Risiko genetischer Fehler am Baby darstellte. Das Gesetz sah Gefängnisstrafen für Arzt und Patient vor, aber nur, wenn ein Gremium von Spezialisten oder eine andere »autorisierte Stelle« festgestellt hatte, daß der Test das Gesetz verletze – eine Bedingung, die, wie die Feministinnen einräumten, es im Grunde unmöglich machte, das Verbot durchzusetzen. »Zwar beglückwünschten uns viele zu unserem Sieg, aber wir hatten nur einen Teilerfolg errungen und die Aufgabe blieb sehr kompliziert«, sagte Vibhuti Patel vom Frauen-Zentrum. Sie hoffte aber, daß das Gesetz zumindest eine abschreckende Wirkung habe. »Es hat den Test irgendwie ins Zwielicht gerückt«, sagte sie. »Man wird dafür nicht mehr in der Eisenbahn werben können.« Obwohl eine Reihe von Ärzten einwandte, daß ein nicht durchführbares Gesetz kein besonders geeigneter Weg zur Reform sei, bestand der Gesundheitsminister von Maharashtra, D.T. Joseph, darauf, daß dies ein wichtiger erster Schritt sei. »Gesetze verändern nicht unbedingt die Gesellschaft«, sagte er, »aber warum sollte ein Gesetz nicht gelegentlich in die richtige Richtung weisen?« Er schätzte, daß nach Erlaß des Gesetzes etwa 85 Prozent der Ärzte in Bombay Geschlechtsbestimmungstests nicht mehr durchführten und der Rest sie illegal durchführte. Er rechnete damit, daß Tausende von Frauen in die anderen Bundesstaaten ausweichen würden, in denen der Test noch nicht verboten war. Aber als ich Indien verließ, wurde das Vorgehen des Bundesstaates Maharashtra zunehmend als Erfolg gewertet und in Neu-Delhi ein landesweites Verbot des Tests erwogen.

Einige Monate nachdem das Gesetz erlassen worden war,

kehrte ich nach Bombay zurück und besuchte Dr. Soonawala in seiner Edelpraxis, um zu sehen, wie weit sie von dem neuen Gesetz betroffen war. Dr. Soonawala war zuvorkommend wie eh und je, allerdings ein wenig direkter. »Ich würde den Test gerne machen«, sagte er. »Aber im Augenblick ist die Sache zu heiß, und ich habe keine Lust, in etwas hineinzugeraten.« Dr. Soonawala erzählte mir, daß er drei- bis viermal in der Woche Patienten, die den Test machen wollten, abweise, und er vermutete, daß sich die abgewiesenen Frauen anschließend an Ärzte wandten, die den Test illegal durchführten.

Dr. Soonawala empfand die neue Regelung als unfair und riskant, obwohl er darauf bestand, daß er sich persönlich auch nicht wohl dabei fühlte, einen Fötus nur wegen seines Geschlechts abzutreiben. »Gefühlsmäßig bin ich dagegen«, sagte er. »Jeder ist gefühlsmäßig gegen den Krieg. Und dennoch gibt es Kriege, in denen die Menschen einander abschlachten. In diesem Falle verhält es sich ganz ähnlich. In den Zeitungen lesen wir so oft über Kindestötungen, aber ich glaube, es ist sehr viel grausamer, ein Kind nach der Geburt zu töten als in einem Stadium, in dem man es noch kaum als menschliches Wesen bezeichnen kann. In Indien ist die Abtreibung schließlich akzeptiert.«

Dr. Soonawala hatte recht. Natürlich war es unendlich grausamer, ein soeben geborenes Kind umzubringen, als einen zehn Wochen alten Fötus abzutreiben. Aber ich, die ich in Belukkurichi gewesen war und mit den vier Paaren gesprochen hatte, die ihre Töchter umgebracht hatten, beurteilte die Situation ein wenig anders. Jene Paare konnten sich weder die Mitgift noch die Abtreibung leisten, und pränatale Tests standen ihnen nicht zur Verfügung. Zwar darf das Töten eines Babys mit der Abtreibung eines Fötus nicht auf eine Stufe gestellt werden; dennoch taten die einfachen Leute in den Tälern um Belukkurichi, was sie tun mußten und was sie als ihr Recht ansahen. Mariaye, die Frau, die ihrer Schwiegermutter erlaubt hatte, ihr Töchterchen zu töten, sagte es unverblümt: »Abtreibung im vierten Monat ist in Indien erlaubt. Anstatt das Kind im Mutterleib zu töten, habe ich es getötet, nachdem es geboren war. Wenn das eine erlaubt ist, warum nicht das andere?«

Mit ihrer Art zu denken konnte ich nicht übereinstimmen, und dennoch hatte ich keine bessere Meinung als sie über die reichen Frauen von Bombay, die ihre weiblichen Föten abtrieben. Obwohl die Frauen aus Bombay alle Vorzüge des modernen Lebens genossen, blieben ihre Ansichten genauso rückständig wie die der Frauen auf dem Lande. Einige von ihnen stammten aus Familien, die so angesehen und einflußreich waren, daß sie es sich ohne weiteres hätten leisten können, die Mitgift zu verweigern und ein öffentliches Beispiel zu statuieren. Aber diese Möglichkeit kam ihnen gar nicht in den Sinn. Mich bedrückte besonders, daß gebildete Frauen offenbar ein so geringes Selbstwertgefühl hatten, daß sie bereit waren, weibliche Nachkommen nur wegen ihres Geschlechts zu verhindern. Den Frauen, die darauf bestanden, daß dies ihre ›Entscheidung‹ sei, würde ich entgegenhalten, daß eine ›Entscheidung‹ niemals in einem sozialen Vakuum getroffen wird, daß ihre ›Entscheidung‹ de facto viele tausend Jahre der Unterdrückung und der Vorurteile widerspiegelte. Offenbar bedurfte es politischer Aktionen wie des Kampfes der Frauenbewegung für das Verbot der Tests, um das Bewußtsein der Bevölkerung zu stärken und sie dazu zu bringen, die Bedingungen zu ändern.

6 Auf dem Weg zur Gleichheit

Die Frauenbewegung in Indien

In den frühen siebziger Jahren war Vina Mazumdar in Indien als vitale, streitbare und allseits geachtete Universitätsprofessorin bekannt. Sie, die Mutter zweier Kinder, hatte in Oxford zum Doktor der Philosophie promoviert und war seit sechzehn Jahren Professorin für Politische Wissenschaft. Wie viele indische Frauen ihrer Schicht und ihres Bildungsstandes – viele von ihnen hatten eine Ausbildung genossen, von der ihre Mütter nicht einmal zu träumen gewagt hätten – hatte sich auch Mazumdar in ihrer komfortablen Welt umgesehen und war zu dem Schluß gekommen, daß die Probleme der Frauen in Indien im Zuge der Unabhängigkeit gelöst worden waren. Die indische Verfassung sah die vollständige Gleichberechtigung von Männern und Frauen vor. Nicht nur, daß die Frauen wählen und einen Sitz im Parlament erlangen konnten, es wurde sogar das höchste Staatsamt von einer Frau bekleidet, der Premierministerin Indira Gandhi. Die übrigen Frauen in Indien, so hatte es den Anschein, brauchten nur noch ein bißchen mehr Zeit. »Wir hatten keine Ahnung«, erinnerte sich Mazumdar.

Und als dann die Regierung eine Kommission einsetzte, die die Lage der Frauen auf dem indischen Kontinent untersuchen sollte, hielt Mazumdar dies – um es mit ihren Worten zu sagen – für »einen Witz«. Sie und ihre Freunde pflegten sich dann zu fragen: »Was ist bloß los mit der indischen Regierung, daß sie den Status der Frauen untersuchen wollen? Ist das etwa immer noch ein Problem? Gleichberechtigung ist eine Frage des Bewußtseins. Wenn wir sie noch nicht erreicht haben, so liegt das an uns selbst.« Die Untersuchung war durch die Regierung in Auftrag gegeben worden, nachdem sich in den Vereinten Nationen ein neues Denken durchgesetzt hatte. Seit den frühen siebziger Jahren, dem Höhepunkt der Frauenbewegung im Westen, hatte die UNO die Entwicklungsländer zunehmend gedrängt, den Status von Milliarden vergessener Frauen aus der ungebildeten, armen Landbevölkerung zu verbessern. Sie bildeten die große Mehrheit der weiblichen Bevölkerung.

Die indische Regierung hatte keine klare Vorstellung davon, wie sich, wenn überhaupt, die Veränderungen seit der Unabhängigkeit auf das Leben der Frauen in den Dörfern ausgewirkt hatten. Die Untersuchung sollte in drei Jahren abgeschlossen werden, aber als die Hälfte der Zeit vorüber war, stellte sich heraus, daß die Kommission weit hinter ihrem Soll zurücklag, und die Regierung bat Mazumdar, die Untersuchung zu Ende zu führen. Die meisten ihrer Freunde rieten ihr, abzulehnen, weil der Zeitplan nicht einzuhalten sei und, wichtiger noch, weil der Auftrag sie in ihrer wissenschaftlichen Arbeit einengen und sie von den ehrgeizigeren Zielen ihrer akademischen Laufbahn abbringen würde. Mazumdar interessierte sich nicht besonders für Frauenfragen, aber sie nahm den Auftrag an und fand sich auch damit ab, daß in den restlichen achtzehn Monaten wenig Zeit für neue Forschungen übrigblieb. Die Kommission arbeitete hauptsächlich mit bekannten Daten, aber Mazumdar hatte ein Team von intelligenten Wissenschaftlern, die diese Daten analysierten, und so entstand die erste umfassende Untersuchung über die Lage der Frauen in Indien.

Die Ergebnisse der Studie waren niederschmetternd. Die Kommission fand heraus, daß die Mehrheit der indischen Frauen von der Besserung der materiellen Verhältnisse im Lande nicht profitiert hatte und in Wirklichkeit in mehrerlei Hinsicht schlechter gestellt war als vorher.

»Zuerst war ich wie vor den Kopf geschlagen«, erinnerte sich Mazumdar, als sie mir, eingehüllt in Zigarettenrauch, eines Nachmittags in einem engen, vollgestopften Büro ihres Forschungsinstituts in Neu-Delhi gegenübersaß. Sie war eine eindrucksvolle Frau, geradeheraus, etwa Mitte Fünfzig, mit einer rauchigen Stimme und modisch kurzgeschnittenem Haar. Ihren schlichten Sari trug sie lässig. »Dann packte mich ein fürchterlicher Zorn«, fuhr Mazumdar fort. »Es mußte etwas unternommen werden. Ich fragte mich, wie es geschehen konnte, daß selbst ich als Sozialwissenschaftlerin so entsetzlich unwissend hatte sein können. Nicht nur, was die Situation der Frauen angeht, sondern wir wissen so erschreckend wenig über unsere eigene Gesellschaft.«

Der vierhundertachzig Seiten starke Bericht *Auf dem Weg zur Gleichheit*, im Dezember 1974 veröffentlicht, war der erste Donnerschlag, der verkündete, was heute jedermann bekannt ist. Soziale Veränderung und Entwicklung, alles das also, was wir gewöhnlich unter ›Fortschritt‹ verstehen, hatte in vielen Fällen die Lebensbedingungen der Frauen verschlechtert. Der Anteil der Frauen unter den Erwerbstätigen auf dem Lande und in den Städten war unter zehn Prozent gesunken. Obwohl die meisten Experten darin übereinstimmten, daß in offiziellen Statistiken viele erwerbstätige Frauen gar nicht auftauchten, vor allem die Millionen Heimarbeiterinnen, waren die Zahlen dennoch erschreckend. Die Industrialisierung und neue Methoden in der Landwirtschaft hatten die Lebensbedingungen der Männer verbessert, aber Frauen erhielten keine Ausbildung und erwarben deshalb nicht die neuen Fertigkeiten, die die moderne Industrie verlangte. In den Fabriken waren sie durch neue Techniken ersetzt worden, und die Heimarbeit, die sie einst verrichtet hatten – Spinnen, Öl pressen, Tabakverarbeitung –, konnte gegenüber den Fabrikerzeugnissen auf Dauer nicht bestehen. Nur halb so viele Frauen wie Männer konnten lesen und schreiben, und der Mitgift-Brauch, der einst auf die oberen Kasten beschränkt war, breitete sich immer weiter im Lande aus. Die Auseinandersetzung mit den Problemen der Frauen, die einst den Freiheitskampf beherrscht hatte, schien völlig vergessen zu sein. »Unsere Untersuchung machte deutlich, daß die große Mehrheit der Frauen in unserem Land von den ihnen in der Verfassung zugestandenen Rechten und den Gesetzen, die seit der Unabhängigkeit erlassen wurden, keinerlei Nutzen hatte«, urteilte die Kommission abschließend. Dieser Bericht sollte Vina Mazumdars Leben verändern. »Bis dahin«, so sagte sie mir, »hatte ich mit meiner Arbeit nur meinen Lebensunterhalt verdient.«

Heute ist Vina Mazumdar eine der anerkannten Autoritäten in der indischen Frauenbewegung. Sie sorgte für die Einrichtung des ›Centre for Women's Development Studies‹, eines kleinen, aber einflußreichen Forschungsinstituts in Neu-Delhi, das die Regierung zu einer Kehrtwendung in ihrer Frauenpolitik und zum Eingeständnis von Fehlern zwang. Mazumdars Gruppe arbeitete auch daran, die Frauen auf den Dörfern zu organisieren und auszubilden. »Von diesen Frauen habe ich mehr gelernt als in den fünfundfünfzig Jahren meines Lebens davor«, erzählte sie mir. »Sie heilten mich von meinen Schuldgefühlen, mein Engagement könnte sich nachteilig auf meine Familie auswirken. Sie eröffneten mir neue Einsichten über die Beziehung der Frauen zu ihrer Umwelt und zur Natur, die mir vorher nicht bewußt waren. Sie lehrten mich, daß Gleichberechtigung nicht unbedingt bedeutet, daß wir unsere Weiblichkeit über Bord werfen. Diese Frauen brachten mir bei, mein Anderssein nicht schamhaft zu verstecken.«

In Vina Mazumdars Metamorphose spiegeln sich sehr deutlich die Probleme wider, mit denen sich die heutige Frauenbewegung in Indien herumschlagen muß. Die indische Frauenbewegung wurde, ebenso wie die feministische Bewegung in den Vereinigten Staaten, von einer Elite gegründet; die meisten Anführerinnen entstammen der englisch erzogenen herrschenden Klasse. Devaki Jain zum Beispiel, deren Studien über die Zeiteinteilung der Frauen auf dem Lande sie zur zweiten großen Autorität der indischen Frauenbewegung werden ließ, entstammt einer Familie aus der politischen Führungsschicht Südindiens. »Ich bin nicht gerade ein Paradebeispiel für eine Frau, die nach einem Selbstbefreiungskampf zur Frauenbewegung gefunden hat«, räumte sie unter Hinweis auf ihren familiären Hintergrund ein. Anders als die amerikanischen oder europäischen Feministinnen, deren unmittelbare Erfahrungen von wirtschaftlicher und persönlicher Ungerechtigkeit sie dazu brachten, sich auf die Themen der Mittelschicht, wie die Diskriminierung im Beruf oder ›gleicher Lohn für gleiche Arbeit‹ zu konzentrieren, begriffen die führenden indischen Feministinnen, daß kein wirklicher Fortschritt zu erzielen sei, wenn man nicht versuchte, die Lebensumstände der breiten Masse der Frauen zu verändern, deren Hauptprobleme – Beschaffung von Trinkwasser, Tierfutter und Brennstoff zum Kochen – ihrer privilegierten Welt fremd blieben. »Wir wußten über Indien so wenig«, erzählte mir Madhu Kishwar über die ersten Jahre bei der feministischen Zeitschrift *Manushi*, als deren Herausgeberin sie zeichnet. »Es ist lächerlich, über die Frauen und die Frauenbewegung in Indien zu reden, wenn man nicht ernsthaft und systematisch den Versuch macht, zu verstehen, wer diese indischen Frauen eigentlich sind.« Ein weiteres Problem stellt die riesige Zahl der Frauen dar. »Sie haben es mit vierhundert Millionen Frauen zu tun«, sagte mir Margaret Alva, Ministerin für Jugend, Sport und Frauen mit einer gewissen Verbitterung. »Was ich wirklich gelernt habe, ist, daß man bei allem, was man tut, das Gefühl nicht los wird, immer nur an der Oberfläche zu kratzen. Auf jede Frau, die im Parlament sitzt oder einen Doktorgrad hat oder beim Obersten Gerichtshof einen Fall vertritt, kommen Tausende von Frauen, die in den Dörfern leben und keinen Begriff von ihren Grundrechten als Bürger dieses Staates haben.«

Ich brauchte fast dreieinhalb Jahre, um durch den Wirrwarr von Theorie und Praxis hindurchzufinden, der in den verschiedenen Regionen, politischen Parteien, sozialen Schichten und Kasten vorherrschte und auch Mahatma Gandhi und Karl Marx nicht ausschloß. Da oft für entgegengesetzte Ziele, für die Anliegen elitärer Gruppen und die Interessen der Massen gestritten wurde, konnte von kollektiver Bewegung – jedenfalls in den meisten Fällen – nicht die Rede sein. Die indischen Feministinnen debattierten fortwährend darüber, was denn nun genau »die Bewegung« ausmachte, und waren ausgesprochen selbstkritisch gegenüber den eigenen Erfolgen. »Klarheit gibt es immer noch nicht, obwohl der Enthusiasmus groß ist«, beklagte sich Vina Mazumdar. Auch Ela Bhatt, die Indiens mächtigste Frauen-Gewerkschaft gründete, war weit davon entfernt, zufrieden zu sein. »Wir können uns zwar versammeln, um bestimmte Themen zu erörtern und eventuell gegen etwas zu protestieren«, sagte sie mir, »aber ansonsten sind wir noch zersplittert. Wir haben immer noch nicht gelernt, zusammenzuarbeiten.« Im Sommer 1988, als ein von der Regierung eingesetztes Komitee einen vorläufigen Entwurf für einen nationalen Plan für die Frauen bis zum Jahr 2000 herausbrachte, gab es einen Aufruhr unter jenen Feministinnen, die bei der Planung nicht miteinbezogen worden waren. Sie rächten sich, indem sie den Plan in der Presse anprangerten. Als ich die Ministerin Margaret Alva besuchte, die den Bericht beaufsichtigt hatte, schäumte sie vor Wut. »Es gibt so viele, die fragen, ›Wie konnten Sie den Plan ausarbeiten, ohne uns miteinzubeziehen?‹« sagte sie. »Aber ich glaube, man kann eine Debatte nur dann vernünftig führen, wenn man einen Entwurf hat. Ich kann doch nicht einfach verkünden, ich fordere eine nationale Debatte über das Frauenprogramm. Ich würde zehn- oder zwanzigtausend Briefe bekommen, die mir raten, ›tu dies, tu das‹. So entwirft man doch keinen Plan.«

Von Zeit zu Zeit wurde die selbstquälerische Frage erörtert, ob denn die indische Frauenbewegung überhaupt existierte. Im Jahr 1988 versetzte Madhu Kishwar von *Manushi* einige Feministinnen in Wut, als sie auf einer Konferenz in der südindischen Stadt Trivadrum behauptete, daß es tatsächlich überhaupt keine ›Frauen-Bewegung‹ in Indien gebe, sondern es sich eher um spontane ›Mobilisierungen‹ und ›sporadische Aktionen‹ handelte. Ich selbst würde alle die Aktivitäten, die sich mit den Belangen der Frauen in Indien beschäftigen, schon als ›Bewegung‹ bezeichnen, allerdings als eine ›Bewegung‹, in der drei separate Gruppierungen zu unterscheiden sind: erstens, die feministischen Gruppen in den Großstädten; zweitens, die größeren, eher auf ländliche Bereiche orientierten und Freiwilligenorganisationen; und drittens, die Massenbewegungen auf dem Lande.

In Neu-Delhi, Bombay, Madras und Kalkutta gab es junge artikulierte, sehr gebildete und streitbare Frauen, die Mitte der siebziger Jahre damit begonnen hatten, feministische Gruppen zu gründen. Die Zeit für Bewegungen dieser Art war reif, schon gar nach dem Bericht *Auf dem Weg zur Gleichheit*. Im Jahr 1977 gab es nach der Aufhebung des Notstandes, der von Indira Gandhi verhängten einstweiligen Aufhebung der bürgerlichen Freiheiten, eine – um es mit Vina Mazumdars Worten auszudrücken – »Explosion von Leuten, die mitmachen wollten«. Die Frauenbewegung – lautstark, kritisch und sozial engagiert – war bald aus der neuen Ära nicht mehr wegzudenken. Die heutige indische Frauenbewegung wird natürlich auch von den feministischen Bewegungen in Amerika und Europa angetrieben, obwohl die Aktivistinnen der indischen Frauenbewegung noch immer über die Gefahren zu großen Einflusses aus dem Westen diskutieren. Besonders die Frauen, die mit Gruppen auf dem Lande zusammenarbeiten, machen geltend, daß die indische Bewegung unvergleichbar und einzigartig sei, und aus ihrer Sicht haben sie auch recht. Westlich orientierte Feministinnen in den Großstädten haben weltweite Verbindungen geknüpft.

Ritu Menon hat den feministischen Verlag ›Kali for Women‹ mitbegründet. Sie hat ihren Magistergrad in Amerikanistik in Vassar erworben und arbeitete dann im Jahr 1970 bei ›Doubleday‹ in New York, in dem Jahr, als Kate Milletts *Sexus und Herrschaft* veröffentlicht wurde.

Die Frauengruppen in den Großstädten unterschieden sich voneinander in vielerlei Hinsicht. Manche waren im wesentlichen die Frauenflügel der großen politischen Parteien in Neu-Delhi, wovon die bedeutendste die ›All India Women's Conference‹ ist, die fünfzig Jahre alte Organisation der Oberschicht, die stark am Unabhängigkeitskampf beteiligt war und über lange zurückreichende Verbindungen zur Congress-Partei verfügt. Die ›Mahila Dakshita Samiti‹-Gruppe war eher kämpferisch und an die ›Janata‹-Partei angeschlossen. Die ›National Federation of Indian Women‹ war der Frauenflügel der Kommunistischen Partei Indiens, während die ›All India Democratic Women's Association‹ eng mit der anderen Kommunistischen Partei Indiens – den Marxisten – verbunden war. (Die Kommunistische Partei Indiens spaltete sich in den sechziger Jahren in zwei Fraktionen, die eine stand hinter der Sowjetunion, die andere hinter China; als Gorbatschow 1986 nach Indien kam, mußte er sich mit beiden treffen. Ein Mitglied von Gorbatschows Delegation gab zu, daß er angesichts der zwei Parteien »verwirrt« sei, und bekannte mit einer gewissen Ironie, daß man in der Sowjetunion eine einzige Kommunistische Partei für ausreichend halte.) Andere Frauenorganisationen waren kleine, unabhängige, meistens links orientierte Gruppen, deren Aktivitäten sich oftmals auf die Organisation von Demonstrationen beschränkten. Ein großer Teil ihrer Protestaktionen richtete sich gegen ›Mitgift-Morde‹, aber auch gegen alle anderen Vorkommnisse – wie etwa *sati* in Deorala –, die als Gewalt gegen Frauen interpretiert werden könnten. In Neu-Delhi formierte sich die Gruppe ›Saheli‹ auf einer Protestdemonstration gegen die Verbrennung einer jungen Frau im Hause ihrer Schwiegerfamilie; in Madras warf die militante Gruppe ›Pennurimai Iyakkam‹ Eier und Kuhfladen auf Filmplakate, um gegen die, ihrer Ansicht nach, obszönen Darstellungen von Frauen in südindischen Filmen zu protestieren. Die Gruppen richteten auch Zentren ein, in denen den mittellosen Frauen geholfen wurde, Arbeit oder eine Wohnmöglichkeit zu finden, und in denen juristische und medizinische Hilfe angeboten wurde.

Und trotzdem vermochten diese Gruppen wenig auszurichten. Obwohl einige darauf beharrten, daß sich unter ihren Mitgliedern auch Tausende von Frauen aus den Slums befanden, waren es in Wahrheit nicht mehr als zwei Dutzend Frauen aus der oberen Mittelschicht, die jeweils in diesen Organisationen aktiv waren. Die Gruppen vergeudeten viel Zeit mit Streitereien über Ideologie- und Personalfragen; aber ich glaube, die wahre Quelle dieser Konflikte war die Frustration darüber, daß sie nicht in der Lage waren, die Klassenschranken zu überwinden und die große Masse der Frauen mitzureißen. »Das Ziel, um dessentwillen wir uns zusammengetan haben, scheint nicht in erreichbarer Nähe zu sein«, schrieb Amiya, ein Saheli-Mitglied, in einem kollektiven Tagebuch, das sie und ihre Kolleginnen über die ersten vier Jahre der Gruppe führten und dann als kleines Büchlein herausgaben. »Tatsächlich ist zu uns noch nie eine Frau gekommen, die Hilfe brauchte ... mir erscheint es teilweise so, als würde Saheli zu einer Art nettem Klub, wo Frauen aus der Mittel- und oberen Mittelschicht über ihre Erfahrungen reden, die keinem Menschen auf Erden nützen außer vielleicht ihnen selbst.« Die städtischen Gruppen boten viele Angriffsflächen für die Feministinnen, die eher an der Entwicklung in den ländlichen Gebieten interessiert waren; sie sahen in ihnen nichts weiter als elitäre Cliquen, die sich nur aus Modegründen der Frauenbewegung angeschlossen hatten. Es war unvermeidbar, daß die verschiedenen Gruppen in den Städten untereinander zerstritten waren und sich gegenseitig als der ›Mittelschicht‹ zugehörig beschimpften, wo doch in Wirklichkeit die militantesten Frauen aus sehr bürgerlichen, einflußreichen Familien kamen.

Aber die Gruppen in den Städten waren doch zu etwas gut: Wenn sie auch nicht die große Masse der Bewegung repräsentierten, so waren sie doch das Sprachrohr der Bewegung und erreichten, daß die feministischen Themen in der Presse und der Regierung mit Respekt erörtert wurden. Ohne die Gruppen in den Städten hätten die ›Mitgift-Morde‹ niemals solche Beachtung gefunden. Es hätte auch keine landesweite Auseinandersetzung über *sati* gegeben. In Bombay wären die Tests zur Bestimmung des Geschlechts eines Kindes vor der Geburt noch immer legal oder gesellschaftlich anerkannt.

Als ich an einem heißen Vormittag im Oktober 1987 zum erstenmal die Zentrale der SEWA in Ahmedabad im Bundesstaat Gujarat betrat, empfing mich ein turbulentes Durcheinander von lärmenden Frauen, die alle bester Dinge zu sein schienen. In Scharen drängten sie sich um die Zahltische, in den Händen einige Münzen; andere saßen an eine Wand gelehnt und aßen Fladenbrot oder stillten ihre Babys. Es stellte sich heraus, daß ich mich in der SEWA-Bank befand, einem expandierenden Geldinstitut mit mittlerweile neunzehntausend ausschließlich weiblichen Einzahlern, von denen einige ein Darlehen erhalten hatten, obwohl sie nur mit vier Dollar an dem Unternehmen beteiligt waren. Die ›Self-Employed Women's Association‹ (SEWA) war eine expandierende Organisation zur wirtschaftlichen Förderung von Frauen. Durch sie konnten sich mittellose Frauen zu Gewerkschaften von Näherinnen, Zigarettenrollerinnen, Gemüseverkäuferinnen und Tabakarbeiterinnen zusammenschließen und ein Konto in der SEWA-Bank eröffnen. Tag für Tag kamen hier mindestens dreihundert Frauen herein, um einen Dollar anzulegen oder dreißig Cent abzuheben, und immer mußten die bis zur Selbstaufopferung geduldigen Kassiererinnen die Ein- und Auszahlungsformulare für ihre zumeist schreibunkundige Kundschaft ausfüllen. Es kam häufig vor, daß eine der Einzahlerinnen völlig vergessen hatte, daß sie schon vorher Geld abgehoben hatte, und ärgerlich protestierte, wenn die Kassiererin ihr den Kontostand mitteilte. »Wir müssen den Leuten die einfachsten Dinge erklären«, seufzte Jayashre Vyas, die Leiterin der Bank, die die SEWA von einem hochbezahlten Job bei der Central Bank of India hatte weglocken können.

Ich sprach mit Vyas in ihrem Büro, einem Glaskasten, von dem aus man das Pandämonium überblicken konnte. Auf ihrem Schreibtisch lagen ganze Stapel von Darlehensanträgen, und als ich sie danach fragte, fischte sie einen aus dem Stapel heraus. Aus dem Formular ging hervor, daß Maniben Parmar, einer Näherin, die ihren Lebensunterhalt mit der Herstellung von Unterröcken und Kleidern verdiente, soeben ein Darlehen von vierhundert Dollar bewilligt worden war. Maniben Parmar kaufte ihr Material bei einem Zwischenhändler und verdiente dreißig Cent am Tag; auf ihrem Konto bei der SEWA-Bank hatte sie acht Dollar. Sie hatte vier Kinder und gehörte einer niedrigen Kaste an. Ihr Ehemann, der beim Telefonamt arbeitete, gehörte mit seinen hundertzwanzig Dollar im Monat schon zu den Besserverdienenden. Maniben Parmar brauchte ihr Darlehen für Reparaturen an ihrem Haus. Ihre Freundin Ashaben hatte sie empfohlen. »Es dient nicht einem produktiven Zweck«, räumte Vyas ein. »Aber sie verbessert auf diese Weise ihre Lebensbedingungen.« Obwohl das Einkommen ihres Ehemanns mit dazu beigetragen hatte, die Sicherheiten für das Darlehen aufzubringen, wurde das Darlehen nur auf Maniben Parmars Namen ausgestellt. Ihr Ehemann hatte keinen Zugang zu ihrem Sparkonto und konnte auch kein Darlehen für sich beantragen.

Jahrelang waren die Frauen, wie Ela Bhatt, die Gründerin der SEWA, sich ausdrückte, von den traditionellen Banken »wie Dreck« behandelt worden. In einem der Berichte der SEWA sagte es Chandaben, die mit gebrauchten Kleidern handelte, so: »Wir waren es nicht gewohnt, zu den großen Banken zu gehen, wo die Sahibs uns nur beschimpften... Wir hatten Interesse daran, ein Sparkonto zu eröffnen, weil wir zwar manchmal etwas auf die Seite legen konnten, aber nicht wußten, wo wir es verstecken sollten. Wenn unsere Ehemänner und Söhne es finden, geben sie es aus.« Mit Hilfe der SEWA-Bank, so erklärte mir Ela Bhatt in einem freundlichen Ton, der so gar nicht zu ihren aufmüpfigen Gedanken paßte, »können wir ganz und gar gewaltlos im Sinne Gandhis die Ehemänner ausschalten«.

Ela Bhatt hatte nichts von einer Revolutionärin an sich. Klein, schüchtern und zurückhaltend, eine fünfundfünfzigjährige Frau mit der Stimme eines kleinen Mädchens, die einfache, handgesponnene Baumwollsaris trug und gelernt hatte, ein aus der Kindheit rührendes Stottern zu überwinden. Alle SEWA-Mitglieder hängten dem Namen die Silbe *ben* an, was soviel wie ›Schwester‹ heißt, hinzu, so daß aus Ela Bhatt einfach Elaben wurde. Die Frauen begegneten ihr mit Ehrfurcht, und ihr Ansehen war so groß, daß Rajiv Gandhi sie zum Mitglied des Oberhauses ernannte. Soweit ich das beurteilen konnte, war sie frei von Egoismus und in jeder Situation zuvorkommend. Als ich ihr, kurz bevor ich Indien verließ, sagte, daß ich in Kürze nach Japan ziehen würde, erwähnte sie, daß sie auch einmal in Tokio gewesen sei. Ich fragte sie, was sie von Japan halte. »Alles zu sauber und gepflegt«, sagte sie mit ihrem Stimmchen. »Man hat immer Angst, etwas schmutzig zu machen.« Ich weiß nicht, ob sie das wörtlich oder im übertragenen Sinne meinte, aber ich glaube, sie hatte recht. Ein anderes Mal saß ich neben ihr bei einem großen Essen in Delhi, an dem ein Dutzend der hitzigsten Intellektuellen der Stadt teilnahmen, die alle in der üblichen bombastischen Manier über das Versagen der Regierung Rajiv Gandhis herzogen. Ela Bhatt schwieg die meiste Zeit, obwohl, wenn ich mich so am Tisch umblickte, sie es war, die am erfolgreichsten am Status quo gerüttelt hatte. Die Arbeit im Parlament hatte sie zuerst erschreckt. »In der ersten Woche war ich ganz benommen«, erinnerte sie sich. »All die neuen Möglichkeiten, der leichte Zugang zu Informationen, zur Macht, so viel Respekt. Ich hatte das Gefühl, für das Schicksal von Millionen verantwortlich zu sein. Und all die großen Namen, von denen ich gehört hatte, saßen nun neben mir.«

Hinter ihrer Bescheidenheit verbarg sich natürlich eine großartige Persönlichkeit. Als Barber Conable, der Präsident der Weltbank, im November 1987 nach Delhi kam, hatte sein Büro ein Treffen zwischen Ela Bhatt und Conables Frau Charlotte, einer Spezialistin für Frauenfragen, arrangiert. Ela Bhatt teilte dem Büro der Weltbank in Neu-Delhi höflich mit, daß sie sich gern mit Frau Conable treffen, es aber begrüßen würde, wenn auch Herr Conable verfügbar sei, um über Fragen der weiteren Entwicklung der Frauen zu diskutieren, Themen, die ja nicht nur die Frauen angingen.

Ela Bhatt hatte ihre Entschlossenheit, so schien es, von ihrer Mutter geerbt, einer Frau, deren formale Erziehung schon im Alter von zehn Jahren beendet war, die aber immer darauf bestanden hatte, daß ihre Tochter ins College ging, trotz der Vorbehalte von Elas Vater, einem Richter am Obersten Gerichtshof in Gujarat. Ela, die aus einer strengen, wohlhabenden Brahmanen-Familie stammte, tat genau das, was ihre Eltern am meisten befürchteten – sie verliebte sich in einen Mann, der zwar Brahmane war, aber ohne Geld. Es dauerte sieben Jahre, bis ihre Eltern der Hochzeit zustimmten. Während Ela und ihr zukünftiger Ehemann auf die Erlaubnis warteten, nahmen sie begierig alles auf, was die Atmosphäre der Universität an Anregungen zu bieten hatte, und dachten darüber nach – es war Mitte der fünfziger Jahre und sie hatten Gandhis Gedanken und Modelle im Kopf –, wie man eine neue Nation schaffen könnte. Schließlich heirateten sie, Ela machte ihr Jura-Examen und entschloß sich, im Geiste Mahatma Gandhis zu leben und zu arbeiten. »Ich war von hohen Idealen beseelt, ich wollte etwas für die Armen tun«, sagte sie. »Speziell an die Frauen habe ich dabei gar nicht gedacht.«

Der Verband der Textilarbeiter von Ahmedabad, die älteste und größte Textilarbeitergewerkschaft in Indien, war dann ihr erstes Betätigungsfeld. Die Gewerkschaft war 1918 aus Mahatma Gandhis erstem großen Fasten hervorgegangen, womit er die streikenden Textilarbeiter unterstützte, die so viel zum wirtschaftlichen Aufschwung der Stadt beigetragen hatten. Ela Bhatt wußte, daß die Gewerkschaft sich sehr für Wohltätigkeit und Sozialarbeit engagierte und mit ihrem Glauben an Gandhis Ideale der Gewaltlosigkeit und Gleichberechtigung der Frauen der richtige Platz für sie war. »Es gab dort aber außer mir keine Frauen«, sagte sie. »Und es war ziemlich schwierig, mit Männern, ausschließlich mit Männern, in der Gewerkschaft zu arbeiten. Ich war sehr schüchtern. Außerdem sind die Leute hier nicht besonders freundlich, sie erfinden alle möglichen Geschichten. Ich mußte mit ihnen herumreisen, und als ich mich langsam bis in die Führungsriege hochgearbeitet hatte, mußte ich überall in Gujarat hinfahren. Im Auto, und zwar zusammen mit Männern. Und dann muß man auch übernachten. Das wurde nicht gerade gutgeheißen. So mußte ich viel kämpfen, und ich fragte mich oft, warum ich das eigentlich alles tat und ob es das richtige war.«

Aber 1968 hatte Ela Bhatt die Frauenorganisation der Gewerkschaft übernommen. Traditionell hatte die Leitung dieser Abteilung sich auf die Sozialarbeit innerhalb der Gewerkschaftsmitglieder konzentriert. Aber Ela Bhatt räumte bald mit der Vorstellung auf, die Ehefrauen brauchten nur milde Gaben von wohlmeinenden Personen wie sie selbst. Viele dieser Frauen waren in Wirklichkeit selbst Arbeiterinnen, sie arbeiteten nämlich als Gemüseverkäuferinnen auf der Straße oder als Näherin zu Hause, aber – und das ist typisch – das, was sie taten, wurde nicht als Arbeit angesehen. Das begann sich im Jahr 1971 zu ändern, als Ela Bhatt auf einen der Märkte von Ahmedabad ging und eine Gruppe von Frauen traf, die auf dem Kopf Kleider von den Großhändlern zu den Ständen auf dem Markt transportierten. Diese Frauen beschwerten sich, daß sie von den Kleiderhändlern regelmäßig betrogen wurden. Die Händler, so stellte sich heraus, führten keine ordentlichen Listen über die Anzahl der Wege, die die Frauen täglich zurücklegten, oder über die Länge der Wege und das Gewicht der Kleider, die sie trugen. Es war klar, daß diese Frauen sich organisieren mußten und keine Almosen brauchten. Ela Bhatt half ihnen, sich als Gruppe zu organisieren, damit sie im Kollektiv höhere Löhne fordern konnten, und dann schrieb sie einen Artikel über die Misere dieser Frauen für eine der Zeitungen von Ahmedabad. Als die Händler mit einem eigenen Artikel konterten, in dem sie behaupteten, die Frauen ehrlich zu bezahlen, ließ Ela Bhatt die Behauptungen der Händler auf Karten drucken und verteilte diese an die Frauen.

Aus dieser Aktion heraus entstand die SEWA, eine Gewerkschaft für weibliche Kleinstunternehmer, die im Sinne Gandhis für Gewaltlosigkeit eintrat und dafür, daß den Ärmsten vorrangig zu helfen war. Gandhi vertrat die Ansicht, daß die indische Wirtschaft auf Landwirtschaft, Handwerk und Kleinindustrie basieren sollte – eine Überzeugung, die die indischen Führer nach der Unabhängigkeit sofort verwarfen, in der aber Ela Bhatt die Grundlage ihrer Arbeit mit den Kleinstunternehmerinnen sah. Zunächst aber hatte sie darum zu kämpfen, ihrer Gewerkschaft das Existenzrecht zu sichern. Bis dahin waren nach dem indischen Arbeitsrecht Gewerkschaften nur dort zugelassen gewesen, wo es die Beziehungen zwischen Arbeitgebern und Arbeitnehmern zu regeln galt. Bei den Kleinstunternehmerinnen konnte von solchen Beziehungen keine Rede sein, aber die SEWA vertrat die Ansicht, daß sie dennoch wie andere Arbeiter auch das Recht haben müßten, sich zu organisieren. Die Regierung des Bundesstaates duldete schließlich stillschweigend eine großzügigere Auslegung des Gesetzes.

Im Laufe der Jahre machte man bei der SEWA die Erfahrung, daß Frauen, je höher ihre Zahl, höhere Löhne und bessere Arbeitsbedingungen durchsetzen und sich erfolgreich gegen die Ausbeutung durch Zwischenhändler und korrupte Polizeibeamte zur Wehr setzen konnten. Die SEWA breitete sich sogar, allerdings mit mäßigem Erfolg, in den besonders von der Dürre heimgesuchten ländlichen Gebieten des Staates Gujarat aus.

Die Organisation wurde mit einem Jahresetat von 200 000 Dollar unter anderen von der indischen Regierung, der Ford Foundation, der International Labour Organisation (ILO), der Oxfam und dem Unitarian Universalist India Fund gefördert. Ela Bhatt war auch Vorsitzende einer von der Regierung eingesetzten Kommission, die die Lage der Kleinstunternehmerinnen in Indien untersuchen sollte. Sie wies oft darauf hin, daß fast neunzig Prozent der arbeitenden Bevölkerung in Indien auf eigene Rechnung arbeiteten (nur fünfundzwanzig Millionen von achthundert Millionen Indern haben ein regelmäßiges Einkommen) und von diesen neunzig Prozent mindestens vierzig Prozent Frauen waren. Ebendiese Frauen sollten nach ihrer Meinung eine entscheidende Rolle in der Bewegung spielen. Was sie am dringendsten benötigten, war ein gestärktes Selbstwertgefühl.

In Ahmedabad, wie im übrigen Indien auch, wird fast alles wiederverwertet. Die Papiersammlerinnen spielten in dieser verzweigten Recycling-Industrie eine entscheidende Rolle. Die Wiederaufbereitung des Materials geschah maschinell und warf relativ hohe Verdienste ab, aber die Frauen bekamen für ihre anstrengende und gefährlich ungesunde Arbeit sehr wenig Geld. Mehr als die Hälfte der Papiersammlerinnen legten während ihres zwölfstündigen Arbeitstages etwa zehn Kilometer zurück und trugen dabei Säcke auf dem Kopf, die bis zu zwanzig Kilo wogen. Auf ihren Wanderungen durchkämmten die Frauen die dreckigsten Müllhalden, wo sie mit ungeklärten Abwässern, toten Tieren, chemischen Rückständen aller Art und Glassplittern in Berührung kamen. Die Frauen zogen sich immer wieder Entzündungen, Schnittwunden und Vergiftungen zu. Sie verdienten dabei kaum mehr als einen halben Dollar pro Tag. Sie, die schon mehrere Generationen lang auf der Straße ihr Geld verdienten, waren die eigentlichen Opfer einer Industrialisierung, die in der Regel den Männern nützte und die Frauen an den Rand drängte.

Die Geschichte ihres Umherziehens begann kurz nach der Jahrhundertwende, als die Großväter der Papiersammlerinnen, die zumeist Weber von Beruf waren, ihre Dörfer verlassen mußten und auf der Suche nach Arbeit nach Ahmedabad kamen. Die SEWA beschäftigte sich zuerst im Jahre 1975 mit den Papiersammlerinnen; damals gelang es ihr, für eine Gruppe von Frauen einen Vertrag durchzusetzen, der ihnen erlaubte, die Papierabfälle der Textilfabriken, in denen viele ihrer Ehemänner arbeiteten, einzusammeln. Zu Beginn der achtziger Jahre führten interne Streitereien dazu, daß sich die Papiersammlerinnen in zwei Fraktionen spalteten, aber die, die weiterhin mit der SEWA zusammenarbeiteten, erkämpften sich das Recht, Papierabfälle in großen Mengen bei Behörden und Kaufhäusern einzusammeln. Dies bedeutete für sie, daß sie das Papier haufenweise in ihre Säcke schaufeln konnten, statt es in einzelnen Fetzen von der Straße aufzulesen. Natürlich wurde dadurch ihre Arbeitszeit verkürzt und ihr Lohn angehoben, aber die Vereinbarung kollidierte auch mit den geheimen Abmachungen zwischen Altpapierhändlern und untergeordneten Regierungsbeamten. Als unter den Papiersammlerinnen der Verdacht aufkam, daß einer ihrer Vertragspartner Papier beiseite schaffte, das ihnen zustand, wandten sie sich an die Behörden, die versprachen, sich um das Problem zu kümmern. Aber die Papiersammlerinnen wollten sich nicht auf die Zusicherungen der Behörde verlassen und beschlossen, ein verdächtiges Kaufhaus selbst zu überwachen. Eines Nachts geschah, was sie vermutet hatten: Ein Lastwagen fuhr vor, mehrere Männer sprangen heraus und begannen in Eile Säcke mit Papier aufzuladen. Als der Lastwagen zur Hälfte beladen war, kamen die Frauen aus ihrem Versteck hervor. Umbabehn, eine Papiersammlerin, die der SEWA angehörte, stand bei dieser Auseinandersetzung in der vordersten Linie. »Auf wessen Anordnung holt ihr dieses Papier ab?« fragte sie die Männer. Aber die Männer weigerten sich, ihre Frage zu beantworten, und sprachen der SEWA im Gegenzug das Anrecht auf das Altpapier ab. »Aber wir ließen uns nicht einschüchtern«, berichtete Umbabehn. »Ich sagte: Zeigt mir eure Papiere! Ihr habt hier keine Fragen zu stellen.« Die Frauen wandten sich an die Polizei, aber die Polizei unternahm nichts. Daraufhin erhob die SEWA den Vorwurf, daß der zuständige Polizeiinspektor, der Altpapierhändler und der Regierungsbeamte, der für die Verwertung des Papiers zuständig war, unter einer Decke steckten. Die SEWA wäre mit ihrer Aktion womöglich in eine Sackgasse geraten, wenn sich nicht die großen Medien der Sache angenommen hätten. Im Jahre 1983 strahlte die regierungseigene Fernsehstation Doordarshan eine Sendung über den Kampf der Papiersammlerinnen aus, in der Luxmibehn, eine der jüngsten Papiersammlerinnen, die Namen und Funktionen aller in den illegalen Coup verwickelten Männer nannte. Verhaftungen scheint es nicht gegeben zu haben, aber die öffentliche Demütigung reichte offenbar aus. Bereits eine Woche später konnten die Frauen das ihnen zustehende Papier wieder einsammeln.

Vielleicht war es das untrüglichste Zeichen für den Erfolg der SEWA, daß sie in den letzten Jahren immer mehr unter Druck geriet, auch Männer aufzunehmen. Als die SEWA zum Beispiel vor Gericht zog, um Lizenzen für ihre Gemüseverkäuferinnen zu erstreiten, vertrat sie auch die Interessen einiger Männer, die auf der Straße Gemüse verkauften. Das Urteil in diesem Rechtsstreit räumte allen SEWA-Mitgliedern Lizenzen zum Verkauf von Gemüse ein. Die Männer, die damals noch nicht Mitglieder der SEWA werden konnten, blieben ausgeschlossen. Dies versetzte die Organisation in eine schwierige Lage und zwang sie, Ziel und Zweck ihrer Arbeit zu überdenken. Ela Bhatt: »Wenn es um soziale Veränderungen geht, können Männer und Frauen nicht getrennt behandelt werden.« Aber darüber waren sich die Mitglieder keineswegs einig. »Wann immer wir darüber reden, sagen unsere Mitglieder deutlich, daß sie keine Männer in der Organisation haben wollen«, sagte Ela Bhatt. »Ich verstehe das, und mir ist auch klar, daß, sobald Männer an unseren Versammlungen teilnehmen, sie in aller Unschuld die Frauen dominieren werden. Selbst wenn wir ihnen kein Stimmrecht oder irgendein anderes Recht im Entscheidungsprozeß zuerkennen, werden sie durch ihre bloße Anwesenheit bewirken, daß sich die Frauen zurückziehen, mich eingeschlossen.« Ich konnte mein Erstaunen darüber nicht verbergen. »Ja, ich glaube, so denken alle Frauen«, sagte sie. »Mein Mann unterstützt meine Arbeit sehr, und seine Erwartungen gehen weit über das hinaus, was ich zu leisten vermag. Die Sache ist sehr subtil, und natürlich hat mein Mann noch nie an einer unserer offiziellen Versammlungen teilgenommen. Aber wenn er teilnähme, würde ich mich bestimmt immer fragen: Ist er damit einverstanden? oder: Ist er auch meiner Meinung oder nicht?«

Natürlich gab es auch bei der SEWA Probleme. Als ich im Herbst 1987 die Organisation aufsuchte, waren viele der Kooperativen in finanziellen Nöten. Die Stoffdruckerinnen zum Beispiel konnten ihre Produkte nur zum Teil verkaufen und die Bettdeckennäherinnen hatten Schwierigkeiten, Stoffabfälle zu beschaffen, weil inzwischen die meisten Textilfabriken eingegangen waren.

Auch auf dem Lande hatte die SEWA ihre Probleme. In fünfundsechzig Dörfern, verstreut über mehrere Bezirke Gujarats, bot die Organisation Programme an, in denen Frauen lernten zu weben, zu spinnen, Obstbäume zu pflanzen, Dachziegel herzustellen und Wasserbüffel zu züchten. Viele Frauen hatten sich zu Molkereikooperativen zusammengeschlossen, um so die Zwischenhändler auszuschalten, die sie regelmäßig beim Milchpreis betrogen. Aber die Probleme beim Aufbau der

Molkereikooperativen waren enorm. Die Männer, die zu den Kooperativen nicht zugelassen waren, waren erbost und taten, wie die SEWA behauptete, alles, um den Kooperativen zu schaden. In einigen Fällen, so jedenfalls berichteten SEWA-Organisatorinnen, hätten die Männer Wasser in die Milch der Kooperativen geschüttet. Dies alles hatte auch mit dem Hauptproblem der SEWA in den ländlichen Gebieten zu tun, nämlich dem Mangel an qualifiziertem Personal. Um ländliche Entwicklungsprojekte erfolgreich in Gang zu setzen, war vor allem am Anfang eine intensive Betreuung durch qualifizierte Mitarbeiterinnen unerläßlich. Die SEWA hatte einfach nicht genügend organisationserfahrene Frauen, die bereit waren, Ahmedabad zu verlassen und auf einem Dorf in einer Lehmhütte zu leben.

Die Organisation versuchte das Problem damit zu bewältigen, daß sie einige ihrer besten Leute für ein oder zwei Tage in die Dörfer schickte, wo sie einerseits eine befriedigende, andererseits aber auch frustrierende Arbeit zu leisten hatten, wovon ich mich selbst überzeugen konnte, als ich mit Anila Dholakia, der Direktorin des ländlichen Zweigs der SEWA, mehrere Dörfer in einer der am härtesten von der Dürre betroffenen Regionen Gujarats besuchte.

Anila Dholakia, eine ehemalige Universitätsprofessorin, die nie um Worte verlegen schien, war der SEWA beigetreten, weil sie nicht länger mitansehen mochte, wie städtische Frauengruppen bei ihren Sitzungen Spitzendeckchen häkelten. Wie eine Reihe anderer Aktivistinnen der indischen Frauenbewegung, die ich kennenlernte, versicherte mir Dholakia, daß sie von dem »radikalen westlichen Feminismus« nichts hielt und daß »wir in Indien nicht aus unseren Ehen aussteigen, unsere Büstenhalter verbrennen und uns mit Absicht unattraktiv machen«. (Diese Reaktion auf den westlichen Feminismus gab mir immer wieder Rätsel auf, aber schließlich erklärte ich sie mir so, daß sich vielen indischen Frauen kein Phänomen innerhalb der amerikanischen Frauenbewegung so sehr eingeprägt hatte wie das Verbrennen der Büstenhalter.) Und dennoch war Dholakia feministischer, als ihr selbst bewußt war. Während wir eineinhalb Stunden südöstlich von Ahmedabad in einer ockerfarbenen Staubwolke dahinfuhren, erzählte mir Dholakia von einer Auslandsreise, zu der sie auf Grund ihrer Arbeit bei der SEWA eingeladen worden war. Jeder in ihrer Familie, ihre eigene Mutter eingeschlossen, priesen daraufhin Dholakias Ehemann wegen seiner Großzügigkeit, seiner Frau die Reise zu erlauben. Dholakia hatte das Gefühl, daß sie selbst in diesem Augenblick gar keine Rolle spielte. »Wenn ich ein Mann gewesen wäre«, sagte sie, »hätte man mich statt dessen gepriesen.« Jedenfalls tratschten die Nachbarn darüber, daß sie ihre Kinder, ihren Ehemann und ihren Haushalt vernachlässigte. Ich fragte sie, wie sie damit lebte. »Ich versuche, die Vernunft walten zu lassen«, sagte sie und zuckte die Schultern. »Jeder denkt, wie er muß. Jeder ist Gefangener seiner Umgebung.«

Die Wahrheit ist, daß die SEWA trotz ihres großen Erfolges keine ähnlich erfolgreichen Ableger hatte. Es gab neun weitere SEWA-Organisationen in Indien, die alle voneinander unabhängig waren und sich für die Interessen armer Frauen einsetzten, aber keine war auch nur annähernd so erfolgreich wie die ursprüngliche SEWA-Organisation von Ahmedabad, die einen Großteil ihres Einflusses der Persönlichkeit von Ela Bhatt verdankte. Ela Bhatt selbst räumte ein: »Ich bin realistisch genug zu wissen, daß es nicht sehr viele SEWA-Organisationen geben wird, obwohl ich es mir wünschte. Wir arbeiten schwesterlich zusammen, und ich hatte gehofft, daß wir eine große vereinte Kraft werden könnten. Aber bisher ist das nicht eingetreten.« Und doch hatte mir das Beispiel der SEWA gezeigt, welches große Potential die indischen Frauen darstellten. Dieses Forum arbeitender Frauen, die Kämpfe der Frauen auf dem Lande und sogar die städtischen Frauengruppen lehrten mich, daß es doch möglich war, etwas an den Lebensverhältnissen der Frauen zu verändern.

7 »Indira ist Indien, und Indien ist Indira«

Indische Frauen in der Politik

Eines der größten Paradoxe im modernen Indien waren der Aufstieg und die turbulente Regierung Indira Gandhis, einer der mächtigsten Frauen der Welt, in einem Land, wo die große Mehrheit der Frauen in äußerster Armut lebte und gesellschaftlich mißachtet wurde. Wie war es möglich, daß Indira Gandhi viermal zur Premierministerin gewählt wurde und den Subkontinent fast zwei Jahrzehnte beherrschte, obwohl die Mehrheit der Frauen in ihrem Land von den Grundrechten, die Jawaharlal Nehru, Indira Gandhis Vater und der erste Premierminister des Landes, in der Verfassung verankert hatte, gar keinen Gebrauch machten, ja sie vielfach nicht einmal kannten? Wie kam es, daß Indira Gandhi, die in vieler Hinsicht so überraschend feminin war, ihren eigenen Geschlechtsgenossinnen eigentlich kaum Achtung schenkte?

Indira Gandhi wurde geliebt, gefürchtet, bewundert und verachtet, sie war eine Frau, deren Charakter in einem der außergewöhnlichsten Dramen des zwanzigsten Jahrhunderts geprägt wurde. Die Geschichte ihres Lebens war ebenso die Geschichte der traumatischen und hoffnungsvollen Geburt Indiens, der Geschichte eines der ärmsten Völker der Erde, geleitet von den Idealen der Demokratie, der Säkularisierung und des gewaltlosen Widerstands, das einem der größten Weltreiche in der Geschichte der Menschheit seine Unabhängigkeit abtrotzte. Indira Gandhi kam aus einer Familie, die die Geschicke des Landes bestimmte und die auch Indira in der Überzeugung erzog, daß es ihr bestimmt sei, sich ihren eigenen Platz in der Geschichte zu sichern.

Sie wurde im Jahre 1917, als die Tage des britischen Kaiserreichs Indien bereits gezählt waren, in die aristokratische Familie Nehru hineingeboren, die alsbald zum Hauptquartier der Kampagne des zivilen Ungehorsams wurde. Als Kind mußte sie jeden Augenblick damit rechnen, daß ihre Eltern ins Gefängnis geworfen wurden. Nach unregelmäßigem und ziemlich ziellosem Studium in Indien und Europa quälte sie sich in einer unglücklichen Ehe und spielte eher lustlos die Hausdame im Amtssitz des Premierministers, ihres Vaters. Im Jahre 1966, ganze zwanzig Jahre später, war die schüchterne, unselbständige Tochter selbst Premierministerin. Sie erwies sich als schlaue und energische Politikerin, die ihre Kritiker zum Schweigen brachte und, nachdem sie die Bürgerrechte aufgehoben und im Juni 1975 den Notstand ausgerufen hatte, zunehmend in die Rolle des Diktators hineinwuchs. Zwei Jahre später brachten die Wähler ihr eine massive Niederlage bei, die sie ihr Amt kostete, aber 1980 kam es zu einer der erstaunlichsten Wenden in der indischen Politik, als dieselben Wähler sie wieder an die Macht brachten. Als sie vier Jahre später starb, erschien dies als das tragische Ende eines fast mythischen Lebens. Indira Gandhi, die Führerin, die sich ganz der Aufgabe gewidmet hatte, Indien zusammenzuhalten in einer Zeit, als das Land für viele auseinanderzufallen schien, wurde schließlich von zwei Männern ermordet, die zu der gefährlichsten separatistischen Bewegung des Landes gehörten.

Bereits vor ihrem Tod hatte Indira Gandhis Leben mythische Züge angenommen. Als sie im Jahre 1971 Indien im Krieg gegen Pakistan zu einem schnellen militärischen Sieg führte, schien ihr dies einen Platz unter den mächtigen indischen Göttinnen zu sichern, und durch alle späteren politischen Siege und Niederlagen hindurch behielt sie dieses Image bei. Im Bewußtsein vieler

Inder war Indira Gandhi wie die Kriegsgöttin, die im Alleingang Heerscharen von Dämonen und Ausgeburten des Bösen besiegt hatte.

Freilich mußte ich hinter den mythischen Schleier sehen, um Indira Gandhi als Frau und in ihrer Beziehung zu den indischen Frauen zu sehen. Dies war nicht einfach. Nach der allgemeinen Auffassung politischer Kreise in Neu-Delhi, besonders derer, die sie aus der Nähe kannten, spielte die Tatsache, daß sie eine Frau war, im politischen Leben Indira Gandhis keine Rolle. Es hieß allgemein, daß auf sie wie auf Golda Meir und Margaret Thatcher Kategorien wie ›männlich‹ oder ›weiblich‹ kaum anwendbar waren und daß sie in der Vorstellung des Volkes weder Mann noch Frau, sondern eine Führerfigur sei. Wie Indira Gandhi selbst einmal erzählte, hatte sie als Heranwachsende immer ein Junge sein wollen, und Rajiv Gandhi sagte mir, daß seine Mutter als Erwachsene sich niemals dezidiert als Frau gesehen habe. »Sie betrachtete sich als Mensch«, sagte er. »Bei uns zu Hause wurde überhaupt auf den Unterschied zwischen Frauen und Männern nicht soviel Wert gelegt.« Margaret Thatcher, die Tochter eines Lebensmittelhändlers, die es zur britischen Premierministerin gebracht hatte, bemerkte einmal Frau Gandhi gegenüber, daß Frauen im allgemeinen doppelt so hart arbeiten müßten wie Männer und daß ihr als Frau im Laufe ihrer Karriere besonders viele Hindernisse in den Weg gelegt worden seien. Wie ihr Pressesprecher, Sharada Prasad, berichtete, war Indira Gandhi auch der Meinung, daß Frauen doppelt hart arbeiten müßten. Aber, fügte sie hinzu, sie selbst habe sich als Sproß der bedeutendsten politischen Familie des modernen Indien niemals als Frau besonders benachteiligt gefühlt. Damit brachte sie zum Ausdruck, daß sie von ihrer Herkunft her besonders privilegiert war, und daher kann sie auch nicht als Modellfall für weibliche Politiker in Indien gelten. »Sie war für gar nichts typisch«, sagte mir eine junge Parlamentsabgeordnete. Wenn überhaupt, so war Indira Gandhi eine typische Erscheinung in der dynastischen Politik im südlichen Asien, wo immer wieder Frauen als Töchter oder Ehefrauen mächtiger Männer zur Macht gelangen, besonders wenn die Männer gewaltsam zu Tode gekommen sind. Benazir Bhutto erbte in Pakistan die politische Aura, den Machtapparat und die Popularität ihres Vaters, des ehemaligen Premierministers Zulfikar Ali Bhutto, der im Jahre 1977 gestürzt und zwei Jahre später hingerichtet wurde. In Sri Lanka kam Sirimavo Bandaranaike an die Macht, nachdem ihr Ehemann, W. R. D. Bandaranaike, im Jahre 1959 ermordet worden war. Auch in Bangladesch sind die zwei bekanntesten Führerinnen der Opposition die Tochter und die Witwe ermordeter früherer Präsidenten.

Sicherlich war Indira Gandhi nach den üblichen Definitionen nie eine Feministin. Obwohl sie willensstärker und rücksichtsloser als die meisten Männer war, betrachtete sie die Mutterschaft als die größte Erfüllung einer Frau und verwies demonstrativ auf die mythische Gestalt der Sita, der geduldig leidenden Ehefrau des Gottes Rama, als das Leitbild der indischen Frau. Sie riet den Frauen, nicht zu rebellieren; statt dessen sollten sie ihre Kinder abwechslungsreich ernähren und in ihren Gärten mehr Gemüse anbauen. Und obwohl sie einmal schrieb: »Seit meiner Kindheit habe ich mit wachsendem Schmerz und Schrecken das Netz barbarischer und abergläubischer Bräuche betrachtet, in das die indischen Frauen so fest eingeschnürt sind, daß sie fast daran ersticken«, äußerte sie als Premierministerin die Ansicht, daß sich die Probleme der armen indischen Frauen nicht grundsätzlich von denen der armen indischen Männer unterschieden. »Sie war keine Suffragette«, erklärte mir einmal Pupul Jayakar, eine der engsten Freundinnen Indira Gandhis. »Auch glaubte sie nicht, wie es heute zumeist der Fall ist, daß das Problem der Armut etwas mit dem Geschlecht zu tun habe. Für sie war das Problem der Frauen identisch mit dem allgemeinen Problem der Armut und Arbeitslosigkeit.«

Ich bin Indira Gandhi persönlich nie begegnet. Sie wurde am

Morgen des 31. Oktober 1984 von zwei Sikhs aus ihrer eigenen Leibgarde im Garten ihres Hauses in Neu-Delhi ermordet, und als ich nahezu drei Monate später in Indien ankam, war die Erinnerung an sie schon in den Hintergrund gerückt. Die Aufmerksamkeit galt nun ihrem ältesten Sohn, der nach ihrem Tod Premierminister geworden war. Die ersten Monate des Jahres 1985 waren von den fast euphorischen Hoffnungen geprägt, die sich auf den jungen Premierminister richteten, einen Mann, der damals die Inder mit seiner versöhnlichen Art und seinem bescheidenen Auftreten beeindruckte. In der damaligen Atmosphäre glaubte auch ich, daß Frau Gandhi als Frau in ihrem Amt keine besonderen Probleme hatte und daß es ihr in ihrer Position nicht möglich war, ein besonderes Verhältnis zu den indischen Frauen zu entwickeln. Die Tatsache, daß im Jahre 1966 Indira Gandhi als erste Frau Premierministerin von Indien wurde, wurde hier und da im Ausland mit Erstaunen zur Kenntnis genommen, aber in ihrem eigenen Land betrachtete die Presse, die die Auffassungen der gebildeten Elite widerspiegelt, dies als ein Zeichen von Modernität und Fortschritt. Immerhin hatten sich die Frauen in Indien seit den Kampagnen des zivilen Ungehorsams in den dreißiger Jahren immer wieder in die Politik eingemischt. Für Inder war es keineswegs überraschend, daß das einzige Kind Jawaharlal Nehrus Premierministerin wurde.

Aber mit dem längeren Verweilen in Indien hörte und las ich Dinge über Indira Gandhi, die mich veranlaßten, meine Meinung zu ändern oder zumindest der Legende einige neue Aspekte hinzuzufügen. Amerikanern mag Frau Gandhi nicht ganz zu Unrecht als die leidenschaftliche, etwas schlampige Politikerin im Gedächtnis haften, die mit zerzaustem Haar durch Schlamm und Staub mit einem Jeep in indische Dörfer fuhr, aber in Neu-Delhi erfuhr ich, daß sie als Inbegriff für Stil und Eleganz galt, als eine geschmackvoll und gepflegt gekleidete Frau, deren Seidensaris den Neid aller Damen der feinen Gesellschaft von Delhi auf sich zogen. Aus dem »häßlichen

Entlein« der Nehru-Familie mit der scharfgeschnittenen Nase, den tiefliegenden Augen und der hageren Gestalt war eine beeindruckende Frau mittleren Alters mit einer markanten weißen Strähne im Haar geworden. In ihrem öffentlichen Leben war sie herrschsüchtig und aggressiv, aber privat verfolgte sie durchaus die traditionellen Interessen einer Frau ihres Standes. Einmal erzählte sie einem Reporter: »Wenn ich Zeit dazu hätte, würde ich am liebsten Saris und Schmuck entwerfen.« Als sie 1982 zu einem Treffen mit Ronald Reagan nach Washington reiste, fragte sie den Protokollchef des State Department als erstes nach einem guten Friseur. Sie liebte es, Blumen zu arrangieren und die Zimmer ihres Hauses in der Safdarjung Road einzurichten, jenes weißen Bungalows im Kolonialstil, der zu einer Art Heiligtum ihrer zurückhaltenden Vornehmheit wurde: einzelne Möbelstücke im westlichen Stil, indische Skulpturen, religiöse Malerei aus Tibet, eine Wand voller Bücher in ihrem Arbeitszimmer. »Ihre Art zu leben entsprach der einer Frau aus den besten Kreisen der indischen Gesellschaft«, erinnerte sich Khushwant Singh, ein Journalist, Romanautor und Historiker, der eine Zeitlang mit Frau Gandhi befreundet gewesen war. Wäre ihr Leben anders verlaufen, so malte er sich aus, »hätte sie genausogut einen Offizier heiraten und eine Dame der Gesellschaft werden können«. In der Unterhaltung beschränkte sie sich keineswegs auf Politik und Staatsgeschäfte. Nach Khushwant Singh genoß es Frau Gandhi, »über die Skandale in anderer Leute Privatleben zu reden«, und die Frau des Senators und früheren amerikanischen Botschafters in Indien, Elizabeth Moynihan, erinnerte sich, daß ihr Frau Gandhi einst den Rat gegeben hatte, sich einfach nicht darum zu kümmern, wenn man sich im diplomatischen Corps von Delhi darüber beklagte, daß Mrs. Moynihan nicht an den offiziellen Partys teilnahm, wie das von einer Botschaftergattin erwartet wurde. »Nun, auf diese Weise hörte ich zum erstenmal davon, daß man sich über mich beklagte«, sagte Elizabeth Moynihan. »Sie kannte den ganzen Klatsch.« Frau Gandhis Vertrauter und Pressesprecher, Sharada Prasad, erzählte mir, daß die Premierministerin während der Kabinettsitzungen die Tischordnung für wichtige Essen entwarf, und Usha Bhagat, lange Jahre Privatsekretärin der Premierministerin, erinnerte sich, wie empfindlich sie auf das Gerede der anderen Mütter ihrer Klasse in Delhi reagierte, die sich darüber aufregten, daß sie sich zuwenig um ihre Kinder kümmerte.

Diese Geschichten zeigten mir, daß bei Indira Gandhi die Frau und die Premierministerin nicht voneinander zu trennen waren. Sie selbst hatte einmal in einem Interview gesagt: »Ich glaube, daß das politische Leben, das Privatleben, das Leben in der Öffentlichkeit oder jedwedes andere Leben ein und dasselbe sind.« Genaugenommen war es gar nicht zu übersehen, daß Indira Gandhi den indischen Frauen, die sich politisch engagierten, ein Vermächtnis hinterlassen hatte. Wenn es auch stimmte, daß sie selbst keine besonderen Anstrengungen unternahm, andere Frauen zu fördern, so hatte doch ihr Leben als solches einen gewaltigen Einfluß auf den Lebensweg anderer Frauen und auf das Bewußtsein der Inder im allgemeinen. Sogar Ela Bhatt, die kein Fan von Indira Gandhi war, sagte mir einmal, daß diese Frau an der Spitze des Staates auf eine subtile Weise den Frauen ihre Rechte bewußtmachte. »Bewußt oder unbewußt«, so Ela Bhatt, »scheint jede Frau zu spüren, daß, wenn Indira Gandhi Premierministerin dieses Landes werden kann, wir alle unsere Chancen haben.«

Auf diese Weise wurde mir klar, daß zwischen Indira Gandhi und allen anderen Frauen, die in der Politik reüssiert hatten, ein enges Band bestand. Wenn ich sie verstehen wollte, mußte ich auch jene anderen verstehen. Beobachter der indischen Politik berichteten mir, daß es nach ihrer Ermordung eine Welle der Sympathie für andere weibliche Kandidaten bei den Parlamentswahlen gegeben habe. Viele Frauen siegten mit großem Abstand, so daß im Jahre 1988 zehn Prozent der Parlamentarier

Frauen waren, so viele wie noch nie seit der Unabhängigkeit. Als ich diese Frauen kennenlernte, fiel mir auf, daß die meisten von ihnen wie Frau Gandhi aus der Oberschicht kamen und weitaus gebildeter waren als viele der Männer im Parlament. Auch was die Vor- und Nachteile in ihrer Karriere betraf, glichen sie Frau Gandhi. Nahezu alle der vierundsiebzig weiblichen Mitglieder des Parlaments waren wie Frau Gandhi auf Grund ihrer Beziehungen zu wichtigen Männern in ihr Amt gelangt; die meisten waren Witwen, Töchter, Enkelinnen oder Schwiegertöchter früherer Parlamentsmitglieder oder wichtiger politischer Persönlichkeiten der Landespolitik. Das Parlament war auch voller Männer, die ihren Sitz dem Rang ihrer Väter oder Familien verdankten, aber sie wurden nicht als Erben betrachtet, die erst noch beweisen mußten, daß sie ihres Amtes würdig waren. Tatsächlich hatten die meisten Frauen, ganz ähnlich wie Frau Gandhi am Anfang ihrer politischen Karriere, wenig Einfluß auf wichtige Angelegenheiten und auf die Parteipolitik. Nur eine Frau, nämlich Sheila Dixit, wurde von den Männern als Machtpolitikerin ernstgenommen, und nur eine Handvoll anderer Frauen, vor allem Margaret Alva und Mohsina Kidwai, besaßen Autorität, weil sie nicht Ministerinnen oder Abgeordnete waren.

Von den Karrierefrauen bewarben sich nicht besonders viele um einen Sitz im Parlament, und die Erfahrungen, die eine der eindruckvollsten unter ihnen, Jayanti Natarajan, damit machte, veranschaulicht, warum dies so war. Natarajan war die vierunddreißigjährige Enkelin eines früheren Ministerpräsidenten von Tamil Nadu. Sie hatte eine lukrative Rechtsanwaltspraxis in Madras aufgegeben, um mehr als die Hälfte des Jahres in Delhi zu verbringen, wo sie als Parlamentsabgeordnete 160 Dollar im Monat verdiente und sich um ihren kleinen Sohn, der in ihrer Heimatstadt zurückgeblieben war, Sorgen machte. »Heute habe ich wieder einmal große Schuldgefühle, weil ich meinen Sohn allein gelassen habe«, sagte sie mir während einer Sommer-

Sitzungsperiode des Parlaments. Sie war eine der kommenden Persönlichkeiten in der Congress-Partei, beeindruckend und mit guten Verbindungen. Auch wurde über ihre Beziehung zu einem männlichen Politiker gemunkelt. Sie dementierte die Gerüchte, aber natürlich blieb etwas hängen. »Schließlich sah ich ein, daß so etwas nicht zu vermeiden war«, sagte sie, »aber es machte mir zu schaffen. Es war naiv von mir, zu glauben, daß mein Privatleben privat bleiben würde. Wenn es mir um Geld und ein angenehmes Leben gegangen wäre, wäre ich in meinem alten Beruf geblieben.«

Trotz all der Schwierigkeiten, der Gerüchte und der auseinandergerissenen Familien gab es in den späten achtziger Jahren immerhin so viele Frauen in der Politik, daß sich unter ihnen eine gewisse Solidarität entwickelte und sie deutlich machen konnten, daß sie als Frauen zur Politik etwas Unverwechselbares beizusteuern hatten. Vielleicht lag es daran, daß, wie die Statistiken zeigen, weibliche Kandidaten in den letzten Jahren, auch dann, wenn sie von den Parteibossen nur als Zählkandidaturen gedacht waren, ebenso erfolgreich oder sogar erfolgreicher waren als die der Männer. Im Jahre 1983 waren zum Beispiel bei den Parlamentswahlen für die Bundesstaaten achtzehn Prozent der Frauen und nur siebzehn Prozent der Männer erfolgreich. »Frauen sind meist zugänglicher für ihre Wählerschaft«, sagte die im Kabinett für Frauenfragen zuständige Ministerin Margaret Alva. Sie erklärte mir, wenn ein Mann ins Parlament gewählt wurde, nahm er normalerweise seinen Haushalt und seine Familie mit nach Delhi. Aber weibliche Mitglieder des Parlaments hielten sich in der Regel nur während der Sitzungsperioden in Delhi auf und behielten ihren Wohnsitz in ihrem Wahlkreis bei; es war schlicht undenkbar, daß der typische indische Ehemann sich wegen der Karriere seiner Frau entwurzeln ließ. Die Folge war, daß die weiblichen Abgeordneten meistens übers Wochenende oder an wichtigen Festtagen in ihren Wahlkreis zurückkehrten. »Deshalb sind die weiblichen

Abgeordneten in ihrem Wahlkreis häufiger präsent als die männlichen«, sagte Alva. »Sie kümmern sich um die Probleme in ihrem Wahlkreis, um Schulen, Krankenhäuser, Kinderkrippen und andere soziale Einrichtungen. Dies ist für die Gemeinden wichtiger als ein großes Industrieprojekt.«

Natürlich kam keine dieser Frauen, so erfolgreich sie auch sein mochte, der ›Durga‹ gleich, jener Frau, die im Jahre 1975 den Parteitag der Congress-Partei dazu brachte zu skandieren: »Indira ist Indien, und Indien ist Indira.« Der Slogan wurde von Frau Gandhis Kritikern als Beweis ihres Größenwahns lächerlich gemacht, und dennoch drückte er etwas aus, was sie als Mutter, als Tochter, als Frau mit der Seele des Landes verband. Ihre Geschichte, die so typisch ist für die Lebensläufe von Politikerinnen in Indien seit der Unabhängigkeit, beginnt an einem Novembertag im Jahre 1917 in der nordindischen Stadt Allahabad am Ganges.

Moatilal Nehru, Indira Gandhis alles überstrahlender, überlebensgroßer Großvater, war ein erfolgreicher Rechtsanwalt und Grande in Allahabad, der in einer luxuriösen Villa voller viktorianischer Möbel, persischer Teppiche und venezianischer Lüster lebte, ein Anwesen, das den Namen Anand Bhawan trug, was soviel heißt wie ›Zuflucht des Glücks‹. Motilal bewunderte, wie die meisten Inder der Oberschicht in dieser Zeit, alles Englische, und jahrelang gab er in seinem Haus veschwenderische Feste für britische Regierungsbeamte und indische Prinzen. Im Jahr 1912 kam sein Sohn Jawaharlal vom Trinity College in Cambridge in das Stammhaus der Familie in Allahabad zurück, war regelmäßig in den feinen Herrenklubs zu sehen und begann seine Karriere als Jurist. Jawaharlal Nehru hatte, wie auch sein Vater, eine Vorliebe für alles Britische; später hat er von sich gesagt, er sei in dieser Zeit ein »ziemlicher Angeber und ganz schön selbstgefällig« gewesen. Im Jahr 1916 wurde er mit Kamala, einer scheuen, tief religiösen jungen Frau verheiratet, die von der weltlich gesonnenen Familie Nehru eingeschüchtert war. Im darauffolgenden Jahr gebar sie Indira, die das einzige Kind des Paares bleiben sollte. Bei der Geburt des Kindes soll Indiras Großmutter ausgerufen haben: »Oh, aber es sollte doch ein Junge werden!« Das veranlaßte Motilal, der der Schule der liberalen Reformer des neunzehnten Jahrhunderts angehörte und an die Emanzipation der Frau glaubte, seine Frau anzufahren: »Damit ihr es alle wißt: Jawaharlals kleine Tochter wird mehr zustande bringen als tausend Söhne.«

Dieser Ausbruch wurde natürlich eine der bekannteren Prophezeiungen im Leben des kleinen Mädchens, das eines Tages über ein Sechstel der Weltbevölkerung regieren sollte. Berichten nach verlebte Indira Gandhi eine turbulente, aber sehr einsame Kindheit, in der sie – je nach Ansicht des Biographen – in allen später hervortretenden Talenten unterstützt wurde, oder für ihr ganzes Leben verhärtet und gefühllos wurde. Um 1920 herum, als sie noch ein kleines Mädchen war, legten Vater und Großvater allen britischen Firlefanz in ihrem Leben ab und verbündeten sich mit Mahatma Gandhi, um mit ihm gegen die Engländer zu kämpfen. Die Luxusvilla Anand Bhawan wurde zu einem geschäftigen politischen Hauptquartier für die leitenden Funktionäre der Congress-Partei, die die großen Rasenflächen während der Tag-und-Nacht-Sitzungen bevölkerten. Indira konnte nur von ferne zusehen – ein Kind, das im Chaos vergessen wurde. Als einmal ein Besucher kam, wurde er von einer ernsten Indira empfangen, die ihm mit feierlicher Stimme sagte: »Entschuldigung, aber mein Großvater, mein Vater und meine Mutter sind alle im Gefängnis.« Dieser Kampf beraubte sie in vieler Hinsicht ihrer Kindheit. Indira erinnerte sich vor allem an einen Tag, als die Nehru-Familie, Mahatma Gandhis Aufruf folgend, all ihre europäischen Kleider zum Verbrennen zusammensammelte, als Zeichen des Boykotts ausländischer Waren. »Was für ein Spaß für ein kleines Kind, auf dem Haufen von Samt, Satin und Seide herumzuspringen und Verstecken zu spielen!« sagte sie. Kurze Zeit später brachte eine Verwandte Indira ein wunderschönes Spitzenkleid aus Paris mit, aber Nehrus pflichtbewußte Tochter, die die Argumente der Erwachsenen verinnerlicht hatte, sagte ihr, daß sie es nicht tragen könne. »Nun gut, du kleine Heilige«, antwortete die Verwandte, »wie steht es denn dann mit deiner ausländischen Puppe?« Die Puppe war Indiras Allerliebstes – »meine Freundin, mein Kind« wurde sie von ihr genannt –, und noch Tage später hatte ihr Gewissen, wie sie erzählt, mit der Entscheidung zwischen ihrer Liebe zu ihrer Puppe und ihrer Pflicht ihrem Land gegenüber zu kämpfen. »Schließlich fällte ich meine Entscheidung«, sagte sie. »Zitternd vor Anspannung, nahm ich die Puppe mit auf die Dachterrasse und zündete sie an. Dann brachen Tränen aus mir heraus, als wollten sie niemals aufhören, und einige Tage lang war ich krank und hatte Fieber.«

Zwar waren die Erwachsenen in dem Nehru-Haushalt, wenn es ihre Zeit zuließ, in Indira ganz vernarrt, aber ansonsten war sehr wenig in ihrem Leben normal. Eine ihrer Lieblingsbeschäftigungen war es, auf einen Tisch zu klettern und donnernde politische Reden ans Personal zu halten. Einmal fand ihre Tante sie, als sie mit ausgestreckten Armen auf der Veranda stand und zu sich selbst sprach; Indira sagte, sie sei Jeanne d'Arc auf dem Scheiterhaufen. Jahre später erzählte Frau Gandhi einem ihrer Biographen, daß ihr Familienleben »wirklich gänzlich unregelmäßig« gewesen war. »Es gab keine regelmäßigen Essenszeiten, und ich wußte niemals, wo meine Eltern waren oder wann oder ob sie überhaupt nach Hause kamen. Meine Mutter war inzwischen auch in den Unabhängigkeitskampf involviert. Ich wollte immer mitgehen, wenn sie aus dem Haus gingen, aber ich durfte nicht.« Indiras Tante, Vijaya Lakshmi Pandit, die später eine bittere politische Rivalin von Frau Gandhi wurde, schrieb in ihrer Autobiographie, daß ihre Nichte »durch das viele Alleinsein einen starken Charakter bekommen habe, aber auch um das gebracht worden sei, was sich nur in einer geordneten Familie entwickeln kann, nämlich Toleranz und Gemeinsinn. An Stelle von Mitgefühl entwickelte sie Härte – sie hatte das Gefühl, daß das Leben ungerecht zu ihr war, dafür wollte sie sich rächen.«

Zu Indiras Unglücklichsein kam hinzu, daß die blasierten, englischsprechenden Frauen in der Nehru-Familie ihre Mutter mit Verachtung behandelten. »Sie hatte das Gefühl, daß ihre Mutter beleidigt wurde«, sagte mir Sharada Prasad. Die Mutter Kamala wurde durch den Freiheitskampf zu einer leidenschaftlichen Feministin, die die Frauen anspornte, sich gegen die Herrschaft ihrer Ehemänner aufzulehnen und für bessere Ausbildungschancen zu kämpfen, aber ihre Tochter, die nie eingeengt worden war, folgte ihrer Mutter nicht. »Sie sagte: Meine Mutter war Feministin, aber ich bin keine«, erinnerte sich Prasad. »Sie glaubte, daß es Frauen zu ihrer Zeit viel leichter hätten.« Und doch lehrte Kamala ihre Tochter eine schmerzliche, wichtige Lektion: »Ich sah, wie meine Mutter von den Leuten verletzt wurde«, sagte Frau Gandhi einmal, »und ich beschloß, daß ich mich niemals verletzen lassen würde.«

Indiras Schulausbildung begann auf Internaten in Indien und in der Schweiz; aber keines wirkte sich so prägend aus wie der Nehru-Haushalt, wo sie täglich Geschichtsunterricht aus erster Hand bekam. »Es schien mir gerade so, als hätte das, was man versuchte mir beizubringen, nichts mit dem wirklichen Leben zu tun«, sagte Frau Gandhi Jahre später. Nach dem Internat verbrachte sie ein kurzes, aber glückliches Jahr an der Universität in Shantiniketan in West-Bengalen, die von dem Nobelpreisträger und Freiheitskämpfer Rabindranath Tagore gegründet worden war. Nehru informierte die Universität in einem Brief an Tagores Sekretär, wie er sich die Erziehung seiner Tochter vorstellte. Dieser Brief dokumentiert für uns die radikalen Ansichten über die Rolle der Frau in den dreißiger Jahren in Indien. »Mir mißfällt die Erziehung, die ein Mädchen darauf vorbereitet, eine Rolle im Salon zu spielen, aber sonst nirgendwo«, schrieb Nehru. »Wenn es nach mir ginge, würde ich meine

Tochter ein Jahr lang in einer Fabrik arbeiten lassen, wie jede andere Arbeiterin auch, als ein Teil ihrer Erziehung.« In einem Begleitschreiben, das zusammen mit Indiras Bewerbung abgeschickt wurde, ordnete Nehru außerdem an: » Ihre Eltern wünschen, daß sie sich später auf etwas spezialisiert, was sie dazu befähigt, sozial nützliche Arbeit zu leisten ... und wirtschaftlich unabhängig zu sein, solange die derzeitige Struktur der Gesellschaft besteht. Sie wird voraussichtlich nicht über ein Einkommen verfügen, das sie sich nicht selbst verdient, und ihre Eltern erachten es nicht als wünschenswert, daß sie für ihren Unterhalt von einem Ehemann oder anderen abhängig ist.« Derartige Erwartungen, so vorausdenkend sie auch waren, übten auf Indira immensen Druck aus. Prasad formulierte es so: »Sie hatte immer das Gefühl, daß sie sich ihrer Eltern als würdig erweisen müsse.«

Im Jahr 1936, nachdem sie fast zwanzig Jahre lang gegen die Tuberkulose gekämpft hatte, starb Kamala Nehru und ließ eine verzweifelte achtzehnjährige Indira zurück. Im darauffolgenden Jahr, in dem sie immer noch unter dem Tod ihrer Mutter litt, war sie am Somerville College in Oxford eine eher mittelmäßige, nicht überaus interessierte Studentin. Sie, die scheue junge Frau, die als Nehrus Tochter Zugang zu den intellektuellen Kreisen hatte, war von den Intellektuellen eher eingeschüchtert. Die Witwe Harold Laskis, des bekannten englischen Politologen und Ökonomen, erinnerte sich an Indira als ein »mäuschenhaftes, schüchternes kleines Mädchen, das sich für politische Ideen überhaupt nicht zu interessieren schien«. 1941 ging Indira ohne Abschluß nach Indien zurück. Der junge, vitale Feroze Gandhi, Sozialist und Student an der London School of Economics, der bereits aktiv in der Congress-Partei gearbeitet hatte und die Nehru-Familie seit Jahren kannte, begleitete sie. Jeder war schockiert, als Indira bekanntgab, daß sie Feroze – der mit Mahatma Gandhi nicht verwandt war – zu heiraten gedenke. Die Folge war, daß es Briefe aus ganz Indien regnete, die meisten beleidigende und drohend formulierte Proteste gegen die Verbindung von Indira, der Kaschmir-Brahmanin, die zu den rassisch reinsten Brahmanen im Lande zählte, und Feroze, einem Parsi. Selbst die weltoffenen Nehrus waren gegen die Heirat, allerdings nicht aus religiösen Gründen; statt dessen befürchteten sie, daß Feroze, der aus der unteren Mittelschicht stammte, und Indira mit ihren aristokratischen Wurzeln nicht zueinander paßten. Schließlich gab Mahatma Gandhi doch dem Paar seinen Segen, und die beiden wurden im März 1942 miteinander verheiratet.

In jenem Sommer bewirkte die Congress-Partei einen dramatischen Wendepunkt im Unabhängigkeitskampf, als sie die berühmte ›Quit India‹-Resolution erließ und die Engländer zum Verlassen des Landes aufforderte; im September befanden sich Indira und Feroze bereits im Gefängnis. Indira wurde während einer Rede bei einer öffentlichen Versammlung in Allahabad festgenommen, und immer wenn sie Jahre später darauf zu sprechen kam, bezeichnete sie dies als das dramatischste Ereignis ihres Lebens. Auf alle Fälle war sie jetzt anerkannt; ein Aufenthalt im Gefängnis war für Mitglieder der Congress-Partei inzwischen eine Art Empfehlung geworden, die man im Unabhängigkeitskampf brauchte. In gebildeten Kreisen ging man so weit, daß man darin eine Chance zu Reflexion und intellektueller Vervollkommnung erblickte. Indiras Tante, Vijaya Lakshmi Pandit, schrieb dazu: »Die populäre Gefängnislektüre unter den Gebildeten waren Bücher über die Französische und die Russische Revolution und Gibbons *Aufstieg und Fall des Römischen Reiches.*« Zwanzig Jahre lang hatte Indira zusehen müssen, wie ihre Verwandtschaft ins Gefängnis kam, aber jetzt, im Alter von fünfundzwanzig, konnte sie sich endlich als der Bewegung zugehörig fühlen. »Ich hatte mir klargemacht, daß ich einmal ins Gefängnis mußte«, sagte sie. »Ohne das ... hätte mir etwas gefehlt.«

Indira wurde ins Naini-Gefängnis in Allahabad geschafft und

mußte mit ihrer Cousine und ihrer Tante eine schmutzige Baracke teilen. Seit ihrer Kindheit hatte sie ihre Eltern im Gefängnis besucht, aber, so sagte sie einmal: »Was für einen riesigen Unterschied bedeutet es doch, alles nur von außen zu hören und zu sehen, oder es tatsächlich am eigenen Leibe zu erfahren. Niemand, der nicht eine Zeitlang im Gefängnis war, kann sich vorstellen, wie dies den Geist betäubt.« Das Dach war undicht, der Verputz fiel von der Decke, eine kleine Ecke der Baracke diente als Badezimmer, und das Essen war mit Sand vermischt. Nur ein einziges Mal durfte sie Feroze sehen, bevor er in ein anderes Gefängnis verlegt wurde. Nach neun Monaten wurde sie entlassen – nur eine kurze Haft verglichen mit den insgesamt neun Jahren, die ihr Vater im Gefängnis verbrachte. Aber anders als Nehru, der seine Jahre im Gefängnis dazu nutzte, seine besten Bücher zu schreiben und seine politischen Ideen zu formulieren, geriet Indira, die nicht so sehr eine Denkerin, eher ein Tatmensch war, in der Zeit, die sie im Gefängnis absaß, in eine Sackgasse. Jahre später sagte sie: »Erst als ich das Gefängnis verließ, wurde mir plötzlich klar, daß ich meine Gefühle und mein Denken unterdrückt und daß ich nur an der Oberfläche gelebt habe.«

Einige Monate später wurde auch Feroze aus dem Gefängnis entlassen, und das Paar ließ sich während einer relativ stabilen Periode in Allahabad nieder. 1944 wurde Rajiv geboren, Sanjay 1946, dem Jahr, in dem Nehru Premierminister einer provisorischen Regierung wurde, die bis zur völligen Unabhängigkeit Indiens das Land regieren sollte. Kamala war schon zehn Jahre tot, und Indira wurde die offizielle Hausdame bei ihrem Vater in Neu-Delhi, ein Amt, das sie, wie sie später sagte, »haßte« und das sie zwang, ihre Zeit zwischen einem berühmten, charismatischen Vater im Amtssitz des Premierministers und einem grollenden Ehemann zu Hause in der Kleinstadt zu teilen. Die Ehe, die immer schwierig gewesen war, begann auseinanderzubrechen. Wenn Indira zu ihrem Ehemann zurückkehrte, erhielt sie prompt ein Telegramm von ihrem Vater mit der Nachricht, daß wichtige Gäste eintreffen würden und sie sofort kommen sollte. »Mein Vater war immer so verletzt, wenn ich nicht kam, daß es sehr schwierig war, nein zu sagen«, sagte Frau Gandhi. Aber in Delhi, behauptete sie, war sie »schlicht angewidert von den sogenannten gesellschaftlichen Pflichten. Obwohl ich viele Leute kennenlernte, war ich nicht besonders begabt für das ›Gesellschaftliche‹, den ›Small talk‹ und all diese Dinge.« Es gab immer Übernachtungsgäste in der Residenz des Premierministers, und es mußten Mahlzeiten – vom Frühstück bis zum Abendessen – serviert werden. Indira sorgte für die Menus, überwachte die Haushaltsführung, kümmerte sich um die Staatshäupter und ging, zwanzig Jahre lang, vollkommen im Leben ihres Vaters auf. An Dorothy Norman schrieb sie 1951: »Wenn mich einer am Ende einer Woche danach fragt, was ich getan habe, kann ich nicht wirklich darauf antworten, aber jede Minute scheint jeder Handgriff wichtig und dringend. Alles in allem ist dies ein frustrierendes Leben. Vor langer Zeit, als ich noch in England studierte, ging ich zu Harold Laski, um ihn wegen meines Studiums um Rat zu fragen. Er sagte: ›Junge Frau, wenn Sie etwas werden wollen, beginnen Sie besser sofort ihr eigenes Leben – wenn Sie weiterhin Anhängsel Ihres Vaters sind, werden Sie nicht in der Lage sein, selbst etwas zu leisten.‹ Aber offenbar hatte ich keine Wahl, denn ich spürte sehr die Einsamkeit meines Vaters und ich hatte auch das Gefühl, was immer ich selbst hätte zustande bringen oder was für eine Befriedigung ich aus meiner eigenen Arbeit hätte ziehen können, es wäre bei weitem nicht so sinnvoll wie mein ›Anhängsel-Dasein‹.«

Und doch war Frau Gandhi hinter den Kulissen aktiv; sie kümmerte sich um die Sozialfürsorge und den Frauenflügel der Congress-Partei, der traditionell als ein politischer Friedhof angesehen wurde, wo die Aufgaben der Frauen auf die für Männer langweilige Wohltätigkeit reduziert wurden. Aber die hart arbeitende Tochter Nehrus blieb trotzdem nicht unbemerkt, und im Jahr 1955 wurde sie, inzwischen Millionen von Indern als erste Frau im Staat an der Seite ihres Vaters bekannt, in den mächtigen, nur einundzwanzig Mitglieder umfassenden geschäftsführenden Vorstand der Congress-Partei gewählt. Zwar blieb sie still im Hintergrund, aber für eine eigene politische Karriere fehlte jetzt nur noch ein kleiner Schritt. Im Jahr 1959 wurde sie zur Vorsitzenden der Congress-Partei ernannt; allgemein wurde angenommen, daß Nehru diese Wahl eingefädelt hatte, weil er wohl eine absolut loyale Person an seiner Seite benötigte, um die Machtkämpfe unter den Mitgliedern einigermaßen unter Kontrolle zu halten. Seine Tochter kannte die treuen Parteianhänger aus den Tagen als Hausdame bei ihrem Vater und hatte auch schon hier und da auffallend politisches Geschick bewiesen.

Während ihrer elf Monate als Vorsitzende der Congress-Partei konnte man in Indien einen ersten Eindruck von der aufsteigenden Politikerin bekommen, die in diesen Monaten mit allen denkbaren Manövern versuchte, die populäre kommunistische Regierung im südindischen Bundesstaat Kerala abzusetzen, wodurch deutlich wurde, daß sie die Zukunft der Congress-Partei über die Demokratie in Indien stellte. Im darauffolgenden Jahr lehnte Frau Gandhi eine weitere Amtsperiode als Parteivorsitzende auch aus Sorge um den immer schlechter werdenden Gesundheitszustand ihres Vaters ab. Aber es war ihr Ehemann, der neun Monate später starb und sie, obwohl das Ehepaar sich inzwischen auseinandergelebt hatte, in tiefem Schmerz zurückließ. »Wir stritten uns über alles mögliche, aber das starke Band der Zuneigung blieb bestehen«, schrieb Indira Gandhi an Dorothy Norman. »Ich habe das Gefühl, allein inmitten einer unendlichen Wüste zu stehen.« Als Nehru 1964 einem Schlaganfall erlag, zog sich Indira Gandhi wochenlang zurück und brach bei jedem Kondolenzbesuch in Tränen aus. Der neue Premierminister, Lal Bahadur Shastri, ernannte Frau

Gandhi zum Minister für Information und Rundfunk, aber dieser drittrangige Kabinettsposten entsprach in keiner Weise ihren Erwartungen. Tatsächlich schien es jetzt zum erstenmal so, als hege sie ernsthafte politische Ambitionen. Sie hatte keinen Ehemann und keinen Vater mehr, und es schien ihr bewußt zu werden, daß sie, wie es ihr Harold Laski geraten hatte, ihr Leben endlich selbst in die Hand nehmen mußte. Überall in Indien hielt sie Reden, in denen sie sich auf die Träume ihres Vaters bezog; und in privatem Kreis beklagte sie sich über die nach ihrer Einschätzung unfähige Shastri-Regierung. Eine Chance, sich selbst zu beweisen, bot sich ihr plötzlich während eines kurzen Ferienaufenthalts in Kaschmir, als einige tausend pakistanische Soldaten über die Staatsgrenze kamen und den Konflikt entfachten, der sich dann 1965 zum Krieg zwischen Indien und Pakistan ausweitete. Frau Gandhis Weigerung, Kaschmir zu verlassen, bis die Verhältnisse wieder stabil waren, stärkte die indische Moral in diesem Kampf und bescherte ihr später das Lob, »der einzige Mann in einem Kabinett von alten Weibern« zu sein.

Als im Jahr 1966 Shastri ganz plötzlich einem Herzanfall erlag, fiel die Wahl einer Gruppe führender Parteifunktionäre, die »das Syndikat« genannt wurde, auf Frau Gandhi. In ihren Augen bestand Frau Gandhis größter Vorteil darin, daß sie leicht geführt und manipuliert werden konnte; schon viele Frauen hatten in Indien politische Positionen innegehabt, aber immer nur auf Geheiß der Männer, und niemand glaubte daran, daß eine Frau zu einer unabhängigen Führungsrolle befähigt sei. Außerdem war Frau Gandhi eine Nehru, und dieser Name bedeutete der Nation immer noch viel. Nach ihrer Wahl zum Premierminister zeigten sich die immensen Erwartungen, die mit dem Namen verbunden waren, in den aufgeregten Massen, die sie empfingen, sobald sie nach ihrem Sieg vor dem Parlamentsgebäude auftauchte. Die Menschen riefen nicht nur »Lang lebe Indira«, sondern auch »Lang lebe Jawaharlal« – was Dom Moraes, einen der Biographen Frau Gandhis, zu der Bemerkung veranlaßte, man habe den Eindruck gewinnen können, als werde der Geist des Vaters im Körper der Tochter wiedergeboren.

Das Indien, das Frau Gandhi bei ihrem Amtsantritt vorfand, unterschied sich gewaltig von dem Land, das ihr Vater geführt hatte. Etwa von 1966 an wurde die Euphorie, die auf die Unabhängigkeit folgte, von einer ernsten Wirtschaftskrise abgelöst; eine Dürreperiode und die Ausgaben des Krieges von 1965 gegen Pakistan hatten wilde Inflation und eine drohende Hungersnot bewirkt. Im ersten Jahr war Frau Gandhi noch zaghaft und zögernd, aber bald mußten die Mitglieder des Syndikats begreifen, daß das fügsame »dumme Püppchen«, wie sie einer der Oppositionsführer genannt hatte, nicht im geringsten beabsichtigte, ihren Befehlen zu gehorchen. Knapp sechs Monate, nachdem sie Premierministerin geworden war, verärgerte Frau Gandhi die Parteibonzen, als sie sich unter dem Druck der Weltbank und der Vereinigten Staaten dazu entschied, die Rupie abzuwerten. Dies hätte theoretisch die indischen Exportartikel billiger gemacht und damit dem Land im Wettbewerb auf dem Weltmarkt eine bessere Position verliehen. Die Parteiführer wurden erst in letzter Minute unterrichtet, und sie nahm ihre Einwände gegen die Abwertung, sie mache Indien zur bloßen Schachfigur im Spiel der Vereinigten Staaten, einfach nicht zur Kenntnis. Den Parteibossen der alten Garde, die sich als Zeitgenossen Nehrus als die wahren Erben der Macht fühlten, drängte sich immer mehr der Gedanke auf, ein Monster geschaffen zu haben. Sie distanzierten sich von Frau Gandhi, und 1969 spaltete sich die Partei bei einem Kampf um die Wahl eines Kandidaten der Congress-Partei zum Präsidenten von Indien, in dem sie nur eine Galionsfigur sahen. Es wurde weithin angenommen, daß Frau Gandhi den Konflikt klug inszeniert und daraus politisches Kapital geschlagen habe; ihre Kritiker waren jedenfalls entsetzt. Nayantara Sahgal, dessen Mutter Vijaya Lakshmi Pandit die Tante von Indira Gandhi und eine verbitterte politische Rivalin war, schrieb, daß sie »ihre Strategie, Kontrolle über ihre Partei zu gewinnen, mit einer für den traditionellen Congress bisher unbekannten Militanz verfolgte. Sie legte ein neues, skrupelloses Verhalten an den Tag. Die Leute waren verwundert über ihr Gespür für die realen Machtverhältnisse, für exaktes Timing und über ihre eindrucksvolle theatralische Gestik; vor allem aber erstaunte ihr Durchhaltevermögen, das nicht davor zurückschreckte, die vierundachtzig Jahre alte Befreiungspartei auseinanderbrechen zu lassen.« Später sagte sie einmal: »Mein Vater war ein Heiliger, der in die Politik hineinstolperte. Ich aber bin eine harte Politikerin.« Im Jahr 1971 war ihre Macht vollkommen, als sie in einer Erdrutschwahl wiedergewählt wurde. In diesem Jahr brach der Bürgerkrieg in Pakistan aus. Indien marschierte in Ost-Pakistan ein, um dem Land zu helfen, sich gegen West-Pakistan zu verteidigen, und Ost-Pakistan ging aus diesem Konflikt schließlich siegreich als unabhängige Nation Bangladesch hervor. Indien wurde die vorherrschende Macht und Frau Gandhi die mächtigste politische Führerin auf dem ganzen Subkontinent.

Aber in Indien ist die Macht etwas sehr Vergängliches. Zwei Jahre später kämpfte Frau Gandhis Regierung damit, eine durch Inflation, zwei ernste Dürreperioden und steigende Ölpreise entstandene wirtschaftliche Krise in den Griff zu bekommen. Ihre Popularität sank auf den Nullpunkt. Der Widerstand gegen ihre Führung gewann vor allem im Bundesstaat Bihar, wo Jayaprakash Narayan, ein populistischer Reformer im Geiste Gandhis, regierte, an Stärke. Frau Gandhis Kritiker beschuldigten sie des Mißmanagements und der Korruption und verfolgten mit großem Interesse die Gerichtsverhandlung, die wegen Unregelmäßigkeiten bei den Wahlen 1971 auf Initiative eines sozialistischen Abgeordneten gegen sie in die Wege geleitet worden war. Im Juni 1975 sprach das Oberste Gericht die Premierministerin schuldig des Wahlbetrugs in zwei Fällen und erklärte ihre Wahl ins Parlament für ungültig. Sofort forderte die Opposition ihren Rücktritt, aber schon zwei Tage später reagierte Frau Gandhi auf ihre Weise: Sie ließ bei den großen Zeitungen von Delhi den Strom abstellen und schickte dann die Polizei zu den Oppositionsführern, um sie bei Morgengrauen in ihren Häusern verhaften zu lassen. Als die Hauptstadt später an diesem Morgen, am 26. Juni 1975, erwachte, verkündete das von der Regierung kontrollierte Radio, daß der ›Notstand‹ ausgerufen worden sei. Frau Gandhi berief sich auf ein Gesetz, das noch aus der Kolonialzeit stammte, und vertrat die Ansicht, daß für eine Übergangszeit eine autoritäre Regierung notwendig sei, um die »Gefahr für die innere Stabilität« und einen drohenden Aufstand zu bannen. Im Laufe der nächsten zwei Jahre sollen etwa fünfzigtausend Menschen ins Gefängnis geworfen worden sein, viele, ohne daß sie wußten, was ihnen zur Last gelegt wurde. Die Presse wurde der Zensur unterworfen, die in der Verfassung garantierten Bürgerrechte wurden aufgehoben; die Demokratie, für die Indien so lange gekämpft hatte, schien vernichtet. Frau Gandhi bestand weiterhin darauf, daß »diese Abwehrmaßnahmen notwendig sind, weil die Demokratie in Gefahr war. Eine Handvoll Leute versuchte, die Durchsetzung des Mehrheitswillens zu verhindern.« Der Westen sah entgeistert zu, wie die Führerin der größten Demokratie der Welt sich mehr und mehr der Rolle eines Despoten annäherte. Sie betraute ihren draufgängerischen Sohn Sanjay damit, ein hartes Programm zur Slumsanierung und Geburtenkontrolle durchzusetzen, und Gerüchte über Zwangssterilisationen führten zu manchmal gewalttätigen Protestaktionen.

Im Frühjahr 1977 überraschte Frau Gandhi die Welt damit, daß sie Wahlen ansetzte, offenbar überzeugt davon, daß die Congress-Partei ohne Mühe siegen würde. Aber die Wähler jagten Indira Gandhi aus dem Amt und Morarji Desai, ein Oppositionsführer, den sie zwei Jahre zuvor ins Gefängnis geworfen hatte, wurde Premierminister. Der *Indian Express*, eine der führenden oppositionellen Zeitungen, schrieb in einem Leitartikel, daß, wie der Sturz von Frau Gandhi bewiesen habe, keine Regierung »die Verfassung und das Recht mit Füßen treten und die Freiheitsrechte der Menschen knebeln kann, und dann auch noch hoffen, der Nemesis des empörten Volkes zu entrinnen«. Während der nächsten drei Jahre verbrachte Frau Gandhi eine kurze Zeit im Gefängnis, gründete aus einer Abspaltung der Congress-Partei den Congress-I (wobei I für Indira steht), organisierte überall im Land Versammlungen und versuchte so, die Macht zurückzuerobern. Die Mängel der Regierung Desai und ihre eigene Popularität bei den indischen Massen ebneten ihr trotz all ihrer offensichtlichen Fehler den Weg zum Sieg. Bei den Wahlen 1980 gewann die Congress-Partei zwei Drittel der Parlamentssitze; Indira Gandhi behauptete im nachhinein, daß der Triumph »einzig und allein meiner Person« zu verdanken sei.

Ihre letzten Amtsjahre waren gekennzeichnet von einer Verbesserung der Beziehungen zu den Vereinigten Staaten und von tragischen Ereignissen in ihrem persönlichen Leben. Als Sanjay, ihr Lieblingssohn und auserkorener Nachfolger, im Juni 1980 bei einem Flugzeugabsturz ums Leben kam, hielt sie in der Öffentlichkeit ihre Gefühle im Zaum, privat war sie, wie sich Freunde erinnern, eine tief unglückliche, verzweifelte Mutter, von Depressionen und Hoffnungslosigkeit heimgesucht. Ein Jahr später schrieb Indira Gandhi an ihre Freundin Pupul Jayakar, daß die Trauer »weder vergessen noch überwunden werden kann. Man muß lernen, damit zu leben, sie als einen Bestandteil des Lebens in sich aufzunehmen.« Allerdings verwunderte es niemanden in Delhi, daß sich Frau Gandhi mit Sanjays Witwe, Maneka, zerstritt und sie schließlich aus dem Haus warf, weil sie, wie sie meinte, entdeckt hatte, daß Maneka drauf und dran war, eine Oppositionspartei unter ihrem Dach aufzubauen. In Wirklichkeit hatte sie die gerissen kluge Maneka nie gemocht, und ihr gegenüber scheint sie sich weniger wie eine Politikerin, sondern eher wie eine typisch indische Ausgabe der gekränkten

Schwiegermutter verhalten zu haben. »Die beiden benahmen sich wie zwei Frauen vom Dorfe«, erinnerte sich Khushwant Singh.

Während der ganzen Zeit, da sie persönlich von schweren Schicksalsschlägen heimgesucht wurde, blieb sie fixiert auf das, was sie als permanente Bedrohung der indischen Einheit empfand, und sie versuchte immer wieder, Regierungen von Bundesstaaten, mit denen sie Differenzen hatte, besonders Kaschmir, zu Fall zu bringen. Ihr Schicksal erfüllte sich, als sie mit radikalen Sezessionisten unter den Sikhs aneinandergeriet, die in dem strategisch und ökonomisch lebenswichtigen Grenzstaat Punjab einen unabhängigen Sikh-Staat schaffen wollten. Im Juni 1984 tat sie das, was wohl der Grund für ihre Ermordung gewesen sein mag: Frau Gandhi schickte indische Truppen nach Punjab, um Sikh-Terroristen zu überwältigen, die sich im Goldenen Tempel, dem heiligsten Schrein der Sikhs, verbarrikadiert hatten. Sechsunddreißig Stunden dauerte der Kampf, der, Berichten zufolge, zwölfhundert Tote forderte, unter ihnen auch den militantesten Sikh-Führer, Singh Bhindranwale. Das verziehen ihr die Sikhs nie. Vier Monate später, als Frau Gandhi auf dem umzäunten Grundstück von ihrer Residenz zu ihrem Büro ging, richteten zwei ihrer Sikh-Leibwächter die Maschinenpistolen auf sie und durchsiebten ihren Körper mit Kugeln. Noch am selben Tag wurde im ›All India Institute of Medical Sciences‹ ihr Tod festgestellt und ihr einziger überlebender Sohn Rajiv als neuer Premierminister vereidigt. Nehrus Vermächtnis wurde vom Vater zur Tochter und deren Sohn weitergereicht, und die Familie war die erste Dynastie des unabhängigen Indiens geworden.

Während meiner Zeit in Indien ging ich oftmals zu Frau Gandhis Haus in der Safdarjung-Straße, das nach ihrem Tod zu einem Museum geworden war. Es lag nicht weit weg von unserem eigenen Haus in Delhi, und wenn ich in der Menge indischer Touristen durch Frau Gandhis altmodisches Arbeitszimmer und das Eßzimmer ging, versuchte ich mir vorzustellen, wie sie gewesen sein mochte. Selbst für indische Verhältnisse war das Haus für einen Premierminister eher bescheiden, nicht größer als die Bungalows, die die Regierung wichtigen Kabinettsmitgliedern und Richtern zur Verfügung stellte. Aber anders als viele dieser Häuser, deren eintönige, bürokratische Einrichtung einem das Gefühl geben konnte, daß die Bewohner gar nicht so richtig darin wohnten, spiegelte Frau Gandhis Haus, sogar noch als Museum, die Persönlichkeit einer Frau wider, die sich auch für die kleinen Dinge interessierte – zum Beispiel Blumen, sorgsam ausgewählte Kunst oder die Kombination von Farben –, die ein Haus erst bewohnt erscheinen lassen. Hinter dem Haus gab es einen großen gepflegten Garten mit üppigen Gräsern und Rosenbeeten und einem gewundenen, betonierten Weg, der zu dem Gebäude führte, das sie als Büro benutzt hatte. Diesen Weg war sie auch an jenem Morgen gegangen, als ihre Leibgardisten die Maschinenpistolen auf sie gerichtet hatten, und es war mir immer gruselig, wenn ich ihn entlangging. Am Ende des Weges befand sich eine der, wie ich finde, makabersten Gedenkstätten für die tote Premierministerin. Auf dem Beton des Weges sah man mehrere mit Plastikfolie sorgfältig abgedeckte braune Flecken, die von Männern mit Maschinenpistolen bewacht wurden und von denen behauptet wurde, daß es sich um Frau Gandhis Blut handelte. Hier war die letzte Station der Besichtigungstour, und alle indischen Besucher machten pflichtgemäß ihre Photos. In meinen Augen war dieses brutale Blut-Denkmal ein letzter Kontrapunkt zu der feinen, anmutigen Dame aus kultiviertem Hause und symbolisierte den trotzigen, kriegerischen Teil ihrer Psyche, den die Inder als Göttin Durga verehren. Jedesmal, wenn ich das Haus verließ, bedauerte ich es, daß ich nie die Möglichkeit gehabt hatte, die berühmteste Frau Indiens – und mit Sicherheit eine der bemerkenswertesten Frauen des zwanzigsten Jahrhunderts – kennenzulernen, aber zugleich wurde mir klar, daß eine der explosivsten Phasen in der modernen indischen Geschichte zu einem Ende gekommen war.

In den Monaten nach Frau Gandhis Tod brach ein neues Zeitalter für die Frauen in der indischen Politik an. Meinungsforscher fanden heraus, daß besonders die Frauen Rajiv Gandhi im Dezember 1984 bei seiner Wahl durch die Congress-Partei unterstützten, teils aus Sympathie zu seiner Mutter, aber auch, weil sie willens schienen, ihr Vertrauen einem jungen Mann zu schenken, der Symbol für beides war, Kontinuität und Wandel. Rajiv, dem daran lag, deutlich zu machen, daß er sowohl ein progressiver Premierminister als auch Indiras würdiger Sohn sein würde, bedankte sich, indem er ein neues Ministerium für Frauen und Soziales schuf und einer Frau die Leitung übertrug. In der Zeit, in der seine Mutter Premierministerin war, schienen die Leute, geblendet von ihrer Macht und ihrer Stellung, das Fehlen der Frauen in der Regierung nicht bemerkt zu haben. Rajiv berief Mohsina Kidwai, eine Veteranin der Congress-Partei, als Bundesministerin für Gesundheit und Soziales in sein Kabinett. Unter Frau Gandhi war nicht eine einzige Frau Kabinettsmitglied gewesen. Eine andere Frau wurde von Rajiv zur Vizepräsidentin des Oberhauses bestimmt, außerdem betraute er zwei weitere Frauen mit Spitzenpositionen innerhalb der Partei, machte eine dritte zur Staatsministerin und legte fest, daß zwanzig Prozent der Sitze im Abgeordnetenhaus für Frauen reserviert werden sollten. Das waren alles keine radikalen Schritte; wie die meisten Politiker war auch Rajiv Gandhi eher ein Reformer als ein Revolutionär, und später verärgerte er die Feministinnen durch seine zögerliche Reaktion auf das *sati* in Rajasthan und durch seine Haltung in der Kontroverse um das Ehescheidungsrecht für Moslems. Aber trotz alledem, das Klima hatte sich verändert. Als immer mehr Kritik laut wurde, daß das Frauenministerium sich zu einem Ghetto entwickle, in dem die Probleme der Frauen auf ein Abstellgleis gerieten und so von der übrigen Regierungsarbeit künstlich abgetrennt würden, wandelte es Rajiv Gandhi im Oktober 1985 in eine Abteilung des Ministeriums zur Entwicklung menschlicher Ressourcen um und besetzte die Leitung mit einem der Stars der Congress-Partei, mit Margaret Alva. Margaret Alva war dreiundvierzig Jahre alt und wußte, was sie wollte; sie hatte als Rechtsanwältin vor dem Obersten Gericht von Indien die Stewardessen der Indian Airlines erfolgreich verteidigt und für die Stewardessen Arbeitsbedingungen erkämpft, die denen ihrer männlichen Kollegen entsprachen. Vorher mußte eine Stewardeß kündigen, wenn sie heiratete oder schwanger wurde. Mehr als irgend jemand sonst repräsentierte Margaret Alva den neuen Typus von Frau, der durch Rajiv Gandhi zur Macht gelangt war, aber der auch wegen oder trotz Indira Gandhi zur Politik gekommen war.

8 Rekha, Dimple, Sridevi und ihre Freunde

Die Schauspielerinnen von Bombay

Draußen ließ der Sommermonsun Bombay im Morast versinken, und es war schwer, sich fortzubewegen, aber drinnen, im Studio, wo gerade der Hindi-Film *Dance Dance* gedreht wurde, bastelte man fleißig an Träumen. Den ganzen Tag hatte ich zugesehen, wie einer der größten indischen Leinwandstars, ein schmalhüftiger Herzensbrecher mit Fönfrisur, zum Diskorhythmus herumwirbelte – in einer Art subkontinentalen *Saturday Night Fever*. Seine Filmpartnerin war Mandakini, ein siebzehnjähriges Sternchen, das ein Jahr zuvor in einer ›Nassen-Sari-Szene‹ ihr Filmdebut gegeben hatte, die weder die männlichen Zuschauer noch die entrüsteten Feministinnen vergessen hatten. Aber ich interessierte mich mehr für die Schauspielerin Smita Patil, die die weibliche ›dramatische‹ Hauptrolle spielte und sich gerade, gelangweilt und müde, in ihrer Garderobe ausgestreckt hatte. Sie war dreißig Jahre alt, einer der größten Stars Indiens, sinnlich und eindrucksvoll, die Lieblingsschauspielerin der anspruchsvollen Cineasten. Und dennoch war sie hier, machte bei einem billigen Projekt mit, um leben zu können. Schlimmer noch war, daß sich ihre Fans in letzter Zeit mehr für ihr Privatleben als für ihre Filme interessierten. Die große Neuigkeit war, daß sie ein Baby erwartete von Raj Babbar, dem bekannten Schauspieler, den sie ihren Ehemann nannte. Aber Babbar war, wie jedermann wußte, der die Filmgazetten las, bereits mit einer anderen verheiratet.

»Als es mit uns losging, hat er mir nie versprochen, er werde seine Frau verlassen«, erzählte mir Patil ruhig. »Wie schwierig es auch sein mag, bestimmte Tatsachen zu akzeptieren – es blieb mir nichts anderes übrig.« Ich sprach mit ihr in einem Zwanzig-Minuten-Rhythmus – immer zwischen zwei Einstellungen. Trotz vieler Widersprüche in ihrem Privatleben gehörte Patil zu den intelligenteren Schauspielerinnen von Bombay; sie war auf dem College gewesen, feministischen Fragen gegenüber aufgeschlossen und interessierte sich auch für die Welt außerhalb des Studios. Für die Tag-Szenen hatte Patils Kostümbildnerin ein Kleid entworfen, das ihren wachsenden Bauch verhüllte, aber man sah es Patils Gesicht an, wie sehr es sie anstrengte, stundenlang auf hochhackigen Pumps vor der Kamera zu stehen. »Mein Rücken«, sagte sie und verzog das Gesicht. Sie saß auf einem Bett, hatte die Füße auf einem Kissen hochgelegt, und die Haarsträhne über der Stirn war über einen Lockenwickler gerollt. Sie knabberte lustlos an einem Toast, der dick mit unappetitlichem Schmelzkäse bestrichen war, und versuchte, einen der Regieassistenten abzuwimmeln, der hereinkam, um ihr zu sagen, daß noch einige Nahaufnahmen benötigt wurden. »Nahaufnahmen?« rief sie erschrocken aus. »Jetzt, wo ich aussehe wie eine ersoffene Katze?« In dem Raum, in dem überall Kostüme und Schminksachen herumlagen, roch es muffig. In dieser Umgebung wirkte sie nicht wie jemand, der ein Glamourleben führte, obwohl eben hier sich die Verstrickungen angebahnt hatten, für die Patil nun in aller Munde war. »Frauen, die in dieser Industrie arbeiten, haben keine Zeit für ein normales Leben«, sagte sie. »Man arbeitet zehn bis zwölf Stunden am Tag und immer wieder mit verschiedenen Männern. Es wird ständig von einem verlangt, alle möglichen Gefühlsregungen auszudrücken, was dazu führt, daß man emotional überspannt reagiert. Dies geht hinein bis in die privatesten Beziehungen. Das ist eine Gratwanderung.«

Während sie mir Auskunft gab, kam der Regieassistent mit

dem Text für eine der nächste Szenen herein. Er war gerade eben erst während der Dreharbeiten geschrieben worden – das war beim indischen Film so üblich. Patil hatte nur eine ungefähre Vorstellung vom Fortgang der Handlung, was aber kein Grund zur Beunruhigung war. Sie wußte nur, daß es sich bei *Dance Dance* um ein Sing-und-Tanz-Melodram handelte, in dessen Mittelpunkt ein Geschwisterpaar stand, und daß sie die Schwester spielte, die vergewaltigt wurde. Das war eine Geschichte, die ihren feministischen Freundinnen nicht gefallen hätte, aber Patil hatte im Verlauf ihrer Karriere schon ein halbes Dutzend solcher Vergewaltigungsszenen gespielt, eine bescheidene Zahl in einer Industrie, die ihre Filme regelmäßig mit geschundenen Frauen würzt, die dann von männlichen Helden gerettet werden. »Denn, wissen Sie, der Mann muß immer der Retter sein«, sagte Patil sarkastisch. »Es geht immer nur um die Verherrlichung des Mannes. Die Frauen spielen stets nur die Rolle der Geschlagenen.« Mehr wußte sie nicht über die Handlung von *Dance Dance*.

Patil arbeitete für die zweifellos größte und verrückteste Filmindustrie der Welt. Jedes Jahr produziert die »indische Traumfabrik« für nicht weniger als fünf Milliarden zahlende Zuschauer im Jahr bis zu neunhundert Spielfilme, fast alles seichte Liebesgeschichten oder blutige Räuberpistolen, in Hindi oder einer der anderen Regionalsprachen. Damit lagen 1988 die Zuschauerzahlen fünfmal höher als jene, die die 230 in den Vereinigten Staaten produzierten Spielfilme sahen. Und obwohl Bombay, wie auch Hollywood, unter Video-Piraterie und der Konkurrenz des Fernsehens zu leiden hatte, produzierte die Traumfabrik mit voller Kraft weiter. Das war die große Ironie bei einer Industrie, die immer kurz vor dem Zusammenbruch zu stehen schien. Indiens gebildete Oberschicht machte jahrelang einen Bogen um die simplen Hindi-Unterhaltungsfilme, die in den großen, heruntergekommenen Filmtheatern des Landes gespielt wurden, und in den späten achtziger Jahren gab es mehr Mißerfolge als je zuvor. Und trotzdem wurden mehr Filme als jemals produziert. Das war natürlich Unsinn. Niemand konnte überprüfen, ob stimmte, was man sich in Filmkreisen erzählte, daß die Buchhalter die Abrechnungen fälschten, damit es so aussah, als ob die Filme ihr Geld nicht einspielten und die Produzenten die hohen indischen Gewinnsteuern nicht zu bezahlen brauchten. Natürlich war es allseits bekannt, daß die Stars unterderhand ›Schwarzgeld‹ erhielten. Wie auch immer, Grundstückspekulanten, Diamantenhändler und Inder, die im Ausland lebten, finanzierten weiterhin neue Filme mit gigantischen Geldsummen. Viele Investoren konnten dem Glanz und Glamour von Bombay nur schwer widerstehen, und es schien, als legten sie es darauf an, die plüschigen Cinemascope-Schinken am Leben zu halten, die gerade in einem Land, in dem die meisten Menschen am oder unter dem Existenzminimum dahinvegetierten, eine Möglichkeit zur Flucht aus dem Alltag boten.

Wenn die Filmindustrie auch an sich eine gute Geschichte abgäbe, war ich doch neugieriger auf die Schauspielerinnen. Sie waren die Göttinnen des Landes, die nicht nur in den Großstädten, sondern überall im Lande in grellen Farben und zwanzigfacher Lebensgröße auf den riesigen Reklameflächen zu sehen waren. Natürlich schmollten sie ständig in den Filmzeitschriften darüber, daß ihnen nicht genügend ernsthafte Rollen angeboten würden, wo sie ihr Talent unter Beweis stellen konnten. Sie schienen genauso ichbezogen, launisch und oberflächlich zu sein wie Schauspielerinnen überall auf der Welt. Sie gehörten auch zu den erfolgreichsten Frauen in Indien, und ich glaubte, daß sie das Geld und die Macht hätten, um schon in sehr jungem Alter die Regeln zu durchbrechen und ein unabhängiges Leben zu führen. Die Schauspielerin Farha, zum Beispiel, war erst achtzehn, hatte aber bereits ein höheres Einkommen als die meisten Wirtschaftsmanager in Indien, fluchte wie ein Kameltreiber und hatte eine wilde, offen zur Schau getragene Liebesaffäre mit einem jungen Regisseur. »Warum nur muß ich so fürchterlich lieben und hassen, daß ich entweder ihn oder mich selbst umbringen will?« fragte sie sich selbst in einer Nummer der Filmzeitschrift *Movie.* »Ich bin jetzt entschlossen, ihm das Leben zur Hölle zu machen.« Hinter den Toren der Filmstadt von Bombay, an einem weitläufigen Produktionsareal, in sanfte Hügel und pittoreske Seen eingegebettet, fand ich eine viel weniger exaltierte Farha vor. Sie tanzte mit einem jungen Filmpartner durch den Garten voll künstlicher Nebelschwaden. Farha, die wie die meisten Schauspielerinnen in Bombay nur einen Namen benutzte, hatte schon einmal eine Frau gespielt, die eines Tages entdeckt, daß ihr Ehemann noch mit einer anderen verheiratet ist und mit ihr mehrere Kinder hat. In ihrer Rolle tat sie, was jede ordentliche Heldin eines Hindi-Films in einer solchen Situation tut, sie brachte sich aus lauter Scham um. Aber Farha erzählte mir, daß sie selbst sich anders verhalten hätte. »Ich hätte ihn getötet«, sagte sie.

Innerhalb der Branche jedoch waren die männlichen Schauspieler diejenigen, die als die großen Stars galten und die großen Gagen forderten, denn sie zogen das Publikum an. Die Schauspielerinnen spielten untergeordnete Rollen und boten den Männern nur den Rahmen. »Frauen werden normalerweise nicht als Menschen mit Fehlern und komplexem Charakter gesehen«, klagte Deepa Sahai, eine ernsthafte Schauspielerin, die sich in einer Fernsehserie über mehrere Familien zu der Zeit des Bruchs zwischen Indien und Pakistan 1947 einen Namen gemacht hat. »Selbst wenn eine Frau einen Mann verläßt, wird es immer heißen, sie hat es getan, weil er eine Affäre mit einer anderen Frau hat. Sie tut niemals etwas aus eigenem Antrieb. Sie reagiert eher auf Verrat und handelt nicht nach ihren eigenen Wünschen und Sehnsüchten.«

Und doch hatten diese untergeordneten Rollen der Schauspielerinnen enormen Einfluß auf die Norm der Verhaltensweisen der Frauen im ganzen Land. Obwohl ich manchmal fand, daß die Feministinnen überreagierten, wenn sie sich über das

Bild der Frauen im kommerziellen indischen Film beklagten, hatten sie doch im Grunde recht. Auf der Leinwand waren die Schauspielerinnen die Hüterinnen der konservativen Traditionen des Landes und spielten oft Frauen, die vergewaltigt wurden, weil sie sich so verwerflicher Taten wie etwa der Arbeit in einem Nachtklub oder des Tragens westlicher Kleider schuldig gemacht hatten. Nur die braven Frauen im Sari lebten für immer glücklich vereint mit Ehemann und Kindern. »Das Kino lehrt uns, daß Frauen, die Hosen tragen und Tennis spielen, böse sind«, sagte Chidananda Das Gupta, der bekannteste Filmkritiker Indiens. »Das Kino sagt uns, daß die Frauen zwar in einem Auto fahren, sich aber ihrem Wesen nach nicht verändern dürfen.«

Während der zehn Tage im Sommer, in denen ich mit einigen Schauspielerinnen in Bombay über ihre Karriere, ihre Filmpartner und ihre Liebesaffairen sprach, machte ich mir klar, daß die meisten von ihnen, wie Farha, ein schizophrenes Leben führten. Wenn sie nicht vor der Kamera standen, lebten die indischen Schauspielerinnen in den Strandhütten und Hochhäusern der Filmkolonie von Bombay ein Leben, das in einem diametralen Gegensatz zu den konservativen, in den Filmen vermittelten Werten der »Mutter Indien« stand. Hier gab es Liebesaffairen, Dreiecksverhältnisse, uneheliche Kinder, Liebesverstecke. Hier gab es das, was die Stars ihren Fans an echter Unterhaltung zu bieten hatten und worüber jeden Monat atemlos in den Filmzeitschriften berichtet wurde. KIMI SITZENGELASSEN! verkündete die Titelseite von *Cine Blitz* in einem Sommer. JAYAPRADA HEIRATET IHREN LIEBHAGER! hechelte *Star & Style*. In allen Artikeln lamentierten die weiblichen Stars darüber, daß sie doch nur glücklich sein wollten, aber dies war ein unerreichbares Ziel, denn sogar in Bombay war es immer noch anstößig, sich scheiden zu lassen oder unverheiratet zusammenzuleben. Also galten für alle, die in der Filmkolonie lebten, andere Regeln. Einer der neueren Trends war, wie im Fall von Smita Patil, daß ein Mann zwei ›Frauen‹ hatte. Trendsetterin dafür war Hema Malini, einst in der Branche bekannt als das Eismädchen. Kurz bevor sie das Kind ihres Liebhabers zur Welt brachte, beschloß sie, daß sie in den Augen Gottes mit ihm »verheiratet« sei und daß sie seine andere Frau akzeptieren könne. »Legal ist das nicht in Ordnung«, gab sie mir gegenüber zu. »Aber vor meinem Gewissen habe ich zuerst geheiratet, und dann kam das Baby.« Wir sprachen in ihrem Haus in einem Vorort von Bombay miteinander. Das Haus war geräumig, voller Marmorböden, Spiegeln, Dienstboten und Wächtern. Ihr ›Mann‹ war Dharmendra, der indische männliche Mann schlechthin, der seine Zeit zwischen seiner Frau und ihr teilte. »Wenigstens bin ich ehrlich«, sagte Hema Malini. »Ich sage nicht einfach ›wir sind bloß gute Freunde‹.«

Eine Flut von ähnlichen ›Eheschließungen‹ folgte und alle wurden sorgsam in den Filmzeitschriften beschrieben. Der Trend erreichte seinen Höhepunkt, oder vielleicht auch seinen Tiefpunkt, als der bekannte Regisseur Mahes Bhatt in einer halbstündigen Zeremonie unmittelbar vor seiner zweiten Hochzeit zum Islam konvertierte – womit es ihm dann erlaubt war, die zweite Frau zu heiraten, ohne sich von der ersten scheiden zu lassen. »Es war für uns drei die beste Lösung«, sagte er mir mit äußerstem Ernst. »Eine Scheidung hätte für mich bedeutet, daß ich eine Person, die einfach zu meinem Leben gehört, für immer hätte verstoßen müssen. Und meiner zweiten Frau mußte ich irgendeine Form von rechtlicher Anerkennung verschaffen.« Nach Hindu-Recht zumindest war seine Heirat illegal. »Wenn meine erste Frau dagegen klagt, bin ich erledigt«, gab er zu.

Ich habe nie verstanden, wie die Stars neben ihrer Arbeit noch Zeit für solche außerplanmäßigen Aktivitäten fanden. Schließlich spielten einige in fünfzehn Filmen zugleich und rannten oft an einem und demselben Tag wie wild zwischen zwei Hauptrollen und zwei verschiedenen Drehorten hin und her. Farha, zum Beispiel, erzählte mir, daß sie kürzlich vierundzwanzig Stunden am Stück gearbeitet habe. Zuerst hatte sie Studioaufnahmen für den einen Film und dann blieb sie noch die ganze Nacht wach, um Stunts auf einem U-Bahnhof für einen anderen Film zu machen. Zweifellos war Bombay nicht Hollywood. Keine Berufsschauspielerin in Bombay hätte je daran gedacht, sich monatelang auf eine Rolle vorzubereiten, nicht zuletzt deshalb, weil die Charaktere fast immer die gleichen waren. Wie Das Gupta in seiner Aufsatzsammlung über den Film schrieb: »Was für Schauspielerei gehalten wird, ist ein Spiel zwischen dem Produzenten und den Zuschauern, mit Prototypen – der weinenden Mutter, dem in seine Kinder vernarrten Vater, der tanzenden, singenden Heldin mit den betörenden Augen, dem wild gestikulierenden oder traurig dreinblickenden Helden, dem Witzbold, dem frühreifen Kind – und den Zuschauern genügen schon ein paar Gespreiztheiten des Schauspielers, um alles weitere als gegeben hinzunehmen.«

Der kommerzielle Hindi-Film darf nicht mit anspruchsvollen Filmen von Regisseuren wie etwa Satyajit Ray verwechselt werden, die von Filmklubs in New York, Paris oder Rom vorgeführt werden. Bisher wurden jedes Jahr etwa fünfzig solcher Filme in Indien produziert; die meisten beschäftigten sich mit den dunklen Seiten des menschlichen Charakters und hatten die Intellektuellen in den Großstädten als Zielpublikum. Geld war mit diesen Filmen so gut wie nie zu verdienen. Die Motorradrikscha-Fahrer und die Teebuden-Besitzer wollten hauptsächlich laute und reich ausgestattete Musicals – ein Genre, für das die meisten Amerikaner wenig Verständnis aufbringen würden. Chandra Barot, ein Hindi-Filmregisseur, war jedenfalls dieser Meinung. »Als die ich 20th Century-Fox besuchte, fragte man mich, ›Warum haben Sie in jedem Film Lieder?‹« erzählte er mir. »Aber wir sind im Grunde sehr einfache Menschen. Alle Filme handeln von derselben Geschichte.« Die Geschichte handelte gewöhnlich von einem jungen Mädchen und einem jungen Mann, die sich liebten, aber in Schwierigkeiten gerieten, oft weil der Vater des Mädchens mit einer Heirat nicht einverstanden war. »Der Hauptunterschied zwischen amerikanischen und indischen Filmen ist«, sagte die Schauspielerin Rekha, »daß die amerikanischen Filme einen Sinn ergeben und die indischen nicht.«

Die drei größten weiblichen Stars des indischen Unterhaltungsfilms der mittleren und späteren achtziger Jahre waren unumstritten Rekha, Dimple Kapadia und Sridevi. Obwohl sie sich auf den Rängen eins, zwei und drei je nach Erfolg oder Mißerfolg an der Kinokasse immer wieder mal ablösten, kam keine andere Schauspielerin auch nur in die Nähe ihres Ruhms. Als ich mich im Sommer 1986 in Bombay aufhielt, war Rekha, die langjährige Königin des Hindi-Films, gerade durch ihre jüngere Rivalin Sridevi vom ersten Platz verdrängt worden. Die dritte im Bunde, Dimple, wie sie von allen genannt wurde, hatte eine unglückliche Ehe hinter sich, war gerade erst wieder in die Welt des Films zurückgekehrt und konnte daher beim Rennen um die Spitze noch nicht mithalten. Zwei Jahre später, nachdem Sridevi einige Kassen-Flops erlitten hatte, war Rekha, der Altstar, wieder auf Platz eins. Dimple war inzwischen mit lautem Getöse ins Geschäft zurückgekehrt und hatte gelegentlich selbst Anspruch auf den ersten Platz angemeldet. Dieses Auf und Ab zu verfolgen, war manchmal nicht leicht, selbst für diejenigen, die sich damit ihr Geld verdienten. »Für uns ist es, was die Mädchen angeht, schwierig, immer auf dem laufenden zu sein«, gab Nari Hira, die Herausgeberin von *Stardust*, der führenden Filmzeitschrift, zu.

Dimple suchte ich als erste auf. Ich kam dazu, als sie eines Nachmittags in einem Bungalow der teureren Wohngegend von Bombay drehte. Das war im Sommer 1986, als sie sich noch auf den unteren Sprossen der Karriereleiter befand. Trotzdem gerieten die meisten Männer, sogar gebildete und gut verdienende, über Dimple in Verzückung. Als ich sie das erste Mal beim Drehen beobachtete, verstand ich, warum. Sie war schön – groß, wohlgeformt, mit riesigen Augen, einem sinnlichen Mund und einem tiefen Grübchen am Kinn. Sie trug eine rothaarige Perücke mit langen Locken, dazu einen Seidensari in Grün- und Beigetönen. Der Film hieß *Insaaf* (Gerechtigkeit), und Dimple spielte Zwillingsschwestern, eine Sängerin in einem Nachtklub und eine Ärztin. Natürlich wurde die Sängerin vergewaltigt und sprang dann aus Scham aus dem Fenster. Als ich zum Drehort kam, war Dimple mitten in einer Szene, die im Schlafzimmer gedreht wurde und in der die Nachtklub-Sängerin ihrem Liebhaber, einem ehemaligen College-Professor, gerade sagte, daß sie sein Kind abgetrieben habe. Als der Geliebte nach dem Grund fragte, antwortete sie, daß sie es getan habe, weil sie nicht Mann und Frau seien. Der Liebhaber, inzwischen tief gerührt, erklärte ihr seine Liebe und hielt um ihre Hand an, worauf die Sängerin dann zugab, die Geschichte mit der Abtreibung nur erfunden zu haben und daß sie sein Kind noch immer unter ihrem Herzen trage. Auf dem dramatischen Höhepunkt der Szene brach Dimple in echte Tränen aus.

»Das kommt manchmal so über mich«, sagte sie später in ihrer Garderobe und schluchzte noch. »Diese Szene kam von innen heraus. Bis gestern noch wußte ich nicht recht, wie ich die Rolle spielen sollte. Aber allmählich gelingt es mir. Sie wollte Schauspielerin werden, aber sie schaffte es nicht, und deshalb landete sie im Nachtklub.« Ich fragte sie, ob sie das Comeback nach ihrer zerbrochenen Ehe geschafft habe. »Dieses Comeback war kein Comeback«, sagte sie nüchtern. »Ich weiß nicht, was die Leute von mir erwartet haben.« Dimple war offen und geradeheraus und man merkte ihr an, daß sie zu viel hinter sich hatte, um sich hinter einer Pose zu verstecken. Zumindest hatte ihr Leben ausreichend Material geboten für eine Szene, wie sie sie gerade gespielt hatte. Im Alter von vierzehn spielte sie die Hauptrolle in *Bobby*, einer Liebesgeschichte, die zu einem Dauerbrenner des Filmgeschäfts wurde. Durch den Film wurde

Dimple zur Sensation, aber anstatt auf diesem Erfolg eine Karriere aufzubauen, heiratete sie im Alter von fünfzehn Rajesh Khanna, den damals bekanntesten männlichen Hauptdarsteller des Landes. Der machte sofort seiner neuen Frau klar, daß für sie die Zeiten der Schauspielerei vorüber seien. »Mein Mann war fest davon überzeugt, daß mein Platz zu Hause sei«, sagte Dimple. »Wir hatten eigentlich keine Beziehung wie zwischen Mann und Frau, sondern eher wie zwischen Vater und Tochter.« Nach zwei Kindern und zehn Jahren Ehe trennte sie sich schließlich. »Es ist eine große Schande, einen Mann zu verlassen«, sagte sie. »Ich hatte gar nicht erwartet, daß man mich akzeptieren würde. Aber nachdem ich ihn verlassen hatte, war für mich alles ganz anders. Das beste daran war, daß ich mein eigenes Geld verdiente.« Ich sah nun, daß Dimple über ihren Tränenausbruch in der vorherigen Szene ausgesprochen erfreut war. »Diese Szene hat mir riesigen Spaß gemacht«, sagte sie. »Dieses Hochgefühl habe ich sonst durch nichts je in meinem Leben erreicht. Und wenn ich dieses Hochgefühl zwei- oder dreimal im Jahr erreichen kann – ich finde das einfach toll.« Eine weitere Heirat stand nicht in Aussicht, weil auch sie mit einem Schauspieler liiert war, der, wie sie sagte, »niemals« seine Frau verlassen würde. Ich fragte sie, warum sie trotzdem mit ihm zusammen bleibe. »Ich bin niemandem etwas schuldig«, sagte sie. »Wenn es mich glücklich macht, tu ich es.«

Einige Tage später traf ich Rekha, eine überwältigende Schönheit von zweiunddreißig, die in jenem Sommer erleben mußte, daß sie von ihrer jungen Freundin Sridevi in einer vieldiskutierten indischen Version von *Alles über Eva* in den Schatten gestellt wurde. Was noch schlimmer war, die gefürchtete Sridevi hatte die Frechheit gehabt, sich auf ein Techtelmechtel mit dem Hauptdarsteller einzulassen, von dem bekannt war, daß er jahrelang Rekhas Liebhaber gewesen war. Ich beschloß, daß es besser sei, zuerst ein weniger brenzliges Thema anzusprechen, und so befragte ich sie eines schwülen Abends in ihrer

Garderobe nach einem ihrer Lieblingsthemen: Rekha, ein Mythos, der ihr über den Kopf gewachsen war. »Niemand kann meinen Platz ausfüllen, nicht einmal ich selbst«, verkündete sie, während sie ihre Stirn für eine der nächsten Szenen mit Edelsteinen drapierte. »Nicht einmal ich als Mensch kann jemals Rekhas Position einnehmen. Nein. Dieser Platz gehört allein ihr. Sie hat ihn auf Lebenszeit inne.« Obwohl sie sich selbst als Göttin betrachtete, war sie warmherzig, freundlich und so gesprächig, daß es schwierig war, das Gespräch auf ein neues Thema zu lenken. Aber es war schön, ihrer Stimme zu lauschen. Sie sprach Englisch mit einem weichen, fast melodischen indischen Oberschichtakzent.

Die Göttin war vor über zehn Jahren aus Südindien als, wie Rekha es selbst beschrieb, »dicker Fleischkloß« nach Bombay gekommen. Aber sie war ehrgeizig, keß und schlagfertig und hatte – das wichtigste von allem –, was man in Bombay *oomph* nannte, nämlich immensen Sex-Appeal, der für den Erfolg unerläßlich war. Also waren ihre Filme erfolgreich. Im Verlauf der Jahre verwandelte sich Rekha ganz langsam: sie veränderte ihr Make-up, lernte, sich geschmackvoll anzuziehen und nahm mit Hilfe von Jane Fondas Aerobic-Kassetten ab. Bald schon spielte sie Hauptrollen in Filmen mit Amitabh Bachchan, dem männlichen Superstar. Auch die Damen der Oberschicht suchten ihre Schönheitssalons auf und sagten, sie wollten aussehen wie Rekha: volle Lippen, dunkle aufregende Augen, glänzendes schwarzes Haar. Gleichzeitig berichteten die Klatschmagazine über Rekhas Depressionen, ihre Wutanfälle und die Zeiten, da sie sich, ähnlich wie die Garbo, von der Welt zurückzog. Das erhöhte ihre Anziehungskraft. Wenn sie sich aber dann einmal äußerte, hatte sie die unglückliche Angewohnheit, alles, was ihr gerade in den Kopf kam, auszusprechen, wobei sich herausstellte, daß sie außer der Zeitschrift *Cosmopolitan* und *Archie*-Comic-Heftchen so gut wie nichts las. Aber dann wurde Rekha dreißig und bekam von den männlichen Zuschauern sofort den

Stempel der ›alternden Frau‹ aufgedrückt, denn die, erklärte sie, wollten »die Kind-Frau, schelmisch, übersprudelnd, wollüstig«. Zwar beharrte Rekha mir gegenüber darauf, daß sie all diese Qualitäten immer noch habe, aber in der Branche hatte sich herumgesprochen, daß sie durch ihre Aerobic- und Abmagerungsprogramme für den Geschmack der Massen viel zu drahtig geworden sei. Das machte für Sridevi, den jüngsten Import aus Südindien, genauso drall, pummelig, beliebt und bauernschlau wie Rekha zehn Jahre zuvor, die Bühne frei. Plötzlich war es Sridevis Gesicht, das auf allen Plakaten in ganz Indien zu sehen war. Bereits mit einundzwanzig Jahren hatte sie in jenem Sommer mehr Verträge für Filme unterschrieben als Rekha, was ihr in Bombay den Titel der ›Miss Number One‹ einbrachte.

»Sie ist eine von vielen, nicht *die* ›Miss Number One‹«, korrigierte Rekha mit leichtem Stirnrunzeln. Sowohl Sridevi als auch sie selbst bestanden immer noch darauf, Freundinnen zu sein, und machten ein riesiges Getue, wenn sie sich in der Öffentlichkeit begrüßten. Ein Jahr zuvor, als ich mit dem Flugzeug von Madras nach Delhi flog, beobachtete ich, wie sich Sridevi und Rekha unerwartet im selben Flugzeug begegneten. Mit überschwenglicher Freude riefen sie sich quer über die Sitzreihen der Kabine hinweg etwas zu, so daß sich der Rest der Passagiere beschwerte. Solche Auftritte wurden von ihren Kolleginnen in Bombay mit größtem Interesse verfolgt, war man doch der Ansicht, daß die beiden voneinander besessen seien und sich gegenseitig in ihren Filmen imitierten. Diese Freundschaft, so erzählten mir diese anderen Schauspielerinnen, war alles andere als entspannt – Sridevi fürchtete sich so sehr vor Rekhas Gehässigkeit und Rekha beobachtete Sridevis Erfolg so voller Angst, daß es sich die beiden nicht gestatteten, sich in der Öffentlichkeit die Krallen zu zeigen. Allerdings konnte Rekha sich gelegentlich eine kleine Spitze nicht verkneifen.

»Sie ist ein kluges Kind«, sagte Rekha, als ich schließlich auf

Sridevis Erfolg zu sprechen kam. »Sie kam zu einer Zeit ins Geschäft, als ich bereits daran dachte, aufzuhören. Die Leute vermißten mich aber sehr, und sie kam genau zur rechten Zeit, um die Lücke zu füllen. Sie ist nicht dumm. Natürlich ist sie viel unreifer als ich, aber sie wird schnell lernen.«

Ich traf ›Miss Number One‹ in einem anderen Studio in Bombay, wo sie gerade ungeduldig auf ihre nächste Szene bei den Dreharbeiten von *Mr. India* wartete. Dies war ein finanziell aufwendiger Film mit vielen Spezialeffekten und einer seltsam verwickelten Handlung, in der Sridevi eine Reporterin spielte, die sich in einen unsichtbaren Mann verliebte. Die Dekoration, eine futuristische Grotte aus Aluminiumfolie, die an eine ins Groteske vergröberte *Star Wars*-Kulisse erinnerte, schien das Hauptquartier eines diabolischen Bösewichts zu sein. Die Produzenten hofften, daß der Film wie eine Bombe einschlagen würde, und als er in die Kinos kam, wurde er schnell zu einem Sommer-Hit. Ich drängte meine indische Freundin, Bim Bissell, sich ihn mit mir anzusehen. Bim arbeitete bei der Weltbank in Delhi, hatte einen Sohn, der auf eine amerikanische Universität ging, und gehörte zu den vielen Indern, die schon seit Jahren nicht mehr ins Kino gingen. Ich glaube, sie betrachtete unsere Exkursion als kleines Abenteuer. »Seit dem College war ich nicht mehr in diesem Kino«, erzählte sie mir, als wir unsere Plätze einnahmen. Im Kino war es heiß, schmutzig und muffig, aber der Film, der bessere Kritiken als die sonst so verächtlichen erhalten hatte, machte uns großen Spaß. Einen Großteil seines Erfolges verdankte der Film Sridevi, die auf der Leinwand eine große Ausstrahlung hatte.

Als wir aber wieder zu den Dreharbeiten nach Bombay zurückgekehrt waren, hatte unser *Mr. India*-Star schlechte Laune und ärgerte sich über ihren Regisseur, der sie bis acht Uhr abends am Drehort festhielt, obwohl sie schon bei Anbruch des Tageslichts aufgestanden war. Kaum fragte ich Sridevi aber nach ihrer Rivalin Rekha, machte die verärgerte Miene dem

Unschuldsgesicht eines kleinen Mädchens Platz. »Zwischen uns gibt es keine Probleme«, sagte sie mir mit treuherzigen Kulleraugen. Sie lag auf einer Liege in ihrer Garderobe, einem staubigen Refugium, in dem überall Kostüme und angebissene belegte Brote herumlagen, und hatte aus der Nähe nichts mehr von dem verführerischen Zauber, den sie auf der Leinwand ausstrahlte. Sie war bloß noch ein junges Mädchen, hübsch und pummelig, das zum Objekt der Phantasien ihrer Fans aus dem Süden geworden war. »Ich hasse es, das Pummelchen zu sein«, seufzte sie. »Wenn ich aber mager wäre, würden mich meine Fans im Süden fallenlassen.« Die meisten indischen Schauspielerinnen waren ähnlich mollig und sogar die, die als schlank galten, hatten, nach Hollywood-Maßstäben, zwanzig Pfund Übergewicht. Nur Rekha trainierte in einem Fitness-Klub. In der Filmindustrie wurde von den Schauspielerinnen verlangt, daß sie üppig, sinnlich und weich wirkten, was auf Muße, Freizeit und Wohlstand schließen ließ und sie damit von den niederen Schichten auf dem Lande abhob, wo die Frauen mager und muskulös waren.

Sridevi fing schon im Alter von fünf Jahren mit der Schauspielerei an und hatte bereits in über hundert Filmen gespielt. Normalerweise arbeitete sie fünfzehn Stunden pro Tag, und das sieben Tage in der Woche, und bestand darauf, es niemals satt zu haben. »Ich liebe meinen Beruf«, sagte sie mir mit süßlicher Stimme. »Es ist wunderbar. Manchmal habe ich das Gefühl, ich sollte einmal einen Tag Pause machen, aber schon am Nachmittag werde ich unruhig.« Sie hatte erst in den letzten Jahren Englisch gelernt und es zu einer gewissen Unabhängigkeit gebracht. »Wenn ich mit Journalisten rede, ist meine Mama nicht mehr dabei«, berichtete sie mir. Natürlich hatte sie auch ein paar Tricks gelernt, denn als ich sie noch einmal nach Rekha fragte, wich sie mir aus, wie das sonst nur Politiker der Congress-Partei konnten. »Sie arbeitet sehr engagiert«, sagte sie über Rekha. »Sie hat ein sehr hübsches Gesicht.«

Um herauszufinden, was wirklich zwischen diesen beiden Frauen vorging, vereinbarte ich, als ich wieder in Delhi war, ein Treffen mit Amitabh Bachchan, dem männlichen Star, der zu dieser Zeit auch Abgeordneter im Parlament war. Mit seinen vierundvierzig Jahren war er noch immer das größte Wunder in der Geschichte des indischen Films. Ich besuchte ihn in seinem elegant eingerichteten Büro, das ganz in Beige- und Cremetönen gehalten war, und wo mich der einsachtzig große Mann, in einem teuren Sessel sitzend, freundlich empfing. Er hatte Schlafzimmeraugen, war liebenswürdig und höflich und hatte als Person so gar nichts zu tun mit dem Rambo, den er auf der Leinwand verkörperte. Er war in einem kultivierten Elternhaus als Sohn eines bekannten Literaten und Wissenschaftlers in Allahabad großgeworden und war ein enger Jugendfreund von Rajiv Gandhi. Trotz seines privilegierten Hintergrunds war er als der typische ›zornige junge Mann‹ zu Starruhm gelangt und war mit seinem Renommiergehabe und seiner Verachtung aller gesellschaftlicher Konventionen zu einem Symbol für jene betrogene und verlorene Generation von Kinobesuchern geworden, die ihre Dörfer verlassen hatten und verzweifelt versuchten, in den Städten Arbeit zu finden. »Meine Fans sind die Männer von der Straße, die es im Leben schaffen wollen«, sagte Bachchan. »Ich habe immer den zu kurz Gekommenen gespielt, der aus eigener Kraft über alle Hindernisse hinweg nach oben gekommen ist.«

Er war zwar in die Politik gegangen und hatte fürs Parlament kandidiert, aber seine Filmkarriere verfolgte er weiter, jetzt sogar mit Gagen, die auf etwa eine Million Dollar pro Film geschätzt wurden (Sridevi, die höchstbezahlte Schauspielerin, bekam etwa 150 000 Dollar pro Film).

Ich sprach mit Bachchan etwa eine Stunde lang in seinem Büro, und er schien froh zu sein, daß wir uns an den Themen Film, Rekha und Sridevi festgeredet hatten und gar nicht dazu kamen, das zu besprechen, was ihm politisch Kopfzerbrechen bereitete. Seit Jahren waren Rekha und Bachchan das unschlagbare Paar im indischen Film, und die Klatschblätter hörten nicht auf darüber zu schreiben, daß die Elektrizität zwischen den beiden vor der Kamera auch im wirklichen Leben knistere. Von Bachchan hieß es, daß er Rekha intellektuell beeinflusse und ihr zu ihrem gegenwärtigen Glanz verholfen habe. Bachchan, der verheiratet war, stritt jegliche Beziehung mit ihr ab. »Warum ausgerechnet mit Rekha?« fragte er mich. »Warum dann nicht gleich mit all den anderen auch?«

Auch Rekha hatte, eher nicht so überzeugend, bestritten, daß es eine Beziehung zwischen ihnen gegeben habe. Allerdings fügte sie hinzu: »Ich wünschte, es wäre wahr.« Sie war nie verheiratet gewesen. Aber sie sprach voller Leidenschaft über die verheirateten Männer, die jahrelang in ihrem Leben eine Rolle spielten, nannte jedoch niemals ihre Namen. »Es tut sehr weh, egal wie unabhängig man ist«, sagte sie. »Es ist ja sehr schön, ständig in einer Traumserie zu leben und sich zu sagen: ›Ja, du bist die Geliebte und du hast das beste, du bist verlockender und begehrenswerter für deinen Mann.‹ Nein, nein, nein. Man verzichtet auf eine Menge.«

In jenem Sommer machte Rekha keine Filme mehr mit Bachchan. Sridevi war jetzt an der Reihe. »Als Schauspielerin hat sie großes Talent«, sagte Bachchan enthusiastisch über seine neue Filmpartnerin. »Es ist etwas an ihr, was die Leute unheimlich erregt, wenn sie auf der Leinwand erscheint. An ihr ist viel mehr aufregend, als nur Beine und Körper.« Und dann passierte etwas, das ich noch immer nicht ganz glauben kann: Als Sridevi für die Synchronaufnahmen für einen ihrer Filme mit Bachchan keine Zeit hatte, bot sich Rekha an, für sie einzuspringen. Später kolportierte die Presse, Rekha habe dazu gesagt: »Er hat jetzt meine Stimme und ihren Körper.«

Eine Schauspielerin, die sich dem Starrummel weitgehend entzog, war Shabana Azmi, die mehr Auszeichnungen erhalten hatte als jeder andere weibliche Star und die nach meiner Meinung so etwas wie das feministische Gewissen des Hindi-Films darstellte. Sie hatte mehr als alle anderen die Fähigkeit, die verrückte Welt der Schauspieler in Indien mit Distanz und Ironie zu betrachten. Shabana Azmi war eine seriöse Künstlerin, die ihre Karriere in anspruchsvollen künstlerischen Filmen begann und dann zum kommerziellen Film überwechselte, denn, so sagte sie: »Ich erhoffte mir davon Starruhm.« So kam es dann auch, und ihre Gagen wurden immer höher, obwohl sie niemals so viel verlangen konnte wie Sridevi. Sie trat mal in seriös-engagierten, dann wieder in seicht-kommerziellen Filmen auf, um, wie sie argumentierte, mit dem Namen, den sie sich durch die populären Filme machte, die stilleren Filme mit dem kleinen Budget, in denen sie starke und selbstbewußte Frauen spielte, attraktiver zu machen. In den letzten Jahren hatte Azmi viel weniger gearbeitet als andere Schauspielerinnen, aber ihre wenigen, gut gewählten Rollen trugen dazu bei, daß sie auch im Westen bekannt wurde, wo Regisseure, wenn sie in ihren Filmen eine Inderin zu besetzen hatten, vorzugsweise sie engagierten. Azmi spielte in *Bengalische Nächte*, einem französischen Film, der außerhalb Kalkuttas gedreht wurde, und sie spielte die vernarrte Mutter eines brillanten angehenden Pianisten in *Madame Souzatska*, mit Shirley MacLaine in der Hauptrolle. Außerdem hatte Azmi genügend Zeit, ihr Renommee als Schauspielerin zur Unterstützung ihrer politischen Interessen einzusetzen. Obwohl die Presse sie manchmal kritisierte, sie rede allzu leichtfertig und inkompetent über politische Probleme, konnte sie in einigen Fällen doch eine Veränderung bewirken. 1986 trat sie zum Beispiel in einen Hungerstreik und setzte damit durch, daß die Regierung des Bundesstaates Maharashtra Konzessionen machte und sich um Wohnraum für Slumbewohner bemühte, deren armselige Pappkartonhütten von den Behörden in Bombay brutal dem Erdboden gleichgemacht worden waren. »Ich wußte, daß die es niemals zulassen würden, daß ich mich zu

Tode hungere«, sagte sie über den Streik, der nur wenige Tage dauerte.

Ich begegnete Azmi das erste Mal in ihrer Strandhütte, einem Häuschen aus dunklem Holz, das nicht im üblichen Bombayer Stil mit vergoldeten und verchromten Möbeln eingerichtet war, sondern mit indischen Stoffen und volkstümlichen und kunstgewerblichen Gegenständen. Azmi war vierunddreißig Jahre alt, hatte ein intelligentes Gesicht, das auffiel, aber nicht im klassischen Sinne schön war. In vieler Hinsicht war sie die indische Version von Meryl Streep – und diese war auch tatsächlich ihre Lieblingsschauspielerin. Immerhin hatte der Status einer ›Künstlerin‹ sie nicht unausstehlich werden lassen, vielmehr stellte sich heraus, daß sie lebhaft, ein wenig geschwätzig und auch nicht narzißtischer war als andere.

Wie so viele andere auch hatte sich Azmi in einen verheirateten Mann verliebt. Weil sie jedoch eine »seriöse« Schauspielerin mit feministischen Ambitionen war, blähten die Klatschzeitschriften die Affäre mehr auf als gewöhnlich. Einige Fans nannten sie sogar eine Heuchlerin. »Eine Frau«, sagte Azmi, »die für die Befreiung und die Rechte ihrer Geschlechtsgenossinnen kämpft und dann einer anderen Frau den Ehemann wegschnappt!« Ihr Fall war jedenfalls verwickelter als die meisten anderen. Der Mann, einer der gefragtesten Drehbuchautoren der Filmindustrie, war ein gläubiger Moslem und beendete seine erste Ehe durch eine einfache einseitige Erklärung, wie sie das moslemische Recht als Möglichkeit vorsieht. Als Feministin, sagte Azmi, fand sie es problematisch, seine Scheidung zu akzeptieren, denn sie meinte, daß die religiösen Gesetze der Moslems für die Frauen ungerecht waren. Doch die Liebe triumphierte, und sie heiratete ihn dennoch. »Ich ging durch die Hölle«, sagte sie. »Aber im Grunde war ich der Überzeugung, daß ich für nichts in der Welt meinen Mann aufgeben würde.« Azmi hatte die gesellschaftlichen Konventionen ignorieren können, weil sie in einer ganz besonderen Welt lebte. »Schauspielerinnen erlangen Macht und damit die Möglichkeit, Dinge zu tun, die die meisten Frauen in Indien sich nicht erlauben könnten«, sagte sie. Das war also der eigentliche Vorteil, den die Schauspielerinnen in Indien hatten, dachte ich, und Azmi war eine der wenigen mit dem Status eines Stars, die dazu auch noch intelligent genug war, dies sich und anderen klarzumachen. »Eine Schauspielerin wird als eigenständige Persönlichkeit angesehen«, fuhr sie fort. »Sie verwaltet ihr eigenes Geld, sie stellt Personal ein. In gewissem Sinn ist sie einem Mann vollkommen ebenbürtig. Man spürt, was in einem steckt, trotz des beschützten Lebens und des kulturellen Erbes. Und man sagt sich: ›Na gut, wenn Männer die Freiheit haben, warum nicht auch wir?‹«

Nach einem Jahr traf ich Azmi zufällig wieder, diesmal in einer entlegenen Ecke des Staates West-Bengalen, und zwar am Drehort von *Sati*, einem Film, der in einem Dorf vor hundertfünfzig Jahren spielt. *Sati* war ein anspruchsvoller Film, und Azmi hatte eine Rolle, die selbst für sie eine ungewöhnliche Herausforderung bedeutete: Sie spielte ein stummes neunzehnjähriges Brahmanenmädchen vom Lande, das von ihrer Familie dazu gezwungen wird, einen Baum zu ›heiraten‹. Die Familie glaubt, sie habe keine andere Wahl, weil ihr ein Astrologe vorausgesagt hat, daß jeder Mann, den das Mädchen heiraten würde, sterben müsse. Diese Form von ›Baum-Heirat‹ kam im letzten Jahrhundert in den ländlichen Gegenden West-Bengalens tatsächlich öfter vor. Für das Drehbuch zu *Sati* und für die Regie war ein anderer Liebling der Feministinnen verantwortlich, Aparna Sen, eine ehemalige Schauspielerin und inzwischen eine der führenden Regisseurinnen. Für den Titel *Sati* hatte sie sich entschieden, weil zu Beginn des Filmes ein *sati* stattfindet und der Film mit einer Art mystischem *sati* endet.

Ich war an dem Tag da, an dem die Hochzeitsszene gedreht wurde, einem entsetzlich heißen Nachmittag Mitte Mai. Man drehte unter einem riesigen Banyan-Baum am Gangesufer in einem Dorf, das sieben Autostunden nördlich von Kalkutta lag.

Ein Ast des Baumes war wie ein Bräutigam mit Girlanden von Hibiskusblüten geschmückt. Azmi trug einen rotweißen Hochzeitssari, während sie siebenmal um den Baum herumgeführt wurde. Sie ließ sich dann für die Hochzeitszeremonie, die ein brahmanischer Priester leitete, im Schatten des Stammes nieder. Vor dem Priester waren auf einem großen Bananenblatt die Opfergaben ausgebreitet: Blumen, Papayas, Chili, Kokosnüsse, Kürbisse, Kartoffeln. Die Szenerie war seltsam, aber Sen und Azmi arbeiteten hart daran, sie so zu gestalten, daß sie sowohl glaubhaft als auch wirklich tragisch war. Hinter der Polizeiabsperrung stand ich wie versteinert da, ebenso wie mehr als fünfhundert Dorfbewohner. Ein heißer Wind und immer wieder schnell wechselndes Sonnenlicht machten das Filmen schwierig, so daß es zwischen den Einstellungen lange Pausen gab, in denen ich mit Azmi über ihren Feminismus, ihre Karriere und ihre Familie reden konnte. Wie Amitabh Bachchan entstammte sie einem privilegiertem Haus. Ihr Vater war wie der Bachchans Dichter, und ihre beiden Eltern waren in der Kommunistischen Partei Indiens aktiv gewesen.

»Als meine Mutter nach Bombay kam«, sagte Azmi, »bekam sie zu hören, daß eine kommunistische Ehefrau nicht einfach herumhängt, sondern hinausgeht und arbeitet. Sie ging hinaus und fand einen Job bei ›All India Radio‹. Ich komme aus einem Elternhaus, wo man nicht viel Getue um den Feminismus machte, obwohl er zweifellos gelebt wurde. Aber wie Sie wahrscheinlich wissen, fühlen sich Frauen, ganz besonders in Indien, immer schuldig, wenn sie erfolgreich sind. Man hat immer das Gefühl, daß der Erfolg irgendwie auf Kosten der Weiblichkeit geht, was die Frau dann wieder dadurch zu kompensieren versucht, daß sie sich zu Hause freiwillig unterordnet, eben weil sie sich schuldig fühlt. Mein Mann hat mir das klargemacht. Wahrscheinlich würden sich die Feministinnen darüber aufregen, daß selbst darauf mich ein Mann hatte bringen müssen.« Nach der nächsten Szene setzten wir die Unterhaltung fort, diesmal über das Thema Mutterschaft. »Ich möchte sofort ein Baby haben«, sagte Azmi, »aber zuerst muß ich diesen Film hinter mich bringen.« In ein paar Monaten würde sie sechsunddreißig sein. »Eigentlich glaube ich nicht, daß mir als Frau etwas fehlt, wenn ich keine Kinder habe«, sagte sie. »Aber alle wollen mir das ständig einreden.« Smita Patil, die schwangere Schauspielerin aus *Dance Dance*, hatte mir ziemlich genau dasselbe gesagt. »Wir leben in einer verlogenen Gesellschaft«, sagte mir Patil, als ich sie in Bombay befragte. »Jahrhundertelang wurde uns eingeredet, daß man nur dann eine gute Frau ist, wenn man auch eine gute Mutter ist.«

In Wirklichkeit konnten indische Schauspielerinnen, selbst wenn sie so unabhängige wie Shabana Azmi und Smita Patil waren, die für die Frauen in Indien geltenden Regeln nicht ignorieren. Obwohl sie durch ihren herausragenden Status die Freiheit hatten, solche Regeln zu durchbrechen, zahlten sie dafür in Indien einen hohen Preis. Die meisten Schauspielerinnen, insbesondere die jüngeren, waren längst nicht so selbstbewußt wie Azmi oder Patil. Trotz ihres Geldes und ihrer Liebesaffären waren sie in der indischen Kultur doch noch so tief verwurzelt, daß sie immer wieder in die traditionellen Rollen der Töchter und Ehefrauen zurückfielen. »Die meisten sind sehr abhängig von dem, was ihre Eltern sagen«, erklärte mir Nari Hira von *Stardust*. »Ihre Eltern verwalten ihr Geld, und wenn sie dann heiraten, übernehmen das die Ehemänner. Sie bewegen sich überhaupt nicht frei in der Welt.«

Die Geschichten, die in den Filmen erzählt wurden, zeigten, daß das Land in Wirklichkeit noch konservativer war, als es an der Oberfläche schien. Der Filmkritiker Chidananda Das Gupta ging noch einen Schritt weiter, wenn er sagte, daß der kommerzielle indische Film nicht nur ein passives Spiegelbild der Gesellschaft sei, sondern auch ein aktiver »moralischer Ratgeber« für die arbeitende Bevölkerung, die in einer sich viel zu schnell wandelnden Welt für die Beibehaltung traditioneller Werte kämpfte. In einer der überzeugenderen Passagen seines Buches behauptete Das Gupta, daß der kommerzielle indische Film mit seiner Verdammung der sündigen Frau des zwanzigsten Jahrhunderts und der Verherrlichung der tradtitionellen Ehefrau und Mutter »in paradoxer Weise die Entwicklung einer positiven Haltung gegenüber technischem Fortschritt und einer Synthese aus Tradition und Modernität« am wirksamsten behindert. Die Ironie lag darin, daß gerade die Schauspielerinnen in ihren Rollen für die rückschrittlichen Werte werben mußten, in deren Namen ihr Privatleben so hart verurteilt wurde.

Natürlich waren die Melodramen im Privatleben der Schauspielerinnen kein Grund für die Zuschauer, auf den Kinobesuch zu verzichten. In einem so armen Land wie Indien waren die Stars so weit außerhalb alles Erreichbaren, daß sie wirkliche Göttinnen waren, die sich benehmen durften, wie es sich normale Sterbliche niemals leisten konnten. Wenn auch die Filme oft ›moralische Ratgeber‹ waren, so bewiesen doch die Biographien der Stars, daß man in Indien beides haben wollte: Die Fans genossen die Skandale der Schauspielerinnen auf die gleiche Weise, wie sie die Legenden über die Promiskuität ihrer Göttinnen liebten. In diesem Sinne setzten die Stars einfach eine Tradition fort, die so alt war wie die Hindu-Mythen. »Heimliche Liebesbeziehungen hat es schon zu allen Zeiten gegeben«, sagte Amitabh Bachchan. »Die meisten unserer Götter hatten zwei Frauen.«

9 »Kleine Familie, glückliche Familie«

Lehren aus der Geburtenkontrolle

In einem dürren Landstrich im westlichen Gujarat stand am Rand einer unbefahrenen Straße, die sich in der braunen, mit vertrocknetem Buschwerk bewachsenen Ebene verlor, das kommunale Gesundheitszentrum, ein schmutziggrauer, einstöckiger Betonbau, wo ich an einem Novembernachmittag etwa zwanzig Minuten lang ein sogenanntes ›Laparoskopie-Camp‹ beobachten konnte, wie es bürokratisch und etwas unangemessen in der Sprache der Behörde für Geburtenkontrolle hieß. Als ich etwa gegen zwei Uhr nachmittags dort ankam, traf ich auf vier Bauersfrauen – Januben, Taraben, Nortiben und Manjuben, alle etwa im Alter zwischen zweiundzwanzig und dreißig Jahren und alle Mütter von zwei oder drei Kindern –, die, dicht aneinandergedrängt, barfuß und den Rücken gegen die Wand gelehnt, in einem kleinen Wartezimmer hockten und mit weit aufgerissenen Augen wie ängstliche kleine Tiere im Käfig aussahen. Die Krankenschwestern hatten den Frauen die Saris ausgezogen und ihnen die Unterröcke, die von Haus- und Feldarbeit fettig und schmutzig waren, über die Brust hochgezogen, so daß sie nicht mehr knöchel-, sondern knielang waren und eine Art Krankenhauskittel abgaben. In allen vier Fällen waren die Frauen von lokalen Mitarbeitern der Gesundheitsbehörde, deren Einkommen davon abhing, daß sie die vorgeschriebene Zahl von Sterilisationen in ihrem Zuständigkeitsbereich erreichten, hergeschickt worden. Die Mitarbeiter der Gesundheitsbehörde wußten, daß diese mittellosen, ungebildeten Frauen, die von der Hand in den Mund lebten, nun, nachdem die Dürre wieder einmal ihre Felder versengt hatte, auf die vierundzwanzig Dollar angewiesen waren, die die Regierung denen auszahlte, die sich der Operation unterzogen.

Als der Arzt soweit war, wurden drei der Frauen in den ›Operationssaal‹ geführt, einem dunklen, feuchten, säuerlich riechenden Raum mit Wänden, von denen überall die Farbe abblätterte. In den Raum standen drei niedrige Operationstische, die das Personal auf Ziegelsteine gestellt hatte, damit sie höher wurden. Die Krankenschwestern wiesen die Frauen an, auf die Tische zu klettern. Mit ihren hochgezogenen Unterröken wirkten sie wie kleine, tapsige Kinder, die versuchen, eine Treppe hinaufzusteigen. Kaum lagen die Frauen auf den Tischen, schlugen ihnen die Krankenschwestern die Unterröcke übers Gesicht, spreizten ihnen die Beine und warteten auf den Arzt, der etwas abseits in einer Ecke des Raums stand. Hier handelte es sich um R. P. Raol, einen Spezialisten für Laparoskopie, der für seine schnelle Arbeit bekannt war. Normalerweise schaffte er zwanzig Sterilisationen pro Stunde; einmal hatte er bei einem ›Prestige-Camp‹ in Anwesenheit eines Ministers der Regierung hundert Frauen hintereinander sterilisiert. Die wenige Arbeit, die er heute vor sich hatte, würde er im Nu erledigen. Dr. Raol gab der ersten Frau, jener auf dem Operationstisch, die am weitesten von der Tür zum Wartezimmer entfernt war, eine Spritze zur lokalen Betäubung des Bauchs. Mit einem Skalpell machte er einen kleinen Schnitt unmittelbar unterhalb des Nabels und führte ein dünnes Röhrchen ein, durch das Kohlendioxyd in die Bauchhöhle geblasen wurde. Auf diese Weise wurde ihr Unterleib aufgebläht, so daß ein Zwischenraum zwischen Dickdarm und Gebärmutter entstand und dem Arzt das Sichtfeld freilegte. Dann griff Dr. Raol zum Laparoskop, einem blanken Metallstab von ungefähr zweieinhalb Zentimetern Umfang, führte es durch die Schnittöffnung in die

Bauchhöhle ein, blickte durch eine kleine Vergrößerungslinse am Ende des Geräts und richtete es auf einen der Eileiter der Patientin. Dann betätigte er einen kleinen Hebel an der Seite des Laparoskops, wodurch sich ein kleiner Ring um den Eileiter legte und ihn abschnürte. Dr. Raol wiederholte die Prozedur am anderen Eileiter, wies seinen Assistenten an, die Schnittwunde zu nähen, und wandte sich schnell den anderen beiden Frauen zu.

Um zwanzig nach zwei waren alle vier Frauen sterilisiert, und das ›Camp‹ war vorbei. Die Geschwindigkeit, mit der die Operation zu erledigen war, erklärte, warum die Laparoskopie in Indien eine so populäre Methode der Sterilisation geworden war. Die übliche Methode der Eileiterunterbrechung erforderte normalerweise einen größeren Unterleibseingriff mit Vollnarkose und einem Krankenhausaufenthalt von einer Woche. Aber von der Laparoskopie hieß es, daß sie nur geringe Schmerzen verursachte und daß die behandelten Frauen nach eintägiger Bettruhe wieder in der Lage wären, ihrer normalen Arbeit nachzugehen. Dr. Raol verschwand gleich nach den Operationen – normalerweise absolvierte er zwei solcher ›Camps‹ pro Tag –, und zurück blieb der Vertreter der Gesundheitsbehörde, der das Zentrum im Normalbetrieb leitete, ein höflicher, nervöser Beamter mit Namen Dr. S. G. Gharia, der einen etwas griesgrämigen Eindruck machte. Auch er stand unter dem Druck seiner Vorgesetzten, die von ihm erwarteten, daß er die von Delhi aus vorgegebene jährliche Sterilisationsquote erreichte. »Dies war nur ein kleines ›Camp‹«, sagte er, offenbar verärgert und auch ein wenig peinlich berührt von der mageren Ausbeute. »Wir haben unsere Quote nicht erreicht.« Der Ausdruck ›Camp‹ paßte besser zu den sich über mehrere Wochen hinziehenden Massensterilisationen in entlegenen Gebieten Indiens, bei denen sich Tausende von Männern und Frauen, die oft von weither angereist kamen, von beamteten Ärzten sterilisieren ließen. Aber die indischen Familienplaner benutzten den Ausdruck auch für kleinere Gruppensterilisationen in den Gesundheitszentren, die sich in Tausenden von Dörfern und Städten übers ganze Land verstreut befanden. Dr. Gharia führte normalerweise zweimal im Monat solche ›Camps‹ durch, und manchmal kamen mehrere Dutzend Patienten, angelockt durch Flugblätter oder die Mund-Propaganda von Krankenschwestern und Hebammen. »Ich bin mit meinen Mitarbeitern nicht zufrieden«, beklagte er sich. Ich fragte ihn, was er zu tun gedenke. »Ich werde ihnen eine Rüge erteilen«, sagte er und erklärte mir, daß er in den nächsten Wochen die Hälfte der jährlichen Quote an Sterilisationen erreichen wolle. »Ich werde meinen Mitarbeitern sagen, daß sie bis Ende des Monats fünfzig Prozent der Quote erfüllen müssen und daß sie sich gefälligst anstrengen sollen.«

Bevor ich Dr. Gharias ›Laparoskopie-Camp‹ gesehen hatte, war es leicht für mich, in Neu-Delhi zu sitzen und die Meinung zu vertreten, daß Indiens Bevölkerungsproblem, zumindest teilweise, dadurch zu lösen sei, daß man mehr Leute sterilisieren müßte. Als ich dann aber selbst solch einer Operation beiwohnte, sah ich ein, daß diese Methode, bei der Frauen wie Vieh behandelt wurden, auf keinen Fall die humanste, nicht einmal die effektivste Methode der Geburtenkontrolle sein konnte. Im Jahr 1988 berichtete die in Kalkutta ansässige Tageszeitung *Telegraph*, daß in den beiden vorangegangenen Jahren vierundvierzig Frauen während Sterilisationsoperationen in Rajasthan gestorben waren. Die Zeitung beschrieb die Zustände in den ›Camps‹ als »unhygienisch und schmutzig«, was ich ohne weiteres glaubte, und berichtete, daß die Laparoskope immer wieder benutzt wurden, ohne daß sie zwischendurch neu sterilisiert wurden. In einem ›Camp‹, entdeckte der Reporter, wurde eine Fahrradpumpe benutzt, um statt Kohlendioxyd, das sich leicht im Blut auflöst, ganz normale Luft in den Bauch der Frauen zu pumpen. Luftblasen in den Arterien können aber einen Herzstillstand oder Gehirnschäden verursachen.

Und trotzdem wußte auch ich, daß es zu einfach war, nur die

Schlampereien und Fehler zu beklagen, die in den ›Laparoskopie-Camps‹ vorkamen. Die Wahrheit war, daß dringend etwas getan werden mußte, um Indien vor der Selbstzerstörung durch die Bevölkerungsexplosion zu bewahren. Zumindest wurde mir durch Dr. Gharias ›Laparoskopie-Camp‹ das Dilemma der Bevölkerungskontrolle in Indien vor Augen geführt. Nachdem ich gesehen hatte, auf welche Weise die Programme zur Geburtenkontrolle in den Dörfern von Gujarat und anderen Teilen Indiens funktionierten – oder auch nicht funktionierten –, wurde mir auch klar, daß die Geburtenkontrolle niemals erfolgreich durchgeführt werden konnte, wenn man nicht die Lebensbedingungen der Frauen dramatisch verbesserte.

Die Bevölkerungsstatistiken des Landes waren allseits bekannt. Im Jahr der Unabhängigkeit, 1947, lag die Zahl der indischen Bevölkerung bei 342 Millionen; im Jahr 1988 hatte sich die Zahl mit 800 Millionen mehr als verdoppelt. Paradox ist, daß die Überbevölkerung das Resultat von Fortschritt und Entwicklung war. Die Bevölkerungszahl Indiens war bis zu Beginn dieses Jahrhunderts, vor der Verbreitung von Penicillin und Impfseren, praktisch gleich geblieben, denn die Menschen starben üblicherweise an Infektionen, Seuchen, Cholera und Malaria. Auf Grund des medizinischen Fortschritts seit den zwanziger Jahren konnte die Sterblichkeitsziffer wesentlich gesenkt werden, aber ein paralleles Absinken der Geburtenrate hatte es nicht gegeben. Man erwartet irgendwann im nächsten Jahrhundert, daß Indien China als Land mit der höchsten Bevölkerungszahl überholt (allerdings kann das niemand mit Sicherheit sagen, denn einige Experten glauben, daß die Chinesen bewußt falsche Angaben über das Wachstum ihrer Bevölkerung machen). Auf alle Fälle lebt die eine Milliarde Chinesen auf einem Territorium, das dreimal so groß ist wie Indien. Im Jahr 1988 war jeder sechste Mensch auf der Welt ein Inder, und jedes Jahr wächst das Land um weitere fünfzehn Millionen Menschen – das ist die gesamte Bevölkerung Australiens.

Es bedurfte keines ausgebildeten Demographen, um vorauszusehen, daß das Land in einen Alptraum taumelte. Man brauchte sich nur die Pendler anzusehen: In Trauben hingen sie außen an den überladenen Bussen, die ächzend über die Kreuzungen von Neu-Delhi krochen; man brauchte sich nur die endlose Reihe armseliger Hütten und Baracken zu beiden Seiten der Straßen anzusehen oder die Berghänge in Nordindien, die kilometerweit völlig kahlgeschoren waren, weil Millionen von Dorfbewohnern das Holz zum Heizen und das Gras für ihre Rinder benötigten. Solche Entwaldungen verursachten Erderosionen und Überschwemmungen, die das Ackerland schneller zerstörten, als die Regierung neues Land durch den Bau teurer Bewässerungsanlagen zurückgewinnen konnte. Trotz eines stetigen nationalen Wirtschaftswachstums lebte auf Grund der Überbevölkerung mehr als die Hälfte aller Inder in elenden Armutsverhältnissen. Tatsächlich hatte jedes der großen Probleme, mit denen Indien konfrontiert war – von der Arbeitslosigkeit in den Städten, über die mangelhafte Trinkwasserqualität auf dem Lande bis hin zu Gewalttaten religiöser und ethnischer Gruppen – seine Wurzeln in den Spannungen, die die Überbevölkerung verursachte.

Die Regierung ist sich dieses Dilemmas selbstverständlich bewußt. Seit 1951 betrachtete es die offizielle indische Regierungspolitik als ihre Aufgabe, die Fortpflanzungsziffern zu reduzieren und seitdem war das indische Programm zur Bevölkerungskontrolle zu einem der größten und komplexesten der Welt geworden. Jahrelang verließen sich die indischen Familienplaner auf Methoden der zeitweiligen Unterbrechung der Fruchtbarkeit – Spirale, Pille, Kondome –, aber entscheidend für den Erfolg der Programme war immer die Sterilisation von Männern und Frauen. Vor allem durch Sterilisation wurde die Geburtenrate von 47,1 Lebendgeburten pro tausend Einwohnern in den sechziger Jahren auf auf 34 in den siebzigern gesenkt. An diesem Punkt der Entwicklung gewann Sanjay Gandhi, der jüngere Sohn Indira Gandhis, immer mehr Einfluß auf die indische Regierung und machte die Geburtenkontrolle zu seiner persönlichen Sache. Aber er wandte rigide Zwangsmaßnahmen an, die sich, das wird heute nicht mehr bestritten, auf katastrophale Weise gegenteilig auswirkten. Besonders verheerend waren die weitverbreiteten Berichte über die Zwangsvasektomie, eine Prozedur, die in den Augen vieler Männer auf dem Lande der Kastration gleichkam. Dieses Thema führte zu einem Volksaufstand, der mit zu der Niederlage Indira Gandhis im Jahr 1977 beitrug und von da an effektive Programme zur Geburtenkontrolle nahezu unmöglich machte. Die Vasektomie ist ein sehr viel einfacheres Verfahren als die Laparoskopie, aber in den folgenden Jahren wurde sie so unpopulär, daß in Indien fast nur noch Frauen sterilisiert wurden. Nach dem Debakel der von Sanjay Gandhi betriebenen Bevölkerungspolitik waren die Politiker gezwungen, ein Thema, das ohnehin sensibel war, noch weiter herunterzuspielen. In Indien hatte man schon immer für Geburtenkontrolle den euphemistischen Begriff der ›Familienplanung‹ verwendet und sich immer kritisch von China abgesetzt, das innerhalb kurzer Zeit die Geburtenrate mit Hilfe von Zwangsmaßnahmen erheblich reduziert hatte. Schließlich stagnierte die indische Geburtenrate Anfang der achtziger Jahre bei etwa 33 Lebendgeburten pro tausend Einwohner. (Zum Vergleich: Die Geburtenrate in den USA erreichte während des Nachkriegsbabybooms im Jahr 1947 die Rekordhöhe von 26,5 Lebendgeburten pro tausend Einwohnern und liegt heute etwa bei 15 pro tausend.)

Als Rajiv Gandhi 1984 Premierminister wurde, wuchs Indiens Bevölkerung jährlich um etwa 2,1 Prozent, eine Rate, bei der sie sich alle fünfunddreißig Jahre verdoppeln würde. Unverbraucht und tatendurstig und im Vertrauen darauf, daß er die Fehler seines ungestümen jüngeren Bruders vermeiden könnte, drückte Rajiv Gandhi sich betont vorsichtig aus, wenn er auf die Überbevölkerung als das wichtigste Problem der indischen Politik zu sprechen kam. Nach langer Vorbereitung kündigte seine Regierung im Herbst 1986 ein über fünf Jahre laufendes, mit drei Millionen Dollar ausgestattetes »revidiertes Programm« zur Propagierung der ›Zwei-Kinder-Familie‹ an, verdoppelte die Ausgaben für Gesundheit und Familienplanung und setzte das Fernsehen, das Radio und Plakate in einer landesweiten Werbekampagne ein. Um die Alphabetisierung der Frauen und die Kenntnisse im Bereich der Gesundheitspflege zu fördern, sah das Programm die Einrichtung eines ›Freiwilligen-Corps‹ von Frauen vor, dessen zwei Millionen Mitglieder (je eine Frau für etwa sechzig Familien) in den indischen Dörfern rekrutiert werden und dann auf Staatskosten ausgebildet werden sollten, damit sie Frauen auf dem Lande mit dem nötigen Wissen über Gesundheitspflege, Krankheitsprophylaxe, gesunde Ernährung und Geburtenkontrolle versorgen könnten. Zwei Jahre später war der größte Teil des Programms auf der Strecke geblieben und das ›Freiwilligen-Corps‹ existierte nur auf dem Papier.

Ein grundlegendes Hindernis der Geburtenkontrolle war die Tatsache, daß in den indischen Familien der Wunsch nach Söhnen traditionell übermächtig war. Umfragen aus den achtziger Jahren ergaben, daß neunzig Prozent der Bevölkerung das Programm zur Familienplanung kannten und daß immerhin 65 Prozent der Ansicht waren, daß es gut sei, die Größe der Familie zu begrenzen. In Wahrheit aber wünschten sich die meisten Paare, auch wenn sie sich in den Befragungen positiv zur Familienplanung äußerten, mindestens zwei Söhne. Da es keine Altersversorgung gab, war den Eltern daran gelegen, jemanden zu haben, der im Alter für sie sorgen könnte – im Idealfall ein männlicher Erbe, besser zwei. Nicht selten bekamen die Eltern fünf oder sechs Kinder, bis sie die gewünschten zwei Söhne hatten.

Einer der größten Mißgriffe der indischen Familienplaner war der Slogan »Kleine Familie – glückliche Familie«, der überall im Land auf Plakatwänden, Bussen und in den Gesundheitszentren zu sehen war. Genaugenommen traf der Slogan vor allem auf diejenigen zu, die ihn sich ausgedacht hatten. Den gebildeten Schichten in den Städten war bewußt, was es kostete, mehr als zwei Kindern eine gute Erziehung und Ausbildung zu bieten und ihnen eine Stelle zu verschaffen, aber für den großen Rest der Bevölkerung war es immer noch günstiger, eine große Familie zu haben. Für die meisten indischen Familien bedeuteten viele Kinder viele helfende Hände bei der Feldarbeit und daher ein größeres Einkommen. Diese Einstellung änderte sich allmählich bei einigen der armen Familien in den Städten, die keine Feldarbeit leisteten. Aber in den ländlichen Gebieten, so erzählte mir Rami Chhabra, zuständig für Öffentlichkeitsarbeit im Ministerium für Gesundheit und Familienfürsorge, veranschlagten die meisten Familien den Vorteil, den Kinder als Arbeitskräfte boten, höher als die Kosten, die ihre Ernährung verursachte. »Sofern es Arbeit gibt, bringen zwei Hände mehr ein, als ein Mund kostet«, sagte er.

Aber der Versuch, die Gewohnheiten der Menschen durch eine Werbekampagnen zu ändern, war eine Sisyphosarbeit. Selbst die Gesetzgebung hatte ihre Grenzen. Obwohl in Indien gesetzlich vorgeschrieben war, daß eine Frau das achtzehnte Lebensjahr vollendet haben mußte, um heiraten zu können, wurde das in den ländlichen Gebieten fast vollständig ignoriert, und die Regierung schätzte, daß bei drei Vierteln aller in Indien geschlossenen Ehen die Braut noch nicht im heiratsfähigen Alter war. Auch hatte die Regierung versucht, den Familien Anreize zur Empfängnisverhütung zu geben wie etwa günstige Darlehen zur Anschaffung von Wasserbüffeln. Aber es gab viel Schwindel und Betrug, so daß das Programm nur ein halber Erfolg wurde.

Der bei weitem kontroverseste Aspekt des indischen Familienplanungsprogramms – sowohl bei der verbesserten Strategie als auch bei der ursprünglichen – war die Festlegung verbindlicher Zielgrößen. Jedes Jahr setzte das Ministerium für Gesundheit und Familienfürsorge in Neu-Delhi fest, wie viele Paare durch eine der vier Methoden – Sterilisation, Spirale, Antibabypille und Kondome – vor Empfängnis geschützt werden sollte. Zum Beispiel sah das Ministerium für die Jahre 1980 bis 1985 vor, daß sich eine Million Frauen durch orale Empfängnisverhütung schützen sollte. Am Ende dieser Zeitspanne berichtete das Ministerium, daß man das gesetzte Ziel sogar übertroffen habe und daß 1,29 Million Frauen zur Einnahme von Antibabypillen hätten bewegt werden können. Diese Statistik sagte überhaupt nichts aus, und sogar Familienplaner gaben zu, daß die meisten Frauen auf den Dörfern die Pille nur unregelmäßig einnahmen, manchmal lediglich vier Wochen im Jahr. Aber alles in allem führten diese Zielvorgaben doch dazu, daß die Zahl der Paare, die Geburtenkontrolle praktizierten, im Verhältnis zur Gesamtzahl der Paare, bei denen die Frauen im gebärfähigen Alter waren, zunahmen. Im Laufe der Jahre waren die vorgegebenen Zielgrößen immer wieder erreicht worden und die Rate der verhütenden Paare war, jedenfalls gemäß den von der Regierung verbreiteten Statistiken, ständig gestiegen. Aber das Problem der Überbevölkerung bestand weiter. Trotz dieser phantastischen Leistung auf dem Papier gab es in Wirklichkeit kein entsprechendes Absinken der Geburtenrate.

Der Küstenstaat Kerala ist ein üppiger, tropischer Landstrich mit Reisfeldern, Kokospalmen und weißen Sandstränden, der durch eine Gebirgskette vom übrigen Indien abgetrennt ist. Viele Jahrhunderte lang konnte Kerala auf Grund seiner relativen Isolation in Frieden eine eigenständige Kultur entwickeln, wobei allerdings die fünfhundert Kilometer Küste am Arabischen Meer das Land dem Einfluß europäischer Gewürzhändler und christlicher Missionare öffnete. Mit ihrer gemächlichen und heiteren Lebensart erschienen die Bewohner von Kerala dem modernen Betrachter fast als ein eigenes Volk. In Kerala hatte sich im Jahre 1957 eine der ersten demokratisch gewählten kommunistischen Regierungen installiert, und das System der Landverteilung war gerechter als in den meisten indischen Staaten. In Kerala gab es die meisten Katholiken in ganz Indien; die Christen stellten ein Fünftel der Bevölkerung. Die Menschen in Kerala waren arm, aber weil Land im Überfluß vorhanden war, lebten sie nicht im Elend wie die Masse der Inder im Norden. Das wichtigste aber war: In Kerala hatten die Familienplaner die größten Erfolge zu verzeichnen.

Während die Geburtenrate im gesamten Indien bei 33 Lebendgeburten pro 1000 Einwohner stagnierte, lag die Rate im Jahr 1980 in Kerala bei 23 pro 1000 mit sinkender Tendenz. Kerala zeichnete sich dadurch aus, daß es der einzige indische Bundesstaat war, in dem es mehr Frauen als Männer gab: auf 1032 Frauen kamen 1000 Männer. Das durchschnittliche Heiratsalter der Frauen in Kerala lag bei zweiundzwanzig Jahren und war damit das höchste in Indien, wo die Frauen im Durchschnitt schon mit achtzehn Jahren heirateten. Die Säuglingssterblichkeit war in Kerala mit 33 pro 1000 Geburten am niedrigsten in ganz Indien, wo die entsprechende Rate im Durchschnitt mehr als dreimal so hoch war. Diese erstaunlichen Zahlen faszinierten alle, die mit Fragen der Geburtenkontrolle zu tun hatten, und Rajiv Gandhi sagte oft, daß Indien herausfinden müsse, wie in Kerala diese Erfolge erzielt worden seien, um dann die dort angewandten Methoden nachzuahmen. Es gab viele Erklärungsversuche, einer davon war, daß unter dem Einfluß der kommunistischen Regierung und der katholischen Kirche dieser Bundesstaat besonders viel Geld für Ausbildung, Gesundheit und Familienfürsorge ausgegeben habe. Aber die Pro-Kopf-Ausgaben der Bevölkerung waren in diesen Bereichen, wie ich feststellen konnte, nicht höher als in anderen indischen Bundesstaaten.

Die überzeugendste Erklärung des Rätsels schien mir schließlich darin zu liegen, daß in Kerala die Frauen anders behandelt wurden als in anderen Regionen Indiens. Zum Beispiel konnten hier mehr als siebzig Prozent der Frauen, dreimal soviel wie sonst in Indien, lesen und schreiben. »Im nördlichen Indien sind die Frauen nur für die Hausarbeit da und können weder lesen noch schreiben«, sagte Vijay Lakshmi, der Direktor des öffentlichen Gesundheitswesens von Kerala. »Hier bei uns werden die Frauen in der Familie eher als Partner betrachtet. In Kerala kann ein Mann seine Frau nicht einfach auf die Rolle einer Gebärmaschine abdrängen.« In Kerala gab es auch mehr Arbeitsmöglichkeiten für Frauen, besonders beim Ernten von Tee und Kaffee, beim Weben, bei der Herstellung von Textilien aus Kokosfaser und bei der Verarbeitung von Fisch. K. Krishnamurthy, der Gesundheitsminister von Kerala, sah es so: »Wenn die Frau für den Unterhalt der Familie sorgen muß, erkennt sie bald, daß eine Schwangerschaft dabei sehr hinderlich sein kann.«

Aber es war nicht so einfach, wie es schien, das Beispiel von Kerala auf andere Bundesstaaten zu übertragen. Dieser Bundesstaat war insofern einzigartig, als hier die Achtung vor der Frau eine lange Tradition hatte; noch bis vor kurzem hatte hier unter der Kriegerkaste der Nayars eine mutterorientierte Gesellschaft existiert, in der das Familieneigentum auf die weiblichen Nachkommen überging. Bevor ich nach Indien kam, hatte ich von diesem matrilinearen System noch nichts gehört, und als ich dort war, war es schwierig, Genaueres darüber in Erfahrung zu bringen, weil es nur noch selten praktiziert wurde. Aber ich fand es wichtig herauszubekommen, wieso die Geburtenkontrolle in Kerala so gut funktionierte. Zum Beispiel blieb eine Frau auch nach der Heirat im Haus ihrer Eltern und sah ihren Ehemann nur, wenn er nachts zu Besuch kam. Die Frau erhob keinen Anspruch auf den Besitz des Ehemanns, weil ihre Eltern ihr so viele Anteile am Landbesitz der Familie gaben, wie sie Kinder hatte. Ein Sohn in einer Familie erhielt jeweils nur einen Anteil für sich selbst. Die Briten erklärten diese Praxis im neunzehnten Jahrhundert für ungesetzlich, und in jüngerer Zeit übernahm Kerala das Hindu-Erbrecht, das allen Kindern den gleichen Anteil am Familieneigentum zubilligt. Aber die matrilineare

Tradition hatte offenbar weiterhin ihren Einfluß auf die Stellung der Frau in Kerala. Als Kamala Das, eine der bekanntesten Dichterinnen Indiens, einmal für das Parlament kandidierte, trat sie mit einem kuriosen Gleichberechtigungsprogramm an: Die Regierung sollte jedem Mädchen bei Erreichung der Volljährigkeit ein eigenes Haus zur Verfügung stellen. »Ein eigenes Haus würde die Frauen existentiell absichern«, sagte sie mir. »Meiner Meinung nach gehört ein Stück Eigentum zum Geburtsrecht jeder Frau.«

Aber unter dem Einfluß des alten matrilinearen Systems und durch die in jüngerer Zeit verbesserten Ausbildungsmöglichkeiten, hatten die Frauen von Kerala etwas, wovon viele Frauen in Indien nicht einmal zu träumen wagten: eine Stimme in der Familie. Wie die Familienplaner erkannt hatten, war die Stellung der Frau so gefestigt, daß sie ihre eigenen Entscheidungen zur Familienplanung treffen konnte, sie zu ihrer eigenen Angelegenheit machte. Ein Mitarbeiter der Gesundheitsbehörde namens Gouri Indira verfügte über Unterlagen, aus denen hervorging, daß in dem etwas außerhalb der Hauptstadt Trivandrum gelegenen Dorf Peyard in 584 von 791 Familien eine Sterilisation vorgenommen worden war. Die meisten Sterilisationen wurden, wie überall in Indien, an Frauen durchgeführt, aber es war bezeichnend, daß die Gesamtzahl der Sterilisationen über ein Vielfaches der indischen Durchschnittsrate hinausging. Gouri Indira erklärte mir, daß in seinem Dorf die Frauen die harte Arbeit verrichteten – zum Beispiel Steine zur Baustelle schleppten, während die Männer den Mörtel anrührten oder die Ziegel im Ofen brannten – und daß die Frauen, anders als die Männer, keine Angst hatten, die Operation werde sie für die Arbeit zu sehr schwächen. Zumindest hatten sich die Steineschlepperinnen das Recht erworben, über die Größe ihrer Familie selbst zu bestimmen. Im weiteren Sinn hatte Kerala bewiesen, daß Ausbildung und Erwerbsarbeit für Frauen der effektivste und erfolgreichste Weg war, die Geburtenrate zu senken.

Niemand in Indien stellte in Abrede, daß der Status der Frau verbessert werden mußte, und tatsächlich gehörte er mit zum offiziellen Programm der Regierung zur Geburtenkontrolle. So hieß es in einem Dokument über die veränderte Strategie der Familienplanung: »Das Wachstum der Bevölkerung kann entscheidend verringert werden, wenn der Status der Frauen angehoben wird und sie als gleichberechtigte Partner an den Entscheidungsprozessen teilnehmen können.« Das Problem war dabei natürlich, daß es mehrerer Generationen bedurfte, um durch die Erziehung der Frauen eine spürbare Wirkung zu erzielen, und daß man in Indien nicht so viel Zeit hatte. »Wenn wir auf die Verbesserung der Lebensbedingungen setzen, schaffen wir es nicht rechtzeitig«, erklärte mir jemand, der an führender Stelle in der indischen Familienfürsorge tätig war. »Wir haben einfach nicht hundert Jahre Zeit, um die beste Methode auszuprobieren.«

Vorläufig betrachtete man, wie mir scheint zu Recht, verbindliche Zielgrößen bei der Familienplanung als notwendiges Übel. Die mit der Geburtenkontrolle befaßten Beamten waren sich durchaus des »Quoten-Fiebers« und der damit verbundenen Auswüchse bewußt und äußerten oft, daß sie gern auf Quoten und Zielgrößen verzichten würden, wenn auch ohne sie Fortschritte in der Familienplanung erreicht werden könnten. Aber das schien nicht der Fall zu sein. Nach den Exzessen unter Sanjay Gandhi hatte die Regierung für drei Jahre auf vorgegebene Quoten verzichtet und zur gleichen Zeit die Ausgaben für Familienplanung erhöht. Aber ohne Maßstab, an dem der Erfolg gemessen werden konnte, ließ die Leistung der Mitarbeiter der Gesundheitsbehörden nach, und die Rate der Paare, die Empfängnisverhütung praktizierten, verringerte sich. Wichtiger noch, nach den statistischen Unterlagen nahm das Bevölkerungswachstum in dieser Zeit wieder zu.

Indien hat sich das Ziel gesetzt, bis zum Jahre 2050 – bis dahin wird die Bevölkerungszahl auf sage und schreibe 1,3 Milliarden gestiegen sein – das Bevölkerungswachstum zu stoppen. Um dieses Ziel zu erreichen, muß das Programm zur Familienplanung nicht wie in der Vergangenheit die älteren Frauen, sondern die Frauen zwischen fünfzehn und dreißig, die das eigentliche Bevölkerungsproblem verursachen, erreichen. Zu allem Unglück nimmt diese Bevölkerungsgruppe zu, so daß die Zahl der Kinder selbst dann noch jahrelang weiter übermäßig wachsen wird, wenn diese Frauen weniger Kinder bekommen.

Die Probleme und die Aufgaben, die noch bewältigt werden müssen, sind immens. Bilquish Jahan, die für Khajuron zuständige Mitarbeiterin der Gesundheitsbehörde, war auf dem Papier für fünftausend Menschen verantwortlich, mußte sich in Wirklichkeit aber um zwölftausend kümmern, die über drei Dörfer und einem Dutzend Weiler verstreut lebten. Schlimmer noch, vier oder fünf Monate vor Jahresende gingen ihr regelmäßig die Medikamente aus – was nicht überrascht, wenn man weiß, daß die Regierung, wie ein Familienplaner einmal errechnet hat, nur zwanzig Millionen Dollar im Jahr, das heißt zwölf Cent pro Person, für Medikamente zur gesundheitlichen Grundversorgung ausgibt. Die Kosten eines wirksamen Programms, so sagte man uns, wären fünfzehnmal so hoch. Aber woher sollte das Geld kommen? Sicherlich nicht von den internationalen Organisationen, die Millionen von Dollar in das Programm zur Familienplanung steckten, aber damit nur zehn Prozent der Ausgaben abdeckten. Und wenn die Vereinten Nationen, die amerikanischen und europäischen Entwicklungshilfeorganisationen Indien weitaus größere Summen anböten als bisher – was nicht sehr wahrscheinlich ist –, würde dieses Land, das so sehr auf seine Unabhängigkeit bedacht ist, darin wohl eher eine unzulässige Einmischung von außen sehen.

»Unsere Bevölkerungsprobleme sind beängstigend«, war das Fazit eines der führenden indischen Familienplaners. Obwohl die drei Milliarden Dollar, die Indien in fünf Jahren für die Familienplanung ausgegeben hatte, eine gewaltige Summe zu sein schienen, handelte es sich in Wirklichkeit um nicht mehr als 1,5 Prozent des jährlichen Staatshaushalts. »Die Leute fragen sich oft, warum wir so viel Geld für Geburtenkontrolle ausgeben«, fuhr der Beamte fort. »Meiner Meinung nach ist das Geld verschwendet, wenn wir nicht sehr viel mehr ausgeben. Nur durch eine gewaltige Anstrengung läßt sich das Problem lösen.«

Jedenfalls ist mir klargeworden, daß das Problem der Überbevölkerung in Indien im Grunde die Machtlosigkeit der indischen Frau symbolisiert. Und doch hatten gerade die Frauen die Macht, die größte Krise Indiens zu lösen. Im Grunde mußten die indischen Frauen mehr leisten, als nur sich selbst zu retten; sie mußten Indien retten. Diese Erkenntnis verlieh den Problemen und Perspektiven der Frauen in Indien und damit auch meiner Reise eine ganz andere Dimension. Die Hindernisse entmutigten mich, die großen Möglichkeiten erfüllten mich mit vorsichtiger Hoffnung, aber am tiefsten beeindruckte mich, daß sich da auf einmal ein Grund, ein Motiv für die herrschenden Kräfte des Landes abzeichnete, sich mit vereinten Kräften gegen die Unterdrückung der Frau zu wenden. Die indischen Frauen mußten von ihren Fesseln befreit werden, nicht nur, um die schockierend hohe Zahl der Todesfälle von Säuglingen und Frauen im Kindbett zu reduzieren oder selbst Gleichheit und Gerechtigkeit zu schaffen. Die Frauen mußten als gleichberechtigte Mitglieder der Gesellschaft anerkannt werden, weil nicht weniger als die Zukunft Indiens davon abhing.

10 Abschied und Ausblick

Steve und ich verließen Indien im August 1988, an einem feucht-nebeligen, drückend-schwülen Abend, der das Ende des Monsuns und den Anbruch der heißen Jahreszeit ankündigte. Wir steuerten Kalifornien an, wo Steve, um sich auf seinen künftigen Posten als Leiter des *New York Times*-Büros in Tokio vorzubereiten, sechs Monate Japanisch lernen und ich in einem kleinen gemieteten Haus in der Nähe von Carmel an diesem Buch arbeiten wollte. Eigentlich hätte Kalifornien wie das Gelobte Land vor uns liegen müssen, aber der Abschied von Indien war schmerzhafter, als ich ihn mir vorgestellt hatte. Während dieser dreieinhalb höchst anregenden, aber auch schwierigen Jahre hatten Steve und ich das Gefühl, Freunde fürs Leben gewonnen zu haben. Einen Monat zuvor hatten wir von Sheo Singh und Bhabhiji Abschied genommen mit dem Versprechen, zu schreiben und eines Tages wiederzukommen. Kurz danach organisierte eine Gruppe von Freunden zum Abschied eine Zugreise quer durch die Rajasthan-Wüste, die von den Monsunregenfällen plötzlich ganz grün geworden war. Drei Tage lang plauderten und lachten wir und unterbrachen hier und dort die Fahrt, um in den verlassenen Palästen und mächtigen Festungen der Maharadschas, die Indien einst regiert hatten, umherzuwandern. In den allerletzten Tagen in Delhi versanken wir in einer Woge von Abschiedspartys, wo wir jede Menge Adressen austauschten, während die Möbelpacker unser Haus zusammenpackten und unser Leben demontierten. Als wir am Flughafen ankamen, war ich in Tränen aufgelöst. Bim Bissell und Renuka Singh, die Freundin, die mir drei Jahre zuvor geholfen hatte, eine Frau zu finden, die Opfer eines Brandanschlags geworden war, waren gekommen, um uns zu verabschieden. Als ich ihnen Lebewohl sagte, war mir, als ließe ich einen Teil meines Innersten zurück.

Indien, das Land, das mir einmal das Gefühl des freien Falls im Weltraum vermittelt hatte, war mir zur Heimat geworden. Delhi, mir einst fremd und übermächtig, hatte sich in eine hübsche, wenngleich auch etwas dumpfe Vorstadt verwandelt, in die ich nach meinen anderen Abenteuern immer wieder gern zurückkehrte. Das Exotische war uns zur Routine geworden.

Mit Leuten, die ihren romantischen Gefühlen über Indien Ausdruck verliehen, konnte ich nie etwas anfangen, aber während ich diese letzten Seiten in Tokio in einem modernen westlichen Haus schreibe, das zwar jeglichen neumodischen Komfort, nicht aber den Charme unseres ehemaligen Hauses an der Prithvi Raj Road bietet, bin ich gefährlich nahe daran, sentimental zu werden. Wenn ich mir unsere Photos aus Indien jetzt betrachte, die Essen auf dem Lehmboden in Bhabhijis Haus, die Pfauen auf den Festungsmauern von Rajasthan, unseren Dahliengarten, so scheint es mir fast unmöglich, daß ich dort einmal gelebt habe. Indien gehört für mich einer anderen Zeit an, es ist für mich wie ein Traum, aus dem ich morgens erwache. Aber diese Wehmutsgefühle befallen mich erst, seitdem ich das Land verlassen habe. In der Zeit, in der ich in Indien lebte, bildeten die tagtäglichen Beschwernisse, die körperliche Anstrengung, der Wassermangel, blockierte Telefone, Hitze, Staub, monatelange Magenprobleme ein Gegengewicht zu derlei romantischen Gefühlen. Trotzdem glaube ich nicht, daß ich jemals die für Fremde typische Haß-Liebe für Indien empfunden habe.

Indien war eine Erfahrung mit vielen Aufs und Abs für mich, aber ich sehe es mehr als eine langsame Reise, die mich von gänzlicher Verwirrung zu einem gewissen Maß an Verstehen führte. Am Anfang war ich zu verstört, um Indien wirklich lieben zu können, obwohl ich mich manchmal dazu fast verpflichtet fühlte. Und ich habe es auch nicht zum Schluß geliebt, als ich begriff, daß es gar nicht möglich und auch nicht richtig ist, ein Land zu lieben, wo es immer noch so viel Armut und Ungerechtigkeit gibt. Was ich, ganz egozentrisch, sagen kann, ist, daß ich mein Leben in Indien geliebt und genossen habe. Das Land hat meinen Erfahrungen Tiefe und Reichtum verliehen, wie ich es vorher niemals erlebt habe, und viele meiner mitgebrachten Mutmaßungen und Annahmen richtiggestellt. Ich bin Christin, aber mein Ehemann ist Jude, und manchmal war ich besorgt, wie man denn diese beiden Religionen in unserer Familie miteinander verbinden könnte. Aber in Indien verhalf mir die alles verschlingende Philosophie des Hinduismus zu verstehen, daß die verschiedenen Religionen im Grunde eine einzige sind und sie sich nur in den kulturellen Riten und der Frage, ob es ein Leben nach dem Tod gibt, unterscheiden. Eine große Bereicherung erfuhr ich auch in meinem Alltagsleben, eine Fröhlichkeit, die ich meinen irritierten Freunden nicht so recht erklären konnte. Am Anfang betäubte mich das Chaos in Indien, aber am Ende konnte ich darüber lachen, wie mein wohlgeordnetes Leben durch einen Zug von Anarchie durcheinandergebracht wurde.

Ich bin jetzt seit fast einem Jahr nicht mehr in Indien, und den Zeitungen entnehme ich, daß sich dort wenig verändert hat. In dem Jahr habe ich die Erfahrung gemacht, daß dieses Buch zu schreiben ein ebensolches Abenteuer war wie Indien selbst. Durch die Frauen gewann ich Aufschluß über das Land und auch Aufschluß über mich selbst. Erst als ich mich ans Schreiben machte, verstand ich, zum Beispiel, woher mein Zorn wirklich rührte, den ich am Anfang der Reise empfand, als ich meinem Mann nach Indien folgte und dafür meine Stellung, meine Familie und mein bequemes Leben, das mir Selbstsicherheit verliehen hatte, aufgab. Manche meiner Freundinnen fragten sich, wieso ich nicht begeistert war, einen Mann mit einem interessanten Beruf zu haben, der mich in die entlegensten Ecken der Welt mitnahm. Ihre Reaktionen schienen deutlich zu machen, daß feministischer Eifer nicht mehr angebracht war, jedenfalls nicht bei den meisten Amerikanern, die die Frauenbewegung als nicht mehr zeitgemäß betrachteten, weil alle Forderungen der Frauen bereits erfüllt waren. Ganz ähnlich wie die indische Feministin Vina Mazumdar, die einmal geäußert hatte: »Wenn wir es bisher noch nicht zur Gleichberechtigung gebracht haben, so ist das unsere eigene Schuld«, hatte ich den Verdacht, daß, wenn ich immer noch Zorn verspürte, ich auf irgendeine Weise zu kurz gekommen sein müßte. Durch meine Indienreise kam ich zu der Erkenntnis, daß dies nicht stimmte, daß meine Reaktion vielmehr die normale Reaktion aller Frauen auf der Welt und es sinnlos war, den Frauen daraus einen Vorwurf zu machen. In Indien lernte ich, daß Frauen aller Schichten, von Aparna Sen, der kultivierten Regisseurin von *Paroma*, bis zu Sheela, der ungebildeten Frau des Silberschmieds von Khajuron, den gleichen Zorn empfanden oder zumindest sich der Tatsache bewußt waren, daß sie in mancher Hinsicht vom Leben benachteiligt wurden. Noch immer klingen mir die Worte im Ohr, mit denen Sheela in ihrer Lehmhütte diesem Bewußtsein Ausdruck gab: »Die Männer sind nicht klüger. Aber sie erhalten eine Ausbildung und gehen hinaus. Die Frauen aber bleiben zu Haus.« Zorn bringt natürlich nicht weiter, und auf die Dauer ist er der Ehe sicherlich abträglich. Ich weiß jetzt, wie ich mit meinem Zorn umging. Meine eigenen Schwierigkeiten – von einigen wußte ich vorher gar nicht, daß ich sie hatte – klärten und relativierten sich dadurch, daß ich mich mit den Problemen anderer Frauen befaßte und darüber dieses Buch schrieb.

Es gibt die Theorie, daß Frauen mit fortschreitendem Alter immer radikaler werden. Als Studentinnen werden Frauen wahrscheinlich gleichberechtigter behandelt als sie es je wieder erleben werden. Denn die Universität ist auf ihre Studiengebühren angewiesen. Aber später kommen die wichtigen Phasen im Leben einer Frau, die sie ›radikalisieren‹: die erste, wenn sie ins Erwerbsleben eintritt und feststellt, daß die Männer im ganzen dort an den Schaltstellen sitzen; die zweite, wenn sie heiratet und feststellt, daß es in der Ehe immer noch keine völlig gleichberechtigte Partnerschaft gibt; die dritte, wenn sie Kinder bekommt und die Erfahrung machen muß, daß ihr die Hauptlast der Kinderbetreuung aufgebürdet wird; und die vierte, wenn sie altert und zu spüren bekommt, daß dies für Frauen mit weit mehr Nachteilen verbunden ist als für Männer.

Danach liege ich in meiner Entwicklung genau richtig. Ich bin weniger zornig in meinem Privatleben, aber ich glaube, ich bin trotzdem radikaler geworden, das heißt, ich bin mir heute der elementaren Ungerechtigkeiten im Leben der meisten Frauen deutlicher bewußt, weil ich in den letzten vier Jahren immer wieder Frauen befragt und über die Lebensumstände von Frauen nachgedacht habe, die diese Phasen der Radikalisierung selbst durchgemacht hatten. Ich habe gelernt, daß, wenn man über die Frauen in Indien schreibt, man über ihre Arbeit, ihre Ehe, ihre Kinder, ihre Armut und ihre Altersprobleme schreiben muß, also über Probleme, die nicht auf Indien beschränkt sind, sondern sich auch aus der untergeordneten Stellung der Frau in anderen Gesellschaften ergeben.

Für das zentrale Problem Indiens, die Überbevölkerung, unter dem die Frauen am meisten leiden und das alle anderen Probleme zusätzlich erschwert, ist keine Lösung in Sicht. Die Männer haben immer noch die Machtpositionen inne, und die Modernisierung hat sich nicht nur als segensreich erwiesen. Die Frauen sind aus den traditionellen Sektoren der Wirtschaft verdrängt worden, und der medizinische Fortschritt hat dafür gesorgt, daß die Diskriminierung gegen sie schon vor der Geburt beginnen kann. Und dennoch hat es in den vier Jahrzehnten nach Erreichen der Unabhängigkeit für manche Frauen in Indien deutliche Verbesserungen ihrer Lebenssituation gegeben. Im letzten Jahrzehnt hat die Frauenbewegung im ganzen mehr Fortschritte erzielt als jede andere soziale Bewegung in Indien und der politischen Führung klargemacht, daß Reformen dringend erforderlich sind. Die Arbeit, die Menschen wie Ela Bhatt unter den armen Frauen von Ahmedabad leisten, ist ein Grund zum Optimismus. Ich weiß, daß zu meinen Lebzeiten eine dramatische Verbesserung im Leben der indischen Frauen nicht zur erreichen sein wird, aber ich bin davon überzeugt, daß es Fortschritte geben wird.

Was Indien an sich angeht, bin ich weniger sicher. Die Statistiken, besonders die, die ein beängstigendes Anwachsen der Bevölkerung für das nächste Jahrhundert voraussagen, sind nicht gerade ermutigend. Wenn man Indien mit Japan, Süd-Korea, Thailand, Taiwan oder Singapur vergleicht, erkennt man sofort, wie weit das Land hinter den aufstrebenden und erfolgreichen Ländern Asiens zurückgeblieben ist. Aber Indien hatte mit dem Problem der Massenarmut zu kämpfen, und in diesem Kampf ist es ihm zumindest gelungen, die Ernährung seiner Bevölkerung halbwegs sicherzustellen, ohne in ein totalitäres Regime oder eine Militärdiktatur abzugleiten. Alles in allem scheint klar zu sein, daß Indien die drei großen Herausforderungen – die Stabilisierung der Demokratie, die Verteidigung des säkularisierten Staates und die Sicherung der nationalen Einheit – nicht bestehen kann, wenn nicht gerechtere Verhältnisse, auch für die indischen Frauen, geschaffen werden.